中学生崇拜的 128个偶像

（下）

ZHONG XUE SHENG CHONG BAI DE
128 GE OU XIANG

曾微隐／编著

吉林人民出版社

中学生崇拜的128个偶像
（下）

ZHONG XUE SHENG CHONG BAI DE
128 GE OU XIANG

崇拜理由:

　　他们以巨大的强势力量,无视成人的惊诧、愤然、无奈、不解,成为中学生范围最广大、态度最忠实、行动最出位的崇拜群体。崇拜这个群体的中学生被统一冠以一个说不上好听的名字:Fans,译成中文就是"粉丝"。粉丝们以巨大的热情,时刻欣赏、关注偶像们的阳刚之美、阴柔之美、容貌之美以及幽默之趣、搞笑之怪,甚至废寝忘食,如痴如狂。

赵本山:
被全国人民惊叹的艺术家

【偶像速写】

　　十几年前，这位来自东北黑土地的农民演员，把乡间的笑声带上了受国人瞩目的央视春节晚会，使辽北小品这一带着原生态的幽默诙谐和泥土芳香的新鲜样式，跻身于艺术殿堂，并在瞬间博得全国电视观众的满堂喝彩。毋庸置疑，这位笑星是20世纪80年代以来获得国人最多笑声和掌声的小品演员，甚至有人把他称为"中国的卓别林"。

【偶像经历】

　　赵本山1958年出生于辽宁省铁岭市开原县（现开原市）莲花乡（现莲花镇）莲花村石嘴沟，6岁时成为孤儿，开始跟二叔（盲人）学艺。拉二胡、吹唢呐、抛手绢、打手玉子、唱小曲、二人转小帽等样样精通，拉三弦尤为突出。苦难的童年成了赵本山一生的财富，为其日后的小品、演艺生涯奠定了坚实的基础。

　　赵本山17岁入公社文艺宣传队，又入威远乡业余剧团，后借调西丰县剧团主演二人转。

　　1982年，辽宁省举办第一届农村小戏调演，赵本山在拉场戏《摔三弦》中扮演

盲人张志，一举成名，该剧获一等奖。后来，赵本山考入铁岭县剧团，担任主演并任业务团长。

1986年，赵本山被调到铁岭市民间艺术团。那时，赵本山与潘长江在沈阳一起演出二人转《大观灯》有二百余场，场场爆满，轰动东北三省。赵本山主演的拉场戏《一加一等于几》、戏曲电视剧《双叩门》、《过了这个村》、《摘幌》等剧，获过许多国家级、省级奖。

1987年，在姜昆的推荐下，赵本山走入央视春节晚会，开始了他更加辉煌的艺术人生。春节晚会上，小品《征婚》、《红高粱模特队》、《三鞭子》、《送礼》、《钟点工》、《昨天、今天、明天》、《卖拐》、《卖车》均获一、二等奖。由赵本山个人投资主演的电影《男妇女主任》获1998年"华表奖"，并获优秀男主角奖。为繁荣艺术，他创办了"本山艺术公司"。2002年春，电视剧《刘老根》在央视1套播放，收视率空前。2002年9月5日至10日，以赵本山名字命名的"赵本山杯"小品大赛会同中国铁岭首届国际民间艺术节在铁岭举行，社会好评如潮。

赵本山现为铁岭市民间艺术团国家一级演员、中国曲艺协会会员、辽宁省曲艺家协会副主席、全国青联委员、辽宁省政协委员、铁岭市形象大使。

2009年央视春晚是赵本山最累的一年，他在演出前七天七夜没有合眼，自己偷偷哭了几回，决定以后再也不上春晚了。年后他带着家人和高层员工，到美国玩儿了一圈，才缓过劲儿来。在迪斯尼乐园，他强迫11岁的儿子坐"飞流直下"，什么危险就逼他坐什么。不仅逼儿子，他还逼公司其他老总坐太空船，不坐就表示不够勇敢，赵本山就会生气。

自从2005年从辽宁民间艺术团升格为本山传媒，赵本山完成了从喜剧演员到文化商人的转型（从二人转到小品，再到喜剧演员），他的企业被文化部授予除事业单位以外的"中国文化经济实体30强"。本山传媒的下属单位有辽宁民间艺术团、本山影视、瑞东文化发展有限公司、辽宁大学本山艺术学院。

著名学者余秋雨以一个戏剧理论专家的挑剔和独到的眼光，将目光长久地聚焦在赵本山身上。12年前，他说："赵本山是个大艺术家。"12年后他说："赵本山的确是个大艺术家，今天他的表演更加炉火纯青。12年前被我们惊叹的艺术家，12年后成为被全国人民惊叹的艺术家。"

小沈阳：
为戏痴迷，为歌疯狂

【偶像速写】

小沈阳，1981年5月7日出生；原名沈鹤，绰号阳仔，曾用名沈阳，艺名小沈阳；籍贯：辽宁省铁岭市开原市。

自我介绍：山不转水转，水不转人转，风风火火二人转，转不出的缘里缘外，转不完的缘系缘牵，我就是"为戏痴迷，为歌疯狂"的小沈阳是也。

座右铭：不要只想要，付出不能少。不要急着要，一定要戒躁。不要求回报，该到自然到。不要急得到，心静便无恼。说话要想好，办事要公道。说到要做到，不要瞎编造。做人要地道，才能步步高。走就走正道，好人有好报。

【偶像经历】

小沈阳出生于辽宁省开原市一个贫苦的农民家庭，艰苦的家庭条件并没有阻挡他对艺术的向往，反而成为他受益终身的财富。

由于家里穷，小沈阳读了五年半的书就辍学在家，父母商量着让他跟着自己学二人转，但他却说想学武术。13岁那年，父母把十多亩地租了出去，凑了3000元，把小沈阳送到盘锦武校。在当年的全校比武大会上，小沈阳居然拿了

227

一等奖。但是第二年，他却说什么都不去学了，父母问他为什么，小沈阳说学武的人都不长个儿，坚决不学了。

小沈阳出名后不久，有一天他和父母闲聊时，才道破当年忍痛放弃习武的原因："其实我可爱学了，也学得可好了，但我看咱家都没钱交学费了，所以就决定编个瞎话把你俩蒙过去得了。"

从武校回来后，小沈阳开始在铁岭艺术团学习二人转，并且很快成为当地有名的转星。有一天演出完，一位观众找到小沈阳和他的父亲，语重心长地说："这孩子底子这么好，在铁岭白瞎了，应该到大地方去发展。"当天回到家，小沈阳和父亲谈了一个晚上，第二天就背起行囊离开家乡，那一年他17岁。

离开铁岭，小沈阳来到了吉林市，初来乍到，东南西北都分不清，身上没钱了，他就在火车站附近的录像厅过夜，两块钱就能睡个通宵，不但便宜还有电影看。那时候小沈阳经常几天洗不上一次脸，饥一顿饱一顿。后来，终于有人给他介绍了一个剧场唱二人转。也就是在那里，小沈阳遇到了后来成为他妻子的沈春阳。

少小就离家的小沈阳，对父母非常孝顺。他一个月只能赚550元钱，自己只留50元钱吃饭，然后把500元钱邮回家。

2000年，小沈阳进入吉林林越艺术团。

2001年，小沈阳参加第一届"本山杯"二人转大赛，获得了铜奖。

小沈阳在哈尔滨唱二人转那会儿，就跟现在的师兄弟都认识了，他们经常跟赵本山提起小沈阳，说他唱得不错。

2006年5月的一个夜里，小沈阳接到一个电话，那人一直不出声，就是呵呵地在电话里笑。小沈阳有点儿不敢相信，冒昧地问："哎呀妈呀，难道是赵老师？"当时赵本山说："听说你唱得挺好，就来沈阳发展吧！"

要成为赵本山的徒弟并非易事。赵本山亲自在当时的铁西和平影剧院给小沈阳考试。考试通过后，2006年的中秋节，小沈阳正式拜师，拜师时赵本山对小沈阳说的唯一的一句话就是："好好干，犯错误收拾你。"

通过赵本山的悉心指导和自身的刻苦努力，小沈阳在艺术的道路上有了质的飞跃，辽宁民间艺术团的广阔平台也给了他充分展示自己的机会。

2006年，小沈阳参加刘老根大舞台二人转大赛，获季冠军。

2007年12月初，小沈阳首次登陆央视舞台，在电视剧群英汇晚会中表演了《我要当明星》片段，博得满堂彩。2008年1月，小沈阳有机会参加央视春晚的审查，送选节目《我要当明星》。在小品中，他惟妙惟肖地模仿了刀郎、刘德华、张雨生、阿杜、阿宝的演唱，震惊四座。最终的评价是："与春晚主题不够相符，不能与全国人民在大年夜开心笑一回。"

2008年2月20日，小沈阳再次应央视春晚导演邀请参加元宵晚会的录制，表演《我要当明星》，再次震惊四座，但在2月21日正式播放时，因节目时间过长而未播出。

2009年1月25日，小沈阳终于参选春节联欢晚会，和师父赵本山同台表演小品《不差钱》，获得全国观众高声叫好，从而一炮走红。

【个性语录】

⊙这是为什么呢？

⊙走别人的路，让别人无路可走。

⊙我太有才了，上辈子我是裁缝。

⊙piapia，我就溜达，我可顽皮了呢!!

⊙眼睛一闭、一睁，一天过去了,hang，眼睛一闭、不睁，一辈子过去了,hang!

⊙人生最痛苦的事情是，人死了，钱没花完。

⊙咿，穿跑偏了，哎呀妈呀，我说走道儿咋没有裆nia！

⊙我自己能做到的事，从来不麻烦别人。

⊙想开心看二人转，想闹心就看一下足球，想往死了闹心就看一下中国足球。

⊙有，还是没有啊？

范伟：
在寂寞中成长

【偶像速写】

范伟，1962 年 9 月 2 日出生于沈阳，外号 "彪哥"。

他是一个甘于寂寞、办事认真的人，他不被外界的东西所迷惑，也不会被别人的评论所影响。几年前曾经有一种说法——他在赵本山的小品里只是作料，换个人也能演，那时候的他听到这种说法只是一笑了之，并不去争辩。几年后，他用行动改变了人们的看法，擅长表现各类人物，正气的乡长、刁钻的司机、新潮的教练、愚昧的火夫，全都演得惟妙惟肖。

【偶像经历】

范伟走上艺术道路，和父母的影响是分不开的。其实他的双亲都不是搞艺术的，父亲是工厂里的宣传干事，母亲则是个营业员，在家中，范伟是最小的孩子。

父亲年轻的时候酷爱创作，从小范伟看到父亲埋头苦写便向往长大后能成为一位作家。母亲没有文化，却很幽默，善于模仿。但是，父母并没有为范伟提供太多的机遇。喜爱表演的他们只是希望小儿子能成为一位出

231

范伟与赵本山合演《马大帅》

色的演员，母亲曾经对范伟说："你最像我，你是我的骄傲!"因此，父母的期望一直是范伟奋进的精神支柱。

范伟最开始是一个相声演员，生在沈阳的他从小就喜欢相声，十几岁就拜相声演员陈连仲为师。那时候沈阳曲艺团演员很多，不招新学员，可对相声已经着迷的范伟却觉得："我既然喜欢这个职业，不管多苦多累，也要干这一行。"

在铁岭的3年，范伟不断地充实自己，经常向老演员去请教问题，他的谦虚好学是团里出了名的。范伟就是从表演相声开始，逐步走向小品表演的。

1983年，范伟考入沈阳曲艺团。那时团里的相声演员有十几对，阵容十分强大，刚刚调进来的范伟就像"丑小鸭"，没有资历，没有作品。可他并不着急，开始自己创作相声。他写出了自己的处女作《一个厂长的日记》，采用了新颖的日记体裁，让团里的领导耳目一新，被拿到中央人民广播电台演播。事后，电台的几位编辑不约而同地认为："那个戴眼镜的小胖子表演时的感觉、分寸、语气都把握得很好，是个好苗子。"

那次北京之行成了范伟事业上的一次转机，在参加过1986年全国相声邀请赛之后，范伟成为沈阳曲艺团的骨干。1993年，在中国合肥相声节上，范伟又凭借自己创作的相声《要账》获得了表演一等奖和创作二等奖。

20世纪90年代初，范伟已经成为东北的知名演员，一次母亲在看央视春节晚会时说："儿子啥时候能上一次春节晚会，就是我的福分了!"在母亲心目中,春节晚会就是最高的台阶。那时范伟就下定决心,一定要让母亲看到他在央视春节晚会上的表演。

1995年春节,范伟第一次和赵本山在央视春节晚会上合作了小品《提干》,那时的母亲已经病危,可卧床许久的母亲硬是坐起来,在病床上坚持了12分钟,看完儿子的演出,母亲的心愿终于实现了。不久,母亲病逝,回到家中的范伟听到母亲在弥留之际看完自己演出的情形,痛哭流涕。

赵本山和范伟都是从铁岭出来的,但在铁岭的时候两人并不认识。范伟1983年到铁岭时,赵本山已经成名并刚刚调走,二人擦肩而过。1993年6月,赵本山为自己的小品《走毛道》物色演员,他一下子就想起了正在沈阳的范伟,从此开始了两个人十多年的合作。

范伟说:"'走毛道'是东北话,是抄近路、走捷径的意思,和本山大哥合作让我走了很多捷径,这其中包括艺术上他对我的帮助,在为人处事上我也从他身上学到了许多东西。"看得出,范伟谈到半师半友的大哥赵本山时,感激之情溢于言表。从此,他们每一年的小品都会引起轰动。

1994年,赵本山与范伟在东北三省春节联欢晚会上合作了小品《儿子大了》。1995年至2002年,他们在央视春节联欢晚会上先后合作了《牛大叔提干》、《三鞭子》、《红高粱模特队》、《拜年》、《将心比心》、《卖拐》、《卖车》,范伟塑造的范秘书、范乡长、范大师、火夫等形象日益深入人心,成为深受观众喜爱的小品演员。

范伟近年来涉足影视表演,有评论家说,他是相声演员中演影视剧不露相声痕迹少有的几个人之一。

范伟1962年出生于沈阳

李玉刚：
平民偶像，当红男旦

【偶像速写】

　　他在舞台上游刃有余地穿梭于男性和女性之间，把中国民歌、舞蹈、戏曲等很多种艺术形式结合为一体，独树一帜，自成一派；他是继世界著名京剧大师梅兰芳之后中国又一传奇式人物。

【偶像经历】

　　1978年，李玉刚出生于吉林省公主岭市一个普通的农民家庭。

　　1998年，李玉刚开始演艺生涯。一次偶然的机会，他接触了被誉为中国国粹的京剧男旦艺术，并产生了浓厚的兴趣。从此一边演出，一边求学，潜心钻研。

　　2006年7月，李玉刚参加央视《星光大道》节目，一炮走红。他以甜美的歌声、婀娜的舞姿、俊俏的扮相获得年度季军，网络上的支持率高达93%，被观众誉为《星光大道》的无冕之王，成为当之无愧的平民偶像。之后又以特殊人才的身份加盟中国歌剧舞剧院，开创中国"草根明星"进入国家级艺术院团的先河。接下来在影视剧方面的尝试，也获得了巨大成功，李玉刚分别在电影《天下第二》和电视剧《闯关东（2）》中扮演重要角色，显示出在表演方面的巨大潜力。

很多人赞誉李玉刚是继梅兰芳等中国四大名旦之后中国京剧旦角的后起之秀。成名后的李玉刚仍然朴实、谦虚、随和，他从未忘记自己传承国粹的理想，不仅刻苦练习，而且一有机会就遍访名师，四处求学，努力推动京剧艺术的推广与传承。

李玉刚说："民族的就是世界的，对于艺术，我一直在路上，希望我的脚印能遍布世界各地。"

2005年春节的第一天，法国巴黎出版的《欧洲时报》头版头条刊登了一条消息：中国当红男旦演员李玉刚随中国"玫瑰钻石表演艺术团"赴欧洲巡演，把中国古老的艺术带出国门。接下来的十几天，李玉刚火遍欧洲各国。

2006年10月，李玉刚在韩国首都首尔举办的第八次中韩歌会上大放异彩，之后他的歌声传至东南亚各国。

2007年2月，李玉刚代表中国艺员参加在澳大利亚悉尼歌剧院举办的"相约中国节"活动；12月22日，代表中国参加"爱·和平"中日艺术家交流演出。

2008年4月，李玉刚与世界各地艺术家在联合国总部纽约参加"2008联合国之春文化节"，轰动一时，备受瞩目，被颁以"世界和谐大使"称号；8月21日，李玉刚在马来西亚义演，马来西亚媒体以"惊为天人"赞誉他。

李玉刚的舞台表演个性鲜明、唯美时尚，将民歌、舞蹈、京剧

有机地融为一体，唱腔高亢嘹亮、甜美悠扬，扮相高贵典雅、柔情似水，形成了强烈的视觉、听觉冲击力。生活中的李玉刚阳刚、帅气，与舞台上的形象形成了强烈反差。

为了塑造好各种舞台形象，李玉刚学唱功、学表演、学舞蹈(包括学习芭蕾，那时他已经23岁)，甚至钻研化妆、服装、造型等各种艺术门类的绝技。他为自己的每一次演出亲自选布料，染色彩，设计服装，甚至亲手描绘衣服上的每一朵花、每一片叶，还特地拜著名化妆师毛戈平为师，学习化妆技巧。

李玉刚了解农村的疾苦，时刻关注着农村。从1999年起，李玉刚就开始资助山区6个面临失学的孤儿和一个孤寡老人，那时他连自己家的彩电都没买。李玉刚一直用原名李刚资助几位贫困大学生，其中包括一位清华大学8年硕连博的大学生。李玉刚希望在将来有能力的时候，在农村建立一所希望小学。

在2008年的汶川大地震中，李玉刚不仅以个人名义捐出11万元，而且代表他的"刚丝"捐出16.2万元，并前往四川看望灾区儿童。

2009年2月23日，李玉刚被聘任为中国歌剧舞剧院独唱演员。

周杰伦：
从餐厅服务员到当红"小天王"

周杰伦，1979年1月18日出生于台湾；昵称周董，英文名Jay Chou；星座：摩羯座；专长：写歌、作词、打篮球、弹琴；专精乐器：钢琴、大提琴、吉他、爵士鼓、古筝。

从小与孤独为伴，直到现在，面对陌生的人事与环境，他还在努力克服手心会出汗的毛病。他的音乐成熟，有重量，并且耐听，有一股超乎其年龄的生命力。他有些幼稚与任性，是那种除了音乐以外生活"白痴"的典型。除了对音乐有绝对的自信，对音乐品质要求纯粹的干净，对其他所不熟知的事情，他完全没把握。他只有一种表情，他只会用音乐说话。

周杰伦是在台北市一个单亲家庭长大的。母亲叶惠美是中学老师，父亲在他年幼的时候就和母亲离婚了。周杰伦3岁的时候，母亲见他在音乐方面很有天赋，就毫不犹豫地取出家里所有的积蓄，给他买了一架钢琴。于是，童年的周杰伦被剥夺了玩儿的权利，所有的日子都是在钢琴旁边度过的。

1996年6月，高中毕业后

的周杰伦一时找不到工作，便只好应聘到一家餐馆当服务生。

平时，周杰伦喜欢把单放机带在身边，没事儿就听音乐。有一次，周杰伦双手托着一盘菜，边走边听歌，没想到他一不小心竟与一位女服务员撞个满怀，一盘热菜全部洒在那位女服务员的身上。餐厅经理罚了周杰伦2000元台币（折合人民币450元左右）。

事后不久，老板为提高餐厅的品位，在餐厅里配备了一架钢琴，可请来了好几位钢琴师，都因不合老板口味儿而被炒了鱿鱼。

一天下班后，手痒的周杰伦趁老板不在，用那架崭新的钢琴演奏了一首他自己刚刚创作的歌曲。很快，这件事就传到了老板的耳朵里。老板当即叫来周杰伦，让他担任琴师，在大厅里弹奏自己创作的乐曲。一次，有位客人过生日，希望周杰伦弹奏一曲轻快的音乐。可偏偏这时，另一位喝多了酒的老板甩出一大把钞票，说要听点儿刺激的。聪明的周杰伦先是弹了一首轻音乐，让过生日的客人过瘾，之后又弹了一首怪异的交响乐，让喝醉酒的客人大饱耳福。几曲下来后，双方都十分满意。老板十分高兴，当即给周杰伦涨了工资，月薪7000元台币。

1997年9月，有人替周杰伦在当地一家电视台的一个娱乐节目——《超猛新人王》报了名。当时，该节目主持人吴宗宪是阿尔法音乐公司的老板，他安排周杰伦表演钢琴伴奏，并允许他带一位歌手演唱。但是，周杰伦演砸了。这时，刚好站在评委旁边的吴宗宪顺手拿过歌谱看了看，不禁大吃一惊——这个看似漫不经心，甚至有点儿放荡不羁的年轻人写的歌，不仅歌谱十分复杂，而且抄写得工工整整。出于好奇，他邀请周杰伦辞职后到他的音乐公司写歌。

吴宗宪给周杰伦配备了一间办公室，并起名为阿尔法音乐工作室，让他专心创作歌曲。从此，这个狭小的地方成了周杰伦放飞梦想的平台。尽管他的薪水只有5000元台币，但他对音乐充满了前所未有的兴趣。哪怕是在录音棚外，他也能感受到音乐的快乐。

由于周杰伦从小就打下了扎实的音乐根底，很快就创作出大量歌曲。但总让吴宗宪感到不可理解的是，他创作的歌词总是怪怪的，音乐圈内几乎没有人喜欢，他总是失望地将周杰伦的手稿放到一边。

1998年2月，周杰伦创作了一首名为《眼泪知道》的歌曲。这次，吴宗宪决定将这首歌推荐给当时的天王级歌星刘德华演唱。歌词转到了刘德华的手上时，他只轻轻瞟了一眼，便连连摇头说："眼泪怎么会知道？眼泪要知道什么呢？"就这样，不欣赏这些歌词的刘德华当即拒绝了演唱这首歌曲。

之后，周杰伦又为当时火爆华语歌坛的张惠妹写了一首歌——《双截棍》。他想，张惠妹比较前卫，应该比较容易接受他创作的歌曲。然而，他精心创作的《双截棍》也被张惠

239

妹毫不犹豫地拒绝了。

就在周杰伦的创作热情受到沉重打击的时候，吴宗宪给了他极大的鼓励。长期从事音乐制作的吴宗宪看到了周杰伦对音乐独特的理解力，决定给这个才华横溢的小伙子另一次机会——让他自己走上舞台，演唱自己创作的歌曲。

1999年12月的一天，吴宗宪将周杰伦叫到办公室，十分郑重地说："阿伦，给你10天的时间，如果你能写出50首歌，而我可以从中挑出10首，那么我就帮你出唱片。"

10天转瞬即逝，周杰伦真的拿出了50首歌曲，而且每一首写得漂漂亮亮，谱得工工整整。吴宗宪从周杰伦创作的歌曲中挑选出了10首，准备制成唱片发行。

经过大半年时间的精心制作，周杰伦的第一张专辑——《JAY》制作出来。他的第一张专辑刚一上市，就被歌迷抢购一空。在当年的华语流行音乐大评选过程中，《JAY》一举夺得华语流行音乐金曲奖的最佳流行音乐演唱专辑、最佳制作人和最佳作曲人3项大奖。

2001年12月，周杰伦第二张专辑《范特西》横空出世，并再次风靡整个华语歌坛。2002年初，在第八届全球华语音乐榜上，周杰伦一举获得2001年度"最受欢迎男歌手"奖。一夜之间，华语流行歌坛几乎被周杰伦一个人的声音统治了。这位出道不到一年的年轻人成了整个华语歌坛超重量级的"小天王"。

周杰伦在接受美国《时代》杂志专访时说："明星梦并不是遥不可及的，其实，任何人都可以做，只要你肯努力。我之所以能有今天，就是我不服输的结果。"

李小龙：
一个无法拷贝的神话

【偶像速写】

　　李小龙，1940年11月27日出生；原名李振藩，英文名Bruce Lee。

　　一位记者曾向一个日本人提出这样的问题："现在影星如此之多，为何还要对已经死去35年的李小龙如此纪念呢？"这位日本人毫不犹豫地回答："在你看来，李小龙在35年前就被埋葬了，而在我们看来，龙是不死的。"他是一代武术宗师，功夫电影巨星，世界武功片电影表演家，截拳道的创始人。他是将中国功夫传播到全世界的第一人，他还是打入好莱坞的第一个华人。

【偶像经历】

　　1940年，李小龙生于美国三藩市（即旧金山），他的童年和少年是在香港度过的。李小龙幼时身体非常瘦弱，于是父亲在李小龙7岁时便教其练习太极拳。李小龙在13岁时跟随叶问大师系统地学习了咏春拳，还练过洪拳、白鹤拳、谭腿、少林拳、戳脚等拳种。

　　由于害怕李小龙学坏，在他18岁那年，李小龙的父母决定送李小龙到

李小龙与妻子

美国留学。李小龙进入三藩市爱迪生高级工业学校（相当于中国的职业高中），这是他英文水平不够格的缘故，不能够直接进大学。此时的李小龙完全成了另一个人。他一改在港厌学逃学的作风，一丝不苟、如饥似渴地学习。

1961 年，李小龙以优异的成绩考入华盛顿州立大学，主修哲学。为了宣扬中华武术，李小龙大学二年级时开了"振藩国术馆"。他边教边练，刻苦磨炼，武术大有长进，尤以腿功造诣更为精深。在振藩国术馆里，他认识了来学武术的医学院女学生琳达，两人于 1964 年 8 月正式结婚。婚后，李小龙夫妇双双辍学，合力经营武术馆。

后来，李小龙在佛罗里达州唐人街赤手空拳制服 4 个持刀歹徒，勇救华人少女，此消息在报纸上刊登，李小龙的名字便传遍了美国。为了扩大影响，李小龙经常到各处参加武术比赛，并先后在西雅图、奥克兰、洛杉矶等地开设武术分馆授徒。美国国内各流派的拳师经常聚集在李小龙的武馆切磋武艺，他的"以武会友"的宗旨收到了预期的效果。

1964 年，美国长堤空手道大赛是李小龙一生的转折点。李小龙作为表演嘉宾出席这场大赛，表演了咏春拳、蔽目粘手、寸拳、无影拳、二指俯卧撑等，令所有观众瞠目结舌。李小龙得到了好莱坞电视剧《青蜂侠》第二主角加藤的角色，《青蜂侠》的播出，没有引起太大轰动，但饰演加藤的李小龙，却愈来愈受观众的青睐。李小龙已在好莱坞有了一席之地，但总是在原地徘徊不前。

虽然事业不得意，但李小龙并没有垂头丧气，反而很有自信地在一张便笺上写下了《我的明确目标》："我，布鲁斯·李，将会成为全美国最高薪酬的超级东方巨星。作为回报，我将奉献出最激动人心、最具震撼性的演出。从1970年开始，我将会赢得世界性声誉。到1980年，我将会拥有1000万美元的财富，那时候我和我的家人将过上愉快、和谐、幸福的生活。"

李小龙与朋友策划了一部《无声笛》的影片。他们去印度勘外景，大失所望，拍摄计划被迫取消。李小龙开始有了回香港发展的念头。

那时，香港电影业的龙头老大是邵氏集团。1969年，邵氏的制片主任邹文怀带领何冠昌等人离开邵氏，创办了嘉禾公司。两家公司明争暗斗，嘉禾始终处在下风，直到李小龙的到来。那时李小龙虽然郁郁不得志，但他的名气已经非常大，香港能请动他的只有邵氏与嘉禾两家。本来李小龙看中的是实力雄厚的邵氏，并且不计较相对较低的片酬，但邵氏自高自大，最终因各种原因不欢而散，而邹文怀以他的诚意打动了李小龙。

1971年夏，李小龙接受香港嘉禾电影公司的邀请，以1.5万美元的片酬签了两部影片：《唐山大兄》和《精武门》。

《唐山大兄》一片的摄制地，在极原始、极艰苦的泰国柏庄。当时嘉禾还没有足够的财力去造出剧情所需的场景、道具，住宿、饮食条件都十分艰苦，气候也不适应，总之，比在好莱坞拍片简直就是天壤之别。李小龙虽然有怨言，但工作起来却十分投入，仿佛有使不尽的精力和力气，令其他疲惫不堪的演员十分佩服。1971年，《唐山大兄》公映，狂揽320万港元，打破《仙

乐飘飘处处闻》的票房纪录230万港元，一代天皇巨星从此诞生。1972年，《精武门》上映，票房突破450万港元。李小龙在片中的大无畏精神和惊人的打斗技巧，特别是他表演的"李三脚"、"地躺拳"和"双节棍"，令人赞不绝口、叹为观止。

1972年，李小龙自编、自导、自演并担任制片，推出又一力作《猛龙过江》，票房超过500万港元。1972年秋，不待《猛龙过江》公映，只作了短暂的休息，李小龙便投入《死亡游戏》的摄制。但只拍摄了三段武打和一些零散的镜头，就得到了主演《龙争虎斗》的机会。这是一部使他如愿进入好莱坞，成为真正国际巨星的作品。

李小龙还在美国好莱坞彷徨时，曾立下三大宏愿：一是推广、弘扬截拳道，使中国功夫传遍全世界；二是使华语片打进国际市场，让全世界的电影观众认识中国电影；三是在欧美的影片中饰演主角，奠定中国演员的国际地位。《龙争虎斗》让他实现了这三大宏愿。

李小龙多才多艺，亦文亦武。每当练功之余，他就埋头研究武术理论与训练方法，留下了7本学武笔记和6本著作手稿。直到现在，世界各国技击杂志仍在不断地研究、介绍他的武功，世界各地的武术爱好者依然崇拜他。

1973年7月20日，李小龙突然在香港逝世，年仅32岁。

李小龙的一生是短暂的，但他主演的功夫片风行海外，中国功夫随之闻名于世，许多外文字典和词典里都出现了一个新词：Kungfu（功夫）。在不少外国人心目中，功夫就是中国武术，李小龙就是功夫的化身。毫无疑问，李小龙的辉煌，成为一个无法拷贝的神话。

陈国坤：
从跑龙套到当主角

【偶像速写】

　　陈国坤，1975年8月1日出生于香港，祖籍深圳市宝安县沙井镇。

　　在周星驰电影《少林足球》、《功夫》里跑龙套的他，一开始就因为外形酷似李小龙而被周星驰签到名下。如今，他也和老板周星驰一样，实现了"从跑龙套到当主角"的追梦历程，成为《李小龙传奇》的主演。

【偶像经历】

　　成名之前，陈国坤做过售货员、股票经纪人、油漆工、泥水工、编舞师、电影配乐师。

　　2001年，在周星驰的《少林足球》中原本编舞的陈国坤得到"李小龙迷"周星驰的赏识，正式成为一名签约演员，并在周星驰多部大片中担任主要角色，包括《少林足球》、《功夫》等。陈国坤凭借《功夫》中的斧头帮老大一角，被提名第二十四届金像奖最佳男配角。

　　无论是外形气质还是功夫底子，陈国坤都是制片方的不二人选，但要演出李小龙这位华人心目中的英雄，也不是那么简单的，他为此整整准备了一年。其间，他拜访过李小龙的弟弟，找过曾和李小龙合作的元华、洪金宝。

陈国坤为了演好李小龙这一角色，专门找了一个截拳道的教练来教他武功，每天练4个小时，除了吃饭、睡觉就是练拳。他还学了李小龙的一些基本功夫，包括咏春拳、泰拳、跆拳道。《李小龙传奇》的动作场面都是他亲自上阵，在刚开始拍摄时，陈国坤的腿就受伤了，此后半年多的拍摄时间里，每一天都有新伤出现。搏命演出，使陈国坤的膝盖十字韧带严重受伤。

除了外形和功夫，演技和普通话也是陈国坤必做的功课之一。之前在周星驰电影《功夫》中扮演的斧头帮帮主和《少林足球》中扮演的足球守门员，角色浮光掠影，空间有限，过于表面化。此番担纲主角就出演众人心中的偶像，头号"龙迷"周星驰最有发言权。

陈国坤说："从我接演之前他就比较关心，他总说我太瘦了，买营养品让我补补，临拍前还跟我说'不要给龙哥丢脸'，拍完之后给他看过片花，他只字未吐，只是点头。我不知道他是否满意，但在星爷的世界里，似乎没有他满意的时候，我想点头也是不错的评价吧。"

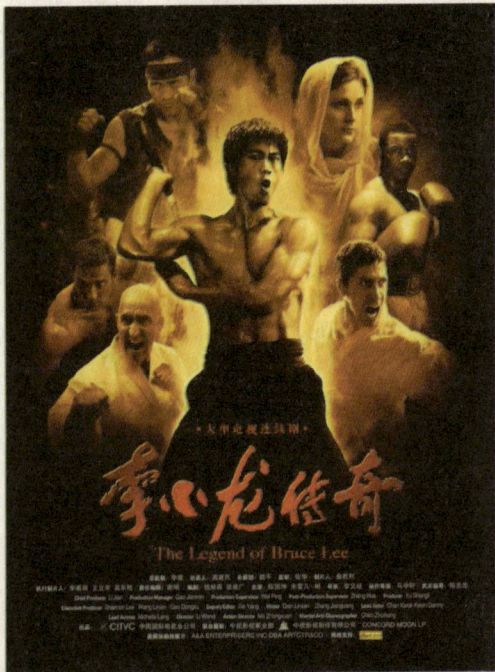

《李小龙传奇》拍摄完成后，陈国坤写了《我的李小龙》一书，一方面记录这部电视剧的拍摄点滴，另一方面分享自己对于李小龙的独特理解。

《李小龙传奇》在央视1套开播之后，在网上一篇名为《你给陈国坤打多少分》的帖子中，90%的网友打出90分以上，称其无论神态、身材都是"史上最像"，"连背部的小驼也很神似"。

这样的评价让陈国坤感到很高兴，不过对于这个公认的"史上最像"，他还是有话说："我六七岁的时候就因为看《精武门》迷上了李小龙，十一二岁的时候就有很多人说我像他，不过凭我对他的了解，我自己觉得倒不是很像，主要是五官不太像，像的是整个人和脸型的轮廓，还有摆出李小龙标志性架势的时候像，其他我想大家觉得很像的原因很大程度是因为我的发型帮了忙。"

现实生活中的陈国坤，并没有李小龙那个"背部的小驼"，他笑着说："戏外面我还是自己。我是一个喜欢音乐、轻松开朗的人。"

陈国坤在香港音乐圈的朋友比影视圈的朋友还要多，他也一直在做自己的音乐。他有一支乐队，平时最开心的事情就是和朋友一起拿起吉他一边弹奏一边喝点儿什么。但是，陈国坤不想出唱片，因为出唱片就意味着有压力。陈国坤身边的很多朋友都是因为要出唱片，而最终改变了自己的音乐理念来迎合他人，整个人的心态也随之改变了，陈国坤却不想改变自己。

陈国坤主演的电视剧《李小龙传奇》，在经历了2007年长达八个多月，横跨十多个国家的拍摄后，2008年奥运之后终于在央视1套和各卫视台热播。《李小龙传奇》自热播以来，已创下了央视2003年以来电视剧收视的新纪录。陈国坤在短短几个月里，人气迅速飙升。陈国坤还成为央视春晚2009年的演出嘉宾，并在京录歌，准备向影、视、歌多栖发展。

目前，陈国坤已成为众多商家选择代言人的热门人选，其广告代言费已达到7位数，但是这样的价格仍未冷却众多商家诚邀他代言商品的热情。陈国坤的演艺事业正如火如荼地发展，就现在的个人名气看，已是国内一线巨星，可他依然用平常心去规划自己的未来。

成龙：
爱拼才会赢

【偶像速写】

　　成龙，1954年4月7日出生于香港；本名陈港生、房仕龙，艺名陈元龙、成龙，英文名Jackie Chan。

　　拍电影只有他最拼命，在危险的镜头前只有他露着正脸不用替身。他有自己独特的搞笑式动作，完全是凭着自己的努力进入好莱坞，让全世界看到了中国功夫电影，为中国电影业作出了巨大贡献。他的慈善事业也令人崇敬，现在热衷慈善事业的明星都是后来者。

【偶像经历】

　　成龙的母亲名叫陈丽丽，父亲陈志平原名房道龙，祖籍山东。战乱年代由于家乡被毁，全家与乡亲们流浪到了安徽。房道龙曾学过功夫，经历过抗日战争、解放战争等大风大浪，早年混迹于南京，长大后加入国民党，机缘巧合，成为一名国民党军统情报人员，因为一次枪支走火事故，被革除了军职。于是，陈志平在南京改行做起亚麻布买卖，生意相当不错，直到日军侵略中国。

抗日战争时期，成龙的父母由上海辗转香港避难，1954年生下成龙。成龙在母腹中待了12个月才迟迟出世，结果又以12斤的超级重量成为轰动新闻。

成龙6岁上学，却不争气，一年级便留级，读来读去都是一年级。于是，小学一年级便成了成龙的最高学历。

后来，成龙拜京剧武生于占元为师，每天大清早5点便起床练功，练至晚上12点为止。成龙结业后便做武师的工作，在当武师时他的名字是陈元龙，专门做名演员的替身，做些危险的武打动作。

1973年，功夫巨星李小龙突然在香港去世。电影公司的老板们开始四处寻找和李小龙相似的武术家，成龙也成为他们物色的对象。

1975年，新天地公司成立，公司与成龙签约，安排他拍一两部影片，但票房惨淡。后来有人将成龙推荐给著名武侠片导演罗维。成龙为罗维拍的是古龙作品、少林系列（如《少林木人巷》），但都不得志。

1978年，导演吴思远计划拍《蛇形刁手》，便向罗维借人，指名要成龙来拍，《蛇形刁手》使成龙初次尝到了成功的滋味儿。而同年拍摄的影片《醉拳》，在赢得了高票房的同时，也让成龙一跃成为观众心目中的功夫巨星。

《醉拳》走红后，成龙便正式当起导演来，他的头两部导演作品是《笑拳怪招》、《师弟出马》，都有不俗的成绩。这时嘉禾公司注意到成龙，便筹划安排他到美国拍《杀手壕》、《炮弹飞车》（1、2）、《威龙猛探》。

1983年，成龙执导《龙少爷》，再度掀起成龙热。其后，成龙与洪金宝、元彪开拍《奇谋妙计五福星》、《快餐车》、《福星高照》、《夏日福星》、《龙的心》。这一时期，虽然是成龙帮助洪金宝，但洪金宝也在某种程度上影响成龙。这些作品都是洪家班的风格，直到《警察故事》的出现，才自然流露出成龙自己的风格。这部片子除了在香港卖座之外，在日本更引起疯狂的成龙潮，并帮助成龙夺得最佳导演、最佳影片、最受欢迎演员等奖项。

成龙在日本成为一名超级巨星。一个年仅15岁的日本女学生为成龙自杀身亡。接着，另一个日本女影迷买了单程机票赴香港，欲以身相许，因未遂心愿，在嘉禾片场前吞毒。更有甚者，日本女影迷相约成立"成龙不嫁团"。另有一些女影迷也有极端的行为。成龙在日本与影迷聚会，连续3年被人掌掴，被打得眼冒金星。

成龙陆续在1987年推出《龙兄虎弟》、《A计划续集》，1988年推出《飞龙猛将》、《警察故事续集》，1989年推出《奇迹》，1990年推出《飞鹰计划》，全都创下3000多万港元的票房纪录。

成龙早在1982年时便打入好莱坞市场，但他迈向国际之路并不顺利，首次进军国际的作品是《炮弹飞车》，可惜票房失利。真正令成龙打入国际市场的是1994年拍摄的《红番区》，在美国上映时创下高票房纪录，另一部好莱坞电影《尖峰时刻》，亦获得极高的票房纪录，并登上《时代》杂志，奠定了成龙今日在国际上的地位。尽

管成龙的票房影响力不如以往，但2007年在北美上映的《尖峰时刻3》仍创下1.4亿美元的票房纪录。《尖峰时刻》系列三部在北美累积票房超过5亿美元，全球累计达8.35亿美元，到目前为止，还没有其他亚洲演员领衔主演的电影能在国际上达到同等成绩。

多年以来，成龙一直以为自己是独生子，直到父亲80多岁时，由老人家亲口告诉成龙的真实身世，成龙才知道自己原姓房，族谱名字叫房仕龙。

成名后，成龙热衷慈善事业，成立成龙香港慈善基金，他被《福布斯》杂志评为"全球十大慈善名人"之一。

成龙最信奉的名言是"爱拼才会赢"。成龙让世人明白了成功的内涵：努力，努力，再努力。

成龙受伤档案

1975年拍摄《少林门》时被打至完全失去知觉；1978年拍摄《醉拳》时眉骨受伤，眼角被踢裂；1978年拍摄《蛇形刁手》时被踢掉一颗牙齿；1980年拍摄《师弟出马》时鼻骨撞裂；1982年拍摄《龙少爷》时下腭撞伤；1982年拍摄《龙兄虎弟》时头部重伤；1983年拍摄《A计划》时颈骨重伤，鼻骨再次撞裂；1985年拍摄《威龙猛探》时伤手和指骨；1985年拍摄《警察故事》时脊椎骨第六节至第八节及骨盆撞移位；1986年拍摄《龙兄虎弟》时脑出血，左耳头骨凹陷，碎骨内移；1990年拍摄《飞鹰计划》时胸骨被打裂、移位；1992年拍摄《超级警察》时面颊骨撞至移位；1993年拍摄《城市猎人》时被撞伤膝部，右肩扭伤、脱臼；1994年拍摄《重案组》时扭伤大腿；1995年拍摄《霹雳火》时脚骨在开车时撞裂；1996年拍摄《白金龙》时嘴部撞裂；1997年拍摄《一个好人》时跳桥撞伤鼻骨，高空坠下，伤颈骨；1998年拍摄《我是谁》时左边肋骨和脚踝受伤；2001年拍摄《特务迷城》时尾椎软骨受伤；2002年拍摄《飞龙再生》时眼部受伤，当场血流满面。

周星驰：
"无厘头" 文化的开创者

【偶像速写】

周星驰，1962年6月22日出生于香港；昵称星爷、星仔、周星星。

集导演、演员、创作人于一身，开创了"无厘头"的表演方式，他的名言名句、举手投足被影迷争相效仿，《大话西游》成为大学生的必看碟片之一。他被誉为亚洲最具票房号召力人物之一，被称为"喜剧笑匠"。

【偶像经历】

周星驰从小和4个姐弟一起，在单身母亲的抚养下成长。周星驰相貌平平，个性不突出，书读得很一般，打工也不赚钱，要说与电影的关系，或许只是疯狂崇拜李小龙。直到中学快读完的时候，受当时电视长剧热潮的影响，周星驰和众多同龄人一样迷上了当红剧集和当红明星，才萌发了做演员的愿望。

1982年春，几经周折之后，未满20周岁的周星驰终于挤进艺员训练班夜间部，走上自己向往的演艺之路。但是，当他的好友梁朝伟开始出演有名有姓的配角的时候，周星驰只能在同一部剧集里露面几个

镜头；当梁朝伟已经被包装为"五虎将"的时候，周星驰还是《射雕英雄传》里身兼数职的龙套。

当梁朝伟因为身价暴涨而被调离儿童节目《430穿梭机》的时候，周星驰终于得到一个机会：代替梁朝伟成为《430穿梭机》的主持人。周星驰绝不甘心只做一个儿童节目主持人，他对自己的演艺事业始终抱有梦想，始终不肯松懈。他尝试写剧本，揣摩经典影片，精读理论，钻研演技，却始终没有表现的机会，就算鼓起勇气去电影公司投递了报名表，终究是连老板的面都见不着。

1988年的一个晚上，周星驰在舞厅里消磨时光，遇到了万能电影公司大老板李修贤，这位著名电影制作人与他简短交谈之后，送给他一个演艺生涯中宝贵的转折点：邀他在自己的新片《霹雳先锋》里扮演一个浪荡江湖的小弟。这部影片使周星驰拿到了金马奖最佳配角奖，也获得了金像奖最佳配角和最佳新人双料提名。

从此周星驰开始主演长篇电视剧《盖世豪侠》、《他来自江湖》等。1990年，周星驰在演了一系列小弟、小偷、小痞子、小坏蛋之后，接演导演刘镇伟的新片《赌圣》，扮演一个修成正果的江湖混混儿。这部电影本是头年票房冠军《赌神》的跟风之作，是一部小成本的速成电影，却在天才导演和天才演员的合作下爆出惊人的火花，票房狂收4132万港元，打破香港开埠以来的票房纪录，周星驰首次获得金像奖影帝提名。

1990年，善于捕捉商机的导演王晶邀请周星驰合作同类型电影

《赌侠》，又获得 4030 万港元的票房，与《赌圣》一起名列全年票房榜的冠军和亚军。周星驰在这短短半年里全线飘红，成为影坛最为抢手的大明星，连昵称也由"星仔"变成了"星爷"。

1991 年，周星驰一改往日又痞又贱的小混混儿形象，在影片《逃学威龙》中扮演一个卧底神探，再破票房纪录，另外两部作品也都进入票房排行榜前 10 名。

1992 年，周星驰在全年票房排行榜前 10 名中占了 7 名，前 7 名全部是他的作品，更凭又一次打破票房纪录的《审死官》获得亚太影展影帝大奖，这一年被影坛称为"周星驰年"。

继 1993 年以《唐伯虎点秋香》连续第四次拿到票房冠军后，周星驰不再满足于一味迎合观众的需求来搞笑，其作品越来越多地体现了他的人文关怀和对生命、对世界、对理想的思索。

1995 年，周星驰与刘镇伟苦心创作的《西游记第 101 回之月光宝盒》和《西游记完结篇之仙履奇缘》上下集推出。虽然当年票房反应惨淡，但在其后的几年里，借盗版市场猖獗和互联网普及的潮流而风靡内地，成为内地青年观众评价最高的经典影片之一，甚至在一定程度上影响了整整一代人的情感理念和表达方式，尤其是在网络上的影响至今可见。

周星驰在香港人迷惑的目光中，进入文化圣殿——北大进行讲学，尽管他自己老老实实地承认对"后现代解构主义大师"等观众加给他的光环一知半解。

20 世纪 90 年代后期的周星驰逐渐减产，更多地参与影片创作，多次正式列名为出品人、编剧和导演等。《喜剧之王》是比较明确地传达周星驰人生感悟的一部作品。主人公尹天仇就是成名前历尽艰辛的周星驰。他在剧组里跑龙套，跑得分外卖力、认真，但他的专业精神却在这些情境里被凸显成一种累赘和一个讽刺，他的屈辱和挫败也在一次次不动声色地被重复，而他只同样重复着一句话："其实我是一个演员。"很少在周星驰的片子里看到这么多严肃、认真甚至萧索的表情。

2001 年，周星驰经过两年的倾心制作，推出了第一部真正意义上的"周星驰作品"——《少林足球》。足球与功夫相辅相成的新鲜组合，香港本土电影中少见的大制作，都使之成为华语影坛 2001 年度最受关注的作品，创下 6300 多万港元的票房纪录。

香港影坛终于决定给这位已经 4 次打破香港票房记录、6 次拿到年度票房冠军、29 部作品名列年度十大卖座电影、8 次获得金像奖表演奖提名但从未得过奖的天才巨星一个说法。在当届香港电影金像奖上，《少林足球》获得 14 个提名，最终获得 7 个奖项，周星驰先后 4 次上台领取了最佳电影奖、最佳导演奖、最佳男主角奖和杰出青年导演奖，也成为金像奖历史上的一个奇迹。

随后的两年，周星驰再次蛰伏创作，直到 2004 年推出新作《功夫》。这部作品，不仅在华人世界得到共鸣，而且在海外市场受到广泛欢迎，一经上映即打破中国内地、中国香港、中国台湾、新加坡、马来西亚等多个地区的首映票房纪录，名列日本、韩国当周票房排行榜冠军和北美排行榜第五名。在 2005 年举行的第二十四届香港电影金像奖上，《功夫》获得史无前例的 16 项提名。周星驰自己虽然在最佳导演和最佳男主角的角逐中落选，却成功地使《功夫》拿到了年度最佳电影这个最重要的奖项。

李连杰：

充满东方魅力的"功夫皇帝"

【偶像速写】

李连杰，1963年4月26日出生于北京；原名李正东，英文名Jet Li。

他连续5次获全国武术比赛冠军，被称为"打遍天下无敌手的武林大师"。20世纪70年代末从影，并通过电影传扬中华武术，80年代初推出处女作《少林寺》，一举成名，轰动世界，引发继李小龙之后第二次世界武术热潮，也因之成为国际巨星。从影20多年已拍摄30多部经典功夫作品。1999年至今在好莱坞发展，成绩不俗，展示了东方武术文化之魅力。

【偶像经历】

1963年，李连杰出生于北京，1971年开始武术生涯。1972年，李连杰参加"文化大革命"后第一次举办的民间自发性全国武术比赛，并获"杰出表现奖"（当时没有官方奖项，此奖为民间认可）。

1972年，中国主办了一场很重要的体育活动：泛亚

洲—非洲—拉丁美洲乒乓球冠军赛。为展示中国文化，在开幕仪式上有5项国艺表演，其中一项为武术，李连杰参加了。演出结束后，周恩来总理接见了李连杰。

1974年，李连杰高烧39度，带病参加少年组全国武术大赛，并连夺三冠，技惊四座。

李连杰拿到了中国武术大赛的第一个冠军后，去美国交流演出。美国前总统尼克松见了他的面就说："你功夫这么好，长大后做我的保镖吧？"当时李连杰想都没想就对他说："我要保护十亿中国人，不是你一个人。"旁边的基辛格圆场说："你以后可以做外交家了。"此事上了当年《纽约时报》的头版头条。

1975年，全国运动会召开，年仅12岁的李连杰破天荒地参加成年组比赛，力挫群雄，以最好的成绩夺得全能冠军，让一帮成年武林高手目瞪口呆、心服口服。

1979年，李连杰双腿膝盖胫骨出隆，后筋错位，仍坚持武术比赛，以惊人的拼力和韧性夺得5块金牌，令在场所有同行流下了泪水。

1974年至1979年，李连杰连续5次获得全国武术大赛冠军，时人称为"打遍天下无敌手的武林大师"。

李连杰屡夺全国武术比赛冠军，引起政府的注意。17岁以前，他频繁地到北美、南美、非洲、欧洲、东南亚等地巡回表演。退出武术界之前，他代表国家出访过40多个国家。

1982年，李连杰被导演张鑫炎相中，出演香港中原电影公司的

影片《少林寺》中的主角觉远和尚。《少林寺》在世界范围内引起巨大轰动，许多青少年不再上学，偷偷离家，学习武术。有媒体评论说，光头和尚觉远的形象已成为一个时代的印记。《少林寺》以当时一毛钱的票价，累计票房却高达1亿元。

在《少林寺》、《龙在天涯》等初期影片中，每拍完一部电影，李连杰不是手断就是筋断。最严重的一次是在《少林寺》中，十字韧带都断了，大小腿可以水平摆成90度，医生做了7个小时的手术。当时医生还给他开了一张三级残废证。

挟着《少林寺》的余威，李连杰于1984年及1986年主演的少林题材影片《少林小子》、《南北少林》都颇为成功。时隔不久，李连杰在美国认识了天才导演徐克。两颗武侠巨星的碰撞，掀起了一股武侠电影的巨浪，于是便有了《黄飞鸿》、《男儿当自强》、《东方不败》等新武侠时代的经典之作。

可惜，两年后李连杰因为某些原因与徐克不欢而散。1993年，李连杰成立了自己的公司——正东电影制作有限公司。当年，由元奎导演、李连杰监制并主演的《方世玉》取得极大成功，从此，香港影坛上又产生了一对梦幻组合。他们之后合作的《中南海保镖》、《给爸爸的一封信》等也取得了不俗的成绩。1994年，陈嘉上编剧并导演的《精武英雄》成为这段时间李连杰最成功的作品。

1996年，李连杰和永盛电影公司签约，为其演出6部电影。随后与徐克时隔多年再度合作，《黑侠》引起国际片商注意。这时香港电影业已经开始滑坡，李连杰也把目光投向了国际市场，终于在1998年受华纳公司之约扮演了《致命武器4》中的主角，走进好莱坞。

2004年，李连杰接拍《霍元甲》，他是投资方之一。《霍元甲》

在春节期间横扫亚洲多个国家地区票房，欧洲、美国等国竞相购买版权。李连杰的武打技术在美国被称为"好莱坞动作美学的指标"。2006年9月22日，《霍元甲》在美国首映，荣登票房亚军。

1991年夏，李连杰与师妹黄秋燕离婚。1992年春，《男儿当自强》拍摄完毕后，李连杰与利智正式建立恋爱关系。1999年9月19日，李连杰在洛杉矶迎娶利智。婚后不久，导演李安请李连杰主演新片。此时利智已有3个月身孕，李连杰为照顾妻子，拒绝了日后成为经典的《卧虎藏龙》，并在此期间推掉好莱坞5部影片。后来利智用四个字诉说嫁给李连杰的感受："不枉此生！"

2004年12月26日，李连杰在马尔代夫度假时遭遇海啸，有惊无险。早已修行佛门的李连杰淡泊名利、生死，大难之后感悟良多，以实际行动号召成立"壹基金"，救助更多需要帮助的人。2007年4月19日，"李连杰壹基金"正式创立。"李连杰壹基金计划"提出"1人＋1元＋每1个月＝1个大家庭"的概念，即每人每月最少捐1元，集合每个人的力量让小捐款变成大善款，随时帮助大家庭中需要帮助的人。

2004年至2005年，李连杰走访多个中国著名高校（北大、川大、复旦、中大等），进行巡讲，送上"心灵鸡汤"，号召年轻人热爱、珍惜生命。此间，他还频繁出镜，出现于地方各个新闻媒体。其目的有二：一是号召青少年珍爱生命，共同分享成功心得；二是呼吁大家为"壹基金"捐款，救助全世界需要救助的人。

2008年，李连杰奔波在汶川地震第一线，积极参与抗震救灾活动。同时，"李连杰壹基金"为震后重建以及青少年心理恢复工作起到了重要的作用。

电影《功夫之王》

甄子丹:
真功夫打出一片天

甄子丹，1963年7月27日出生；英文名Donnie Yen。

他能讲流利的英语、粤语、普通话，出生于中国内地，年少时在波士顿，近年在香港，目前穿梭于纽约和洛杉矶之间，他以全新的方式定义了"四海为家"。他的电影放射了他的亮光并驱动这个被他观察的世界，电影制作对他来说是流动不息的，是画面、音乐，还有观众与艺术家信息的交流。他给武术动作电影带来一种新的世界电影风格。

【偶像经历】

甄子丹生于广东，2岁时搬到香港，11岁随父母移民美国波士顿。

母亲麦宝婵是世界闻名的武术家和太极高手，创办了驰名国际的中国武术研究所，从甄子丹会走路起就开始教他练武。父亲甄云龙是国际性中文报纸《星岛日报》的波士顿编辑，会演奏小提琴以及和小提琴音色相似的中国弦乐器二胡。甄子丹也学习古典钢琴，钢琴达到

10级水平。他喜欢萧邦，音乐成为他生命中的另一灵感来源。

甄子丹在母亲的武术氛围中成长，几乎看过能看到的每一部功夫片，并把李小龙当成他的偶像。但个性反叛的甄子丹令父母非常担心，因此将他送去著名的北京市什刹海体育运动学校武术队接受两年的训练。甄子丹成为第一位非内地学生，并在1973年获得全国武术少林拳冠军（后一届冠军是李连杰）。

结束两年北京武术队的训练，在回美国的路上，顺经香港并被介绍给电影导演袁和平。袁和平见到甄子丹后，非常赏识他的身体素质和身手。19岁时，甄子丹首次担纲领衔主演《笑太极》。随后，甄子丹又在袁和平的其他作品中担任主演，确定了演艺之路，从而一举成名。

由于受偶像李小龙的启发，甄子丹不仅探究各种武术的风格，而且建立起自己独特的武术体系。在《笑太极》中，他极好的身体素质得以体现；在《特警屠龙》中，他的拳术展现了武术风格的多面性；在《铁马骝》中，他展示了传统武术的魅力。

在从影过程中，甄子丹没有停止练武。1982年，他参与美国地区武术比赛，获得冠军，自此在外国武术界声名远播。在智力和体能同时提高的过程中，在武功成长的同时，他对李小龙哲学的理解也越来越深入。他是跆拳道黑带六段，担任香港李小龙协会理事。

徐克在拍《黄飞鸿2之男儿当自强》时，找到甄子丹作为李连杰的最后对手。在那场戏中，甄子丹设计了创造性的动作，就是用湿布来做武器。本片奠定了他功夫明星的地位，他因此被提名1992年第十二届香港电影金像奖最佳男配角。随后他又拍了《新流星蝴蝶剑》、《新龙门客栈》、《铁马骝》等片。在《铁马骝》中，他饰演黄飞鸿之父黄耆英，在与少林叛徒对战时表演了无影脚，是那10年中最有影响力的打斗场面之一。

在传统武打影片风过后，甄子丹转到压力很大的香港电视剧领域。他在两部电视剧《洪熙官》和《精武门》中主演并导演动作场面，前者是关于晚清时代汉人反清斗争中的少林义士洪熙官的故事，后者改编自李小龙的同名电影，反映了20世纪30年代上海被日本侵占的情形。

1997年，甄子丹开始他的导演之路，推出了第一部作品《战狼传说》。许多制片人使影片成为大制作，情节复杂、激烈，但甄子丹希望他的电影能贴近观众，能把他们带进自己的世界。虽然《战狼传说》耗资不到50万美元，但由于它的独特风格，甄子丹赢得了《亚洲评论》杂志的称赞，特别是被日本观众接受，在那里拥有了许多年轻的影迷。在富有乡村风格的《战狼传说》后，甄子丹又导演了《杀杀人，跳跳舞》这部都市枪战片。该片不仅得到香港电影评论界的认可，而且获得1998年日本电影节和1999年第五届香港电影评论学会大奖的最佳导演奖提名，并在许多国际节日中上映。

1999年，甄子丹飞往柏林，作为第一位来自香港的中国电影制作人，担任德国电视剧《代号：美洲狮》的动作导演。随后，他签约在罗马尼亚拍摄的美国科幻动作片《挑战者之终极之战》。

甄子丹的功夫很有速度感，极有爆发力，他的电影也附上了自己真功夫的风格。特别是《龙虎门》定下了他的电影风格，属于他自己的电影，属于他自己的风格。

释小龙：
功夫小子，龙行天下

【偶像速写】

释小龙，1988年1月6日出生；原名陈小龙，英文名Ashton Chen，法名释小龙。

他聪慧，两岁便深谙少林武术之道，成为少林寺第二十九代接法传人释永信大师的弟子；他灵动，4岁时便以武之神韵，汇聚影视，拍摄了电影《旋风小子》；他闪耀，十几年间，17部影视作品演火东南亚，叫响华人区；他博学，刀枪剑棒、主持演唱无所不通，以生命的潜质谱写着一首绝妙之曲。

【偶像经历】

1988年，释小龙出生于武术之乡——河南省书堂沟（陈氏太极拳和少林武功的发祥地），他家四代皆习练少林武功。释小龙在两岁时被少林寺方丈释永信大师收为徒弟，成为少林寺的俗家弟子，同时跟着父亲习武。

释小龙自幼乖巧伶俐，善舞枪弄棒。他刚学会走路，就常随其父（陈同山，现任中国嵩山少林寺武术学校校长）进少林寺参禅拜佛。那

宏大的武僧练功场面，深深吸引了他，常使他流连忘返。后来在父亲的言传身教下，他进步神速，掌握了少林拳法、腿法、步法等少林基本功，学会了少林通臂拳、醉剑、醉拳、少林棍、五行拳等传统套路和规定套路。

释小龙聪颖过人。不到两岁竟能打出一套像样的少林拳法来，仿若冥冥之中有人教导；3岁那年，释小龙参加国际少林武术的比武，获得通臂拳、罗汉棍两项优秀奖；4岁那年，释小龙随嵩山少林寺佛学文化访问团访问台湾地区，被台湾地区报纸、杂志誉为来自大陆的"和平使者"、"神奇的少林龙子"。

1993年7月，台湾长宏影视公司与释小龙签约，8月，释小龙与台湾著名歌星林志颖合拍了第一部影片《旋风小子》。

1995年，释小龙在香港与吴孟达合拍了《无敌反斗星》，与葛民辉、邱淑贞合拍了《赌圣》，与钟镇涛、张敏合拍了《十兄弟》，与元彪、罗家英合拍了《龙在少林》。这一年，释小龙还应香港电影协会的邀请，作为第十四届电影"金像奖"特邀嘉宾，为世界著名影星成龙颁奖；在天津举行的第四十三届世界乒乓球锦标赛开幕式上，表演中国功夫。

随后，释小龙一路左冲右突，《新乌龙院》、

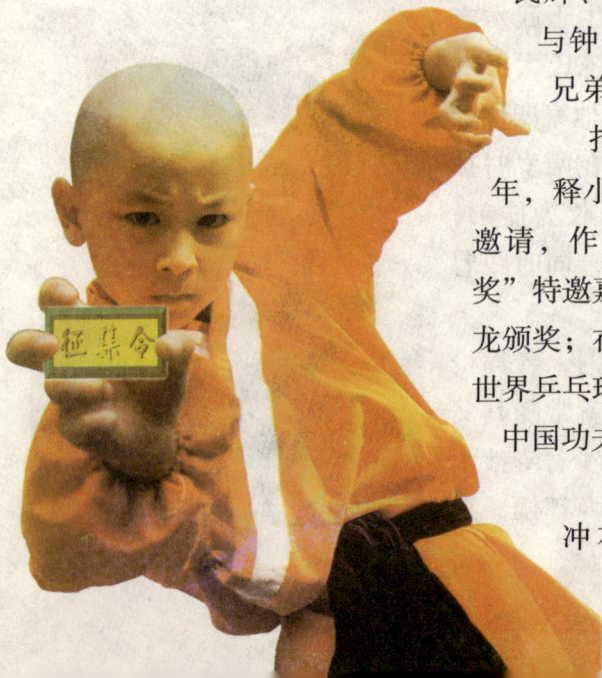

《八岁龙爷闯东京》等17部影视剧相继热播。

除了武功，释小龙的文化课也不落后，数学、语文、英语、计算机等学科的成绩非常好。

释小龙至今已出访过新加坡、美国、加拿大、日本、中国台湾、中国香港等国家和地区。他在拍片的同时，在师父的严格要求下，一边苦练武功，一边学习文化知识，为少林武术走向世界而努力奋斗着。

释小龙还不断地向其他领域拓宽和发展。在音乐方面，他以独特的嗓音拍摄了MTV《少林，少林》；在主持方面，他以机智的语言主持了一系列少儿节目。多家电视台和宣传媒体也都纷纷以邀请他到场作为提高收视率的"标榜"，香港影协的电影"金像奖"及内地的"金鸡奖"、"百花奖"、春晚等，都有释小龙的身影。

释小龙影视作品

电影作品：《笑林小子》（又名《旋风小子》）、《新乌龙院》、《中国龙》、《无敌反斗星》、《赌圣2——街头赌圣》、《十兄弟》、《龙在少林》、《黄金岛历险记》、《侠道》（又名《义胆忠魂》、《侠盗正传》）、《天庭外传》（又名《哪吒大战美猴王》）、《中华丈夫》（又名《致命密函》）、《夺宝英雄》（又名《极地皇陵》）、《功夫漫画》（又名《一本未完成的漫画》）、《功夫食神》、《少年赌圣》、《英雄识英雄》（又名《南北雄狮》）、《辣手学子》（又名《龙威小子》）、《日本少林》（又名《龙霸四海》）、《黑道少林》、《明天的日记》、《黑侠VS赌圣》；电视剧作品：《少年包青天》、《八岁龙爷闯东京》、《少年包青天2》、《九岁县太爷》、《蝶舞天涯》（又名《吕布与貂蝉》）、《乌龙闯情关》、《少年黄飞鸿》、《卧龙小诸葛》、《倚天屠龙记》、《萍踪侠影》、《醉侠张三》、《水月洞天》、《隋唐英雄传》、《薛仁贵传奇》

谢霆锋：
在坚持与妥协之间

【偶像速写】

　　谢霆锋，1980年8月29日出生于香港；国籍：加拿大；英文名：Nicholas Tse；绰号柠檬（名字谐音），笔名豆丁。

　　他是令狗仔队又爱又恨的人，他砸掉的相机或许与登上杂志封面的次数一样多。当然，他总是在事后主动赔偿那些倒霉的记者。他肆无　惮地发泄，但也从不忘记承担责任。

【偶像经历】

　　明星，对于谢霆锋来说，是一个与生俱来的身份。

　　第一次登上杂志封面的时候，他才出生3分钟——那是1980年夏天，全香港的娱乐媒体都刊出了这样的标题：《影星谢贤喜得贵子》。6岁时，谢霆锋和妹妹被父母送到了加拿大，但这并不能使他远离媒体的镜头，"狗仔"们追踪到大洋彼岸，因为一张谢霆锋与同学们一起放学回家的照片，可以令八卦杂志的销量瞬间大增。16岁，因为对音乐的热爱，也因为明白自己这一生恐怕再难逃开媒体

的追击，谢霆锋决定加入娱乐圈。

转眼间，十多年过去了。谢霆锋背负着质疑与压力，走出属于自己的道路，他甩掉了一些东西，比如自由，比如初出道时总会被冠在名字前的定语——"谢贤与狄波拉的儿子"，但也被冠上了一些新的称谓，比如叛逆、摇滚和愤怒。

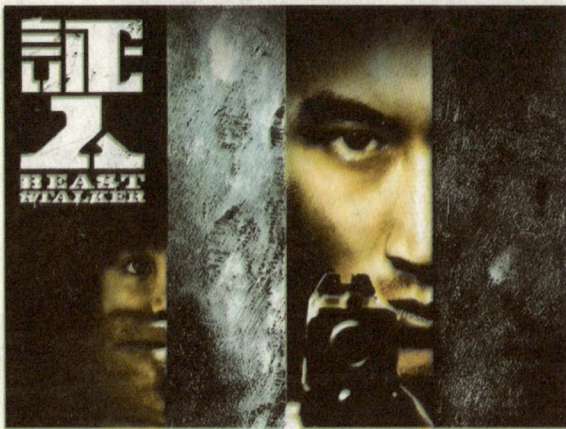

谢霆锋在香港出生。父亲谢贤与母亲狄波拉是著名演员，但离婚已久。谢霆锋8岁时与妹妹移居加拿大，一直到15岁。谢霆锋自小梦想成为一名创作歌手，16岁时毅然放弃学业，赴日本东京音乐学院学艺，投身乐坛。后与飞图（今英皇娱乐）公司签下跨世纪合约，开始歌唱事业。1997年5月，谢霆锋推出首张个人大碟《My Attitude》，成绩斐然，旋即打入香港IFPI唱片销量榜第三位。

1998年，谢霆锋参演电影《古惑仔之少年激斗篇》，获第十八届香港电影金像奖最佳新人奖。后相继出演《中华英雄》、《怪谈之魔镜》、《特警新人类》、《半支烟》、《十二夜》、《顺流逆流》、《大赢家》、《我的野蛮同学》、《漫画风云》、《老夫子2001》、《恋爱行星》、《飞龙再生》、《玉观音》、《新扎师兄》、《新警察故事》、《无极》、《情癫大圣》、《龙虎门》等，并曾自编自导影片《恋爱起义》。2007年在陈木胜的动作片《男儿本色》中搏命演出，备受媒体和影迷肯定，被奉为新一代的动作明星。

作为创作型歌手，谢霆锋偏爱摇滚曲风，形象反叛，曾发行音乐专辑《Believe》、《谢谢你的爱》、《零距离》、《了解》、《玉蝴蝶》、《世界预言》、《释放》等。

谢霆锋初出道时年少轻狂，曾在2002年因为在金钟的一场车祸

后不顾而去，之后英皇公司的司机来"顶包"，被控以妨碍司法公正罪名而被判有罪，接受社会服务。此事被香港媒体称为"顶包案"，轰动一时，令其形象大损，更因此事被香港学生选为2002年风云人物之首及最负面人物。后来谢霆锋宣布暂时退出乐坛，没多久复出，性格渐趋成熟，不如从前冲动，但风头不减。

2002年，谢霆锋22岁，母亲狄波拉为儿子写下了这样的一封信："老爸曾送'执生'（粤语，意为自己把握自己的一生）两个字给你，现妈咪亦赠你两个字——妥协，但不代表要你屈服，你明白什么叫'妥协'吗？像最近你觉得自己很'黑仔'（意为运气不好），故暂时不再驾车，但不代表以后也不驾车，这便是'妥协'……若你做到'执生'加'妥协'，你这一生便能'海阔天空'了。"

但是，谢霆锋信奉的是"坚持"。早在16岁那年，谢霆锋签约英皇（当时还叫"飞图唱片"），迎接他的并不是一条平坦的星光大道，相反，因为父母的威名，他所要面对的质疑远比别人来得更加猛烈。出道前两年，谢霆锋在舞台上唱什么歌，自己完全听不到，不是扩音器和场地的问题，而是嘘声太大了。台下坐着几万名观众，荧光棒在他们手里，不是加油助威的标志，而是恶意攻击的武器。他们不断地将荧光棒扔向谢霆锋。谢霆锋要唱歌，还要注意躲开那些荧光棒。除了坚持，谢霆锋别无选择。

谢霆锋的姿态为他带来了数不清的敌人、压力与斥责，但他毕竟在这个残酷的战场上生存下来，虽然带着一身的伤痕。

黄晓明：
无心插柳柳成荫

【偶像速写】

　　黄晓明，1977年11月13日出生于青岛。

　　他觉得自己是比较耐得住寂寞的人，当班里的赵薇、陈坤相继成名时，他根本没想到自己也会成名，因为老师说一个班的学生能够出来一个两个就已经很不容易了，所以他当时真心地祝福他们。当被人称为"赵薇的同学"或者"陈坤的同学"时，他很骄傲。

【偶像经历】

　　黄晓明的成长之路，既没有波澜，更没有悬念：重点小学，重点中学；班里常年的升旗手，主持大大小小的演出，拿各种各样的奖……

　　上高中时，黄晓明读的是文科班，班里四五十个女生，只有5个男生。高大、清秀，有些害羞，他是老师眼中的宠儿，是全校女生心中的白马王子。虽然如此，但他却是整个校园里最沉默的那一个：整日把头埋在书本里，每天放学马

上回家，话更是少之又少。于是，有同学开玩笑地称他"黄大蔫"。

如此孤独沉默，一直延续到他的大学时代。长久以来，黄晓明习惯于自己是群体里最优秀的人，终于有一天，进入北京电影学院才发现，比他优秀或和他一样优秀的原来有那么多。

大二的时候，黄晓明接拍了第一个广告，是拍奶粉的——两个男孩儿，两个女孩儿，很轻松，摆姿势，拍照片，就挣了1500元。这是他自己挣的头一份钱，拿到钱以后，兴奋地数了两遍，随后又被突然冒出的责任感淹没，于是这1500块钱立刻被寄回了青岛家中。之后，他不停地接广告，最大的一笔有2万元，他被同学取了个外号"万元户"。

那个时候的黄晓明，和陈坤、赵薇在一起，人称"三剑客"。这三个人走在一起，青春和朝气扑面而来，当然惹得旁人频频回头。那时陈坤总是像大哥哥一样照顾他，赵薇却像个小妹妹，调皮而可爱。

离毕业越来越近，同学都陆续接到电视剧或者电影，黄晓明却成了"被遗忘的角落"。一直熬到毕业前夕，他终于接到一部电视剧——《网虫日记》，谁知在拍戏的过程中又遭遇车祸。

这次车祸，使黄晓明的下巴和耳鬓被缝了6针，脸很久都没有消肿。

后来拍《龙票》，黄晓明经历自己人生中第三次车祸：这次车祸发生在从银川到内蒙古拍摄地的路上，头部被划伤，颈椎移位。医生告诉他头颈处一定要打4个星期的石膏，否则就有可能影响骨头的愈合，引发后遗症。但黄晓明为了不耽误剧组的拍摄，硬是没休息，随剧组去新疆，戴着护套继续进行运动量非常大的拍摄。

车祸是平常人避之唯恐不及的，而黄晓明却平静地看待这几次车祸："车祸让我的精神得到升华，可以用很平和的心态去看待许多事情。车祸使我长大、成熟了。"

黄晓明尝试着保持一种平和、稳定的心态，去看待一切。他甚至从未想到，有一天自己也会走红。

当初大制作的《大汉天子》将宝押在这个名不见经传的新人身上时，也有很多人心存疑虑，但现在不得不佩服投资方的眼光和魄力。《大汉天子》从第一部到第三部，都是黄晓明主演。这部戏对他来说有着非同寻常的意义。以两年一部的速度拍摄和播出，他也经历从新人到一线演员的过程。只有他自己知道，这一过程多么艰难。

接拍《新上海滩》之前，黄晓明曾两次想推掉这部戏。"发哥"是他的偶像，将向自己的偶像发起挑战，他既忐忑，又兴奋，压力自然很大。为了这部戏，黄晓明学会了抽烟。每天都得抽上好几包，每次出工时人是清醒的，收工回来就是迷迷糊糊的。抽烟把黄晓明抽怕了，每天烟雾缭绕的感觉，让不会抽烟的黄晓明拍摄结束以后，甚至都不敢去看香烟盒。

在2007年的《福布斯》内地名人榜百人名单中，黄晓明以1100万元的收入位列第二十四位，位于内地新晋男演员之首。

蔡依林:
性感小天后

【偶像速写】

蔡依林,1980年9月15日出生于台北;英文名Jo lin。

她出道时走清纯路线,颇受好评,被封为"少男杀手"。改走国际化路线之后,时尚造型、歌曲创作演绎、精湛舞步等带给观众的是偏向欧美和日韩的流行歌手,被誉为"时尚教主",逐步走出了自己的"J"式风格。结合不懈的"地才"式精神与好人缘,奠定了她在当今华语乃至亚洲乐坛的"天后"地位。

【偶像经历】

1980年,蔡依林出生于台北一个普通的生意人家庭。起初蔡依林的父母为其取名为蔡宜凌,按照母亲后来的说法,宜凌是才艺兼备的意思。和大多数父母一样,蔡依林的父母在其身上寄予了重大期望。

蔡依林的父母并没有什么固定职业,先前在海外做些水产品生意,后来在蔡依林成名后,父亲和别人开了一家小公司,与蔡依林的母亲共同打理公司的生意。

蔡依林幼时个性内向、害羞,但很聪明。上小学前,母亲送她去学日本式的数学，她很快就把小学一二年级的数学学会。上小学后，自一年级开始她每学期名次都排在前3名。但有一次因为不用功，结果只考了第十名，那一次蔡依林的母亲很生气，用拖鞋在她屁股上狠狠打了一顿。这次被打，让蔡依林铭刻在心，此后她的名次始终没下过前3名。

在还没上高中以前，周围人眼里的蔡依林似乎不是一个具有歌唱天赋的女孩儿。和许多漂亮的年轻女孩子一样，她除了长相漂亮外，其他方面都不足以显示其今后将在演艺圈走红，蔡依林本人对自己的长相也不是很有信心。在高二的热音社迎新会上，她第一次登上舞台，唱了一首小红莓的《Zombie》，唱完后，从别人的掌声中，蔡依林首次发现自己的歌唱天赋。而真正开始让她热爱舞台是在高二的一次舞会上，她为在场师生献唱《The Rose》，台下热烈的反应让她久久难以忘怀。那是她第一次对歌唱建立起信心，对歌唱开始有了朦胧的憧憬。

1998年，还在景美女中上学的蔡依林，在学校的推荐和同学的鼓动下，参加了MTV音乐台举办的新生音乐大赛。此时的蔡依林还没有经过任何训练，歌唱表演略显稚嫩，但她在舞台上能唱敢秀，肢体语言也比较丰富，这使她在3000多名参赛者中脱颖而出，最终凭借《The Greatest Love of All》夺得冠军。

1998年，蔡依林毕业于景美女中，5月份以第一名的成绩进入辅大外文系。1999年3月，与环球唱片公司签约，成为环球体系在资源整合后的年度重点新人。

和环球唱片公司签约后，公司安排了一连串相关培训课程。每

星期上两次舞蹈课，帮助蔡依林提高舞台表演能力。另外，还有语言训练课程，以便让蔡依林能够从容面对媒体。这两门课程持续了半年时间，其间每星期还有两次化妆课，为的是让蔡依林在赶场子或是接受简单采访时，可以自己动手化妆。

对于当时还在辅大读书的蔡依林来说，既要保证学业不落下，又得兼顾歌唱事业，这样的生活相当紧张。每天下课必须赶演出到凌晨，利用等待上台的空档写作业、读书。而拍片常常到第二天早上，回家卸妆后蔡依林又得背起书包赶第一堂课。学生歌手的身份让她往往累到有些喘不过气来，但生性争强好胜的蔡依林并没有被压力压垮，她硬是坚持了下来，学习和歌唱事业一样也没有落下。

1999 年 9 月 10 日，还在环球唱片公司的蔡依林发行了她的第一张国语专辑《1019》，结果专辑热卖。蔡依林一举荣获当年多个奖项——最佳潜力新人奖、ChannelV 亚洲区年度最受欢迎新人、女歌手奖和 TVBS 劲碟民选大奖、最受欢迎信任奖。此后，蔡依林歌唱事业一路高歌猛进，屡获台湾专辑销量冠军。

2001 年 7 月，蔡依林与大声经纪公司发生合约纠纷，她的家人认为大声公司扣取蔡依林的薪资过多，闹上法庭。法庭判决，蔡依林因违约，必须赔偿大声公司 1000 万元。最后，蔡依林将经纪合约转移至年代整合行销，唱片合约也转移至索尼音乐公司。在与索尼音乐公司合约到期的 2006 年，蔡依林以亿万身价风光入驻 EMI 天后宫公司。2008 年 12 月 16 日，同样以亿万身价，蔡依林在北京水立方签约，加盟华纳唱片公司，后转移到天熹经纪公司至今。

刘亦菲：
只要做自己就好

【偶像速写】

　　刘亦菲，1987 年 8 月 25 日出生于武汉；原名安凤（"安"为生父姓）、刘茜美子，英文名 Crystal。

　　她不是那种对自己有精确打算和规划的人，但是心里还是有一个目标：努力朝着艺术家的方向走，因为不想做肤浅的、昙花一现的明星。她始终想着自己是一个中国人，也不会刻意去打、去脱。她觉得自己很中国化，赞成民族的才是世界的。她认为自己没有必要去迎合什么，只要做自己就好。

【偶像经历】

　　刘亦菲自幼学舞蹈、当模特儿，从小便展现出非凡的艺术天赋。童年是在武汉与担任武汉大学教授的父亲、国家一级舞蹈演员的母亲度过的。

　　1997 年，刘亦菲 10 岁，父母离异。刘亦菲从武汉市江岸区鄱阳街小学退学，赴美国读书。

　　和刘家是世交的著名商家陈金飞，形容 15 年前第一次看到刘亦

菲时的情景——当时觉得，这个孩子怎么这么乖？于是开玩笑地说："我要是有这么一个女儿就好了。"

5岁的刘亦菲忽然从凳子上跳下来，走过去对陈金飞叫了一声"爸爸"。两人的缘分就此开始。

陈金飞说："按西方的说法，我就是她的教父。按中国人的说法，我是她的义父。"后来刘亦菲入行，仍然在很多公开场合叫陈金飞爸爸，让外界一直误解陈金飞就是刘亦菲的继父。

去美国后，刘亦菲的母亲刘晓莉嫁给美国的一个华人大律师，从此全家移民。

陈金飞在纽约再见到13岁的刘亦菲时，她告诉义父一个心愿："我想当电影演员。"这和传说中刘亦菲演戏是为了实现妈妈未了的心愿完全相反。

14岁半，刘亦菲回国，以美籍华人的身份参加考试，被北京电影学院破格录取，成了班上最小的学生。回国前，陈金飞帮她改了一个中国人更能接受的名字：刘亦菲。

神雕侠侣

刘亦菲后来接了一个广告，是陈金飞楼盘的广告。这个广告后来成为《金粉世家》制片人游建明看中她的机缘。

差两个月 15 岁，刘亦菲接下让很多女演员羡慕的角色：《金粉世家》里的白秀珠。刘亦菲刚到《金粉世家》剧组时，男主角陈坤并不情愿和她搭戏。为此制片人游建明找来自己公司的艺人，边拍边给刘亦菲上"影视速成课"，刘亦菲也承认："演戏没经验，生活也没经验，就撑着演吧。"之后她又接下《天龙八部》、《神雕侠侣》、《仙剑奇侠传》等影视剧。

在生活中从来没吃过苦的刘亦菲，在拍戏过程中表现出的吃苦能力让人很意外。这么小的年纪，拍戏要她跳水坑，里面有大粪她都能跳下去，不用替身。

2005 年 8 月 17 日，"水晶公主，菲越 18"成年礼在钓鱼台国宾馆芳菲苑举行，这个大手笔是由刘亦菲的义父陈金飞操办的。

真正使刘亦菲飞上枝头的是《功夫之王》。《功夫之王》在戛纳电影节上放映了几分钟的片花，两家著名的国际经纪公司 CAA（美国最大的经纪公司）、威廉·莫里斯（章子怡、成龙在美国的经纪公司）都看中了刘亦菲。精明的陈金飞后来选中了威廉·莫里斯。理由有两条："第一是威廉·莫里斯签的中国演员很少（只有章子怡和刘亦菲），我想找到一个把更多时间花在刘亦菲身上的公司。第二是他们成功地把章子怡在好莱坞捧红了。"

一张亚洲的面孔，但不仅仅代表中国——这是陈金飞对刘亦菲的规划方向。今后刘亦菲的理想工作状态被设定为：每年一部好莱坞戏，一部中国戏。

王力宏：
努力寻找自己的声音

【偶像速写】

王力宏，1976 年 5 月 17 日出生；英文名 Leehom Wang；国籍：美国；现住地：台湾；祖籍：浙江义乌；学历：美国麻省威廉姆斯大学（学士）、伯克利音乐学院（硕士）；精通语言：中文、英语、法语、日语；擅长乐器：小提琴、钢琴、架子鼓、二胡、贝司、吉他等。

作为新人，当初他以一个纯正的 ABC（American Born Chinese）歌手身份出现在大家面前。东西方的文化在他身上得到了恰到好处的并存与融合，无论在视觉、听觉还是理念上都为观众带来了新鲜而独特的感觉。自幼学习古典音乐又给他的音乐历程打下了扎实雄厚的基础，为他在今后的创作中不断带来新的灵感。出道十多年来，一直像个音乐顽童般趴在五线谱上，捍卫着自己"优质"的称号。

【偶像经历】

王力宏出生于美国纽约州的罗切斯特城，家境很好。父亲是浙江人，母亲是湖北人，他们都在台湾长大，然后一起去美国。

王力宏的父亲是一位优秀的医生，还是医学院的教授。一家人聚在一起吃饭时，主要谈论医学、科学。王力宏的哥哥遗传了父亲的基因，学习成绩优

异，收到过美国前总统布什的亲笔信函，因为他当时类似大学联考的成绩是全国第一名。

对于哥哥无懈可击的读书成绩，王力宏虽感到有压力，但他知道这是属于哥哥的路、哥哥的模式。他明白，只有对音乐的渴望，一直在心中激荡。

王力宏从3岁开始学小提琴，当时手指根本无法按住琴把上的琴弦。

上小学时，王力宏常常将作业用音乐、表演的方式呈现，使老师、同学刮目相看。有时候，王力宏还会自定主题，邀好友一块儿编剧、配乐，然后表演给同学看，那种满足感让王力宏引以为豪。

随着年龄的增长，王力宏的音乐表演也越发纯熟，包括小提琴、钢琴，再到无师自通的吉他。因成绩优异，王力宏顺利考进美国著名音乐学府麻省威廉姆斯大学。在大学4年的光阴里，王力宏演而优则导，担任了音乐剧的编剧、作曲甚至是音乐指导。

毕业典礼当天，王力宏终于见到了心目中的音乐偶像马友友。马教授送给他一句毕业赠言："一个音乐人最重要的功课，是努力寻找到自己的声音！"

其实王力宏早就认真思考过自己的前途，曾以毛遂自荐的方式，寄了一卷录影带给他的表叔李建复，内容包括他的舞台剧、合唱团、钢琴、自弹自唱等才艺表演。

表叔看了王力宏的录影带后，就推荐给台湾知名音乐制作人——李寿全，从此，王力宏真正开始了在台湾流行音乐界的发展，立刻在新人中脱颖而出，成为佼佼者。

1996年初，19岁的王力宏在台湾发行第一张个人专辑《情敌贝多芬》，里面收录了他自己的3首创作曲。他的才华受到台湾流行乐坛和媒体的注意，加之其阳光少年的外表、学生歌手的身份、古典音乐的背景，立刻成为一颗颇受瞩目的新星。这张专辑也为王力宏开启了人生的新舞台，为他赢得了"优质创作型偶像歌手"的封号。

　　在王力宏为第一张国语专辑做通告的时候，台湾的观众都以为他是一位害羞、不爱说话的男孩儿，其实王力宏当时极想表达他在音乐上的想法。只是当时他对中文一窍不通，连主持人的问题都听得迷迷糊糊，更别提完整地回答。他深觉学习中文是他刻不容缓要做的功课。于是，王力宏开始接受中文训练，并且在唱片公司的协助下找了国语老师来上课，扎实地一字一句慢慢吸收。

　　王力宏在台湾发行的每一张专辑都广受歌迷喜爱，并得到专业人士的肯定。《公转自转》、《不可能错过你》等专辑为大家带去了清新的风格，也赢得了极佳的口碑。1999年，23岁的王力宏拿到台湾流行音乐界最受瞩目的金曲奖——"最佳男演唱人"及"最佳制作人"双料冠军，是金曲史上前所未有的最年轻的得奖者。

　　当王力宏第一次出现在台湾国语歌坛的时候，公认的封号是"台湾第一优质偶像"，就好像是一个歌坛的模范生似的，十多年来，这个封号始终未变。

木村拓哉：
时尚潮流引导者

【偶像速写】

　　木村拓哉，1972 年 11 月 13 日出生于日本东京；英文名 Kimura Takuya，昵称 Kimu Taku。

　　他是日本国民的偶像，连续 15 年成为"日本最受欢迎男星"的第一名；他是拥有最多部经典日剧的男演员；他是获得"日剧奥斯卡"最佳男主角次数最多的演员；他是"日剧天王"，主演的剧收视率每部都在 25% 以上，有"木村神话"之称；他是日本的"广告天王"，日本的几个街服品牌因他的穿着而走红，现已成为亚洲著名品牌；他主演的每部作品都能带起潮流，年轻人纷纷仿效他在片中的职业而改变职业志向。

【偶像经历】

　　木村拓哉 1972 年生于东京。父亲对木村拓哉进行的是斯巴达式的严酷体罚教育，木村拓哉学自行车的经历可见一斑。他被父亲带到高坡上，骑上座位，父亲一推便放开手，只有几岁的木村拓哉冲下斜坡时被摔得很惨，但第二次他就掌握要领，学会了骑车。学游泳也是如此，父亲把完全不会游泳的儿子直接抛入大海，看着他挣扎而袖手旁观，木村拓哉差点儿

被淹死。

15岁时，木村拓哉的姑母瞒着木村拓哉和他的父母偷偷把木村的简历寄往Johnny's事务所。木村拓哉去面试那天被安排与很多人一起跳舞，不会跳舞的木村被激起了好胜心。虽然只是去面试，但当场就有数名女生给他递上爱慕的信并索要签名，木村拓哉自然颇为欢喜。通过甄选，木村发现课程表像社团活动一样，于是干脆答应加入事务所。此举遭到父亲强烈反对，甚至提出如果木村拓哉加入就脱离父子关系，但这对当时叛逆的木村拓哉来说却起到了相反的效果。

1989年，刚满17岁的木村拓哉被国际著名的舞台剧大师蜷川幸雄选中，参加了根据唐十郎作品改编的舞台剧《导盲犬》的演出，从此迷上了表演。

1993年，木村拓哉在成名作《爱情白皮书》中担任配角，其自然的表演为他赢得了TVguide和TVlife最佳男配角奖，征服了观众，压倒男女主角，成为观众的最爱，在片中佩戴的笨重黑框眼镜随之风靡一时。

1994年，木村拓哉在首部电影中的出色表现赢得了"石原裕次郎新人奖"，而后饰演《青春无悔》中的角色，引发了青少年一代尤其是男性的追捧和模仿，在日本带起长发风潮并辐射整个亚洲。下半年，登上权威杂志《anan》的"最受欢迎男艺人"排行榜首位，并蝉联至今。

1995年，木村拓哉创造了1520亿日元的经济效益，他的名字成为"美男子"的代名词。公众对他的昵称"Kimutaku"（木村拓哉Kimura Takuya的缩写）家喻户晓，并于1996年

被编入字典。所拍的广告因为太受欢迎，所有海报一经贴出便被人撕走。难以承受更换费用的商家，只好雇用全副武装的警卫来看守海报，成为当年一大怪象。

1996年，木村拓哉为KANEBO唇膏代言，成为首位为女性化妆品代言的男性名人。春季，凭借《长假》的出色表演和惊人收视率，获得"日剧天王"封号。

1997年，木村拓哉近乎歇斯底里的气质成为他表演"BADBOY"的潜质。他在日剧《GIFT》中玩儿蝴蝶刀，造成大量因少年模仿他而发生的伤害事件，迫使剧组不得不在播放前删减木村拓哉玩儿刀的情节。1998年初，相继发生几起刑事事件，其中一起是学生刺死老师，而那位学生向警方供认自己是模仿木村拓哉在《GIFT》里的角色。日本媒体不从社会自身找原因，纷纷指责该剧和木村拓哉，《GIFT》被永久禁播，已经开始发售的录像带也从商店柜台上撤下。

1997年，木村拓哉代言TBC美容院的广告并大获成功。TBC接到数不胜数的男性咨询电话，备受鼓舞而创立了男性分部，日本第一家男性美容院由此诞生。其他美容院纷纷效法，日本男性美容业从此发展起来。

1998年，木村拓哉在电视中跳parapara，带起日本的parapara风

283

潮，并在此后席卷亚洲各国。同年，木村拓哉出版散文集《开放区》，在两星期内售出 20 万册，成为最畅销作品。

2007 年，木村拓哉在《华丽一族》中的出色表演，使他在韩国首尔电视奖中 32 个国家 130 位男演员的竞争中力挫群雄，夺得影帝桂冠。

连续 8 年，木村拓哉取得日本广告综合研究所《日本广告白皮书》"广告代言人好感度排行榜"男性部门第一名。在《日经娱乐》对日本艺能界所作的年末盘点中，木村拓哉凭影视广告各方面的成绩成为"热爆 2007 年"排行榜上的第一名。

2008 年，木村拓哉挑战日剧史上平均收视率只有 10% 的冷门政治题材《Change》，扮演史上最年轻的日本首相朝仓启太，最终取得收视率 21.7% 的政治剧最好成绩。朝仓启太的 22.5 分钟长篇讲演有 15 页台词，而且是一镜到底的长镜头，木村拓哉拍摄时却没用提示板，创造了日剧史上最长的单镜头记录。木村拓哉凭本剧第八次夺得日剧学院奖最佳男主角，改写了由他保持的学院奖获奖最多演员的纪录。

很多政治家，包括日本政府首脑都表示在追看《Change》，剧中涉及的各种现实问题也被国民广泛讨论，每集收视率都被拿来与当时福田内阁的支持率相比。美国《华尔街日报》甚至用半版内容将福田首相和"木村首相"并列评论，日本民众呼唤更年轻有热情的领袖，日本官房长官町村信孝就此发表看法："日本的政治家，没人能赢得过木村拓哉。"

金城武：
娱乐圈的 "外星人"

【偶像速写】

金城武，1973 年 10 月 11 日出生；英文名 Takeshi　Kaneshiro，日文名金城武；国籍：日本；精通语言：中文、日语、英语、粤语、闽南语。

他是偶像，但不是偶像派；他演电影，但他是一个与演技和电影无关的人。观众不关心那些角色的悲欢离合，不在乎他表现得好坏，只需要他在那里，观众就会神游天外，开始想起往事，开始理解成长，开始在回忆中寻找美丽。当一个人的美会阻碍他接近自己从事的行业最深处的时候，也许就意味着这种美的强势和绝对。

【偶像经历】

金城武出生于台北市万华区，母亲是台湾人，父亲是第一个将养鳗技术传到台湾的日本人。

长大后，金城武全家搬到天母区，但他仍喜欢骑着自行车，到西门町、龙山寺一带玩儿，因为那里电动玩具最多，也造就了他现在嗜电玩如命的兴趣。除了电玩，小时候的金城武还喜欢打球。

搬到天母区后，金城武到日侨学校读小学，开始了一段不愉快的儿时记忆。父亲因为忙于事业，长期待在日本，所以金城武很少有说日语的机会，台语则成了他的母语。刚上小学时，同学都叫金城武"台湾人"，不愿意跟他玩儿；回家后，邻居又称他"日本人"，也不跟他玩儿。他找不到自己的位置，苦恼万分：拿的是日本护照，却在台湾长大，7岁仍不会说日语，小小的心灵"很受伤"。

后来，金城武转到美国人办的一所学校就读，不一样的校风，使金城武有了另一段快乐的童年。日侨学校功课很少，即使有，金城武也不做。到了这所学校，书又厚又重，压力相当大，但学校却给了金城武开放、自由的空间，同学在校内牵手、拥抱、接吻都很正常，这使得金城武甘愿做一个用功学生。

一个偶然的机会，同学的母亲相中了金城武，邀他拍广告，他抱着好玩儿的心态去试试。此后，他觉得拍广告的钱比打工好赚，可以买机车代步，不用每天挤公车，就这样，金城武踏上星途。

经纪人葛福鸿在广告中看中了金城武，力邀他拍戏、出唱片。金城武当时在犹豫，但最后在"可以买机车"的诱惑下，他答应签约。

刚开始拍戏时，金城武演技生疏，他的第一句台词是简单的"我哪有"，却重演了26次。拍戏地点在庙口，许多观众围观，对手张柏舟虽未说话，围观群众却早笑成一团，让金城武很丢脸，甚至想逃回家。

中日混血、多元化的国际背景和经历，让金城武成为亚洲最火的男明星。丰富的演出经验、精湛的演技加上与国际知名团队的合作经验，造就了银幕上的金城武。他也是继邓丽君、欧阳菲菲、翁倩玉之后，在日本发光发亮的国际巨星。即使如此，金城武仍旧爱恋台湾，朴直的个性不减当年。

在港台众多小生中，金城武是最具国际巨星架势的一位。虽然他在日本的人气有逐渐下滑的危险，中国台湾、中国香港的观众依然对他相当着迷。可惜金城武人气虽旺，票房号召力却无法和受欢迎程度成正比，局限了他的发展。

提到金城武的代表作，大多数人除了《心动》，大概只能想到王家卫执导的《重庆森林》和《堕落天使》，这两部影片也是让他在日本建立知名度的成名作。然而挥别了王家卫，金城武似乎除了《心动》就再也没有票房、评价都让人满意的电影。

在王家卫的电影里，金城武是一个成长的符号，是被强行展示的青春，看起来随时可能过期。

金城武是娱乐圈中人，却与娱乐圈的热闹、喧嚣格格不入，有如圈内的"外星人"。他选择低调的生活方式，拒绝过分的商业炒作，坚持做真正的自己，不戴着面具生活；每当有作品取得成功之后，别人都是趁热打铁，他却在受到关注后沉寂；有人接戏接广告接到手抖脚颤，他却每年只接一个电影、一个广告；有人使出毛细孔一般多的心眼儿，设法强挣某种曝光机会，用私密、绯闻炒作，他却始终三缄其口，低调又低调。

在影视圈，有人靠人气，有人靠实力，有人玩儿的是性格牌，有人走的是亲民路线，但金城武什么都不用。他曾经是一个成长的符号，一个思念的理由，一种被展示的青春和一双天使的翅膀。

陈慧琳：
充满阳光的"四零"艺人

【偶像速写】

陈慧琳，1972年9月13日出生于香港；原名陈慧汶，英文名 Kelly Chen。

她是娱乐圈中有名的乖乖女，近年除了工作时间之外，晚上9点后就会关掉手机，谢绝应酬，生活模式非常健康；入行14年来，她的形象一直非常健康，因其"零绯闻、零走光、零是非、零结党"的形象，被称为"四零"艺人；她于2002年及2004年分别获得"香港杰出青年"及"世界杰出青年"，是香港唯一获得"双料杰青"的天后。

【偶像经历】

陈慧琳出生于珠宝商家庭，家境优越。陈慧琳从小就学习成绩优异，在很多人眼中，学校里的"尖子生"与娱乐圈里的明星是没有交集的——进娱乐圈唱歌跳舞的孩子，学习成绩基本上都不怎么样，不过陈慧琳是个例外。

陈慧琳原来是学习建筑设计的，1995年在美国设计学院毕业后返港，拍了一个信用卡的广告和MTV，陈慧琳觉得这是一个机会，就想挑战一下自己。陈慧琳想，如果可

以的话就在这条路上继续走下去，不行的话，还可以转回本行做设计。谁知道这一试竟然成功了，就这样一不小心成了明星。

星运亨通让陈慧琳在娱乐圈里找到了位置，一出道就成为众人关注的焦点，各种广告、电影剧本以及商业代言滚滚而来。

几乎和所有一线男星都有过合作，可陈慧琳（包括陈慧琳的指数、陈慧琳的影像及陈慧琳的明星村）奇迹般地与绯闻绝缘，她自嘲说这么"没新闻"，是因为除了拍片和宣传，自己和其他人很少往来。

当年陈慧琳准备踏入娱乐圈时，母亲曾担心得够呛，母亲当时把娱乐圈描述得很恐怖，让女儿也有些犹豫。尽管母亲奈何不了陈慧琳的选择，但却如同护身符一样维护着女儿的形象。

和很多艺人小心将恋情保护起来不同，陈慧琳是香港少数几个敢把恋情放在阳光底下的"另类"。和家族世交的大学男友刘建浩爱情长跑16年，两人情比金坚，几乎没给任何绯闻留下缝隙，搞得历来对明星八卦最感兴趣的香港媒体，也对这对"老夫老妻"丧失了好奇，当地报纸上也甚少有两人的八卦图片出现。陈慧琳打趣说，

可能是因为他们太规矩了，让"狗仔队"觉得没意思。

陈慧琳热衷于公益事业。

2000年6月，陈慧琳身为"联合国儿童基金中国大使"远赴青海山区，探访当地儿童。

2002年7月，"陈慧琳儿童助学基金会"成立，陈慧琳的基金会已在内地捐资兴建了22所学校，但她希望在短期内增至30所，令更多孩子受益。基金会还捐资为内地的白内障儿童治病。

2005年9月，陈慧琳为100名困难大学生捐助一年的学费44万元人民币。

2008年2月，陈慧琳为中国南方雪灾捐款30万元港币。

2008年5月12日，陈慧琳为汶川震区捐款60万元人民币；9月末，捐出1000多件漂亮衣服，为"陈慧琳儿童助学基金会"筹款，善款将用做兴建学校。

陈慧琳电影作品

　　1995年，《仙乐飘飘》；1996年，《天涯海角》；1997年，《小倩》（配音）；1998年，《安娜玛德莲娜》、《幻影特攻》；1999年，《半支烟》、迪士尼动画片《花木兰》（配音）；2000年，《东京攻略》、《小亲亲》、《别惹我》、《薰衣草》；2001年，《初恋嗱喳面》（客串）、《冷静与热情之间》；2002年，动画片《飞天小女警大电影》（配音）、《无间道》（客串）；2003年，《无间道3——终极无间》；2004年，《大事件》；2007年，《春田花花同学会》；2008年，《江山美人》

董洁:
幸福女孩儿

　　董洁,1980 年 4 月 19 日出生于大连;英文名 Angel。
　　她有着小家碧玉般的清雅、端庄、文静,她不浮躁、不张扬,却暗香浮动;她清新、怡人,有着天使般纯洁的笑容,如同中学生一般乖巧、纯真。

【偶像经历】

　　1990 年,10 岁的董洁由战士歌舞团在大连特招入伍,后送入北京的解放军艺术学院学了 5 年舞蹈。毕业后于 1995 年底正式到战士歌舞团做舞蹈演员。

　　董洁曾在 1996 年春节晚会的《丰收夜》舞蹈节目中担任女主角,在战士歌舞团的舞蹈节目中也经常担当领舞。

　　2000 年,董洁在央视春节晚会上露面:谢霆锋拉着她的手,董洁穿着婚纱。两个人一走出来,全国无数个少女都羡

慕得要死。

一开始，董洁只是舞蹈演员，原本定下当谢霆锋"新娘"的周迅最后被换掉，董洁就成了"幸运儿"。定下董洁做"新娘"的时候是春晚最后一次彩排。

董洁坦承谢霆锋拉着她的手时，她的手直哆嗦，她不说话，一直在笑。后来在合作《龙虎门》时，董洁对谢霆锋说："我就是当年你唱歌时旁边的女孩儿。"谢霆锋惊呼："是你！"然后他开始算从那时起到底过了多少年。

在中央电视台的春节晚会上露面后，董洁逐渐受到多方关注，不少电视台纷纷邀请她做表演嘉宾，还有剧组邀她出演电视剧，但她对《幸福时光》情有独钟。

2000年7月初，战士歌舞团放暑假，董洁刚参加完驻港部队3周年的庆典。回到大连后，她参加了《幸福时光》选聘女主角的最后一轮试戏活动。董洁在最后3名候选者中脱颖而出，成为此次5万名参聘者中"幸福到最后"的女孩儿。

董洁凭借在《幸福时光》中

清新、明朗的表演，获得2001年"华表奖"电影新人奖。

当年备受瞩目的"幸福女孩儿"，如今展现在众人面前的无论是演技还是外形都日趋成熟，她也始终保持低调，只是渴望做贤妻良母。

2008年9月26日中午，刚刚公布结婚照的董洁与潘粤明，在北京的国际俱乐部低调举行婚礼。董洁身穿红色礼服和白色披肩，并配饰以蝴蝶结，盘着头发，简洁而庄重。新郎潘粤明身穿黑色西服，打着红色领带，始终面带微笑。婚礼当天只有两家人一同庆祝，没有明星到贺。

董洁影视作品

电影：《幸福时光》、《天上的恋人》、《最后的爱，最初的爱》、《地下铁》、《2046》、《龙虎门》、《唐布拉之恋》、《海之梦》

电视剧：《白领公寓》、《三重门》、《金粉世家》、《飞刀又见飞刀》、《天若有情》、《早春二月》、《天若有情Ⅱ》、《红衣坊》、《梁山伯与祝英台》、《新还君明珠》、《精武陈真》

电影配音作品：《蓝莓之夜》

容祖儿：
从"丑小鸭"到"白天鹅"

【偶像速写】

　　容祖儿，1980年6月16日出生于香港；英文名Joey Yung。
　　她不算美女，但有一种从内心向外发散的青春，往那儿一站，没心没肺地笑着，既出众，又很有感染力；她始终强调自己不是美女，希望以亲切自然、清新爽朗的性格被大家所接受。经过多年娱乐圈的打拼，她已经不再是一个懵懂的小女孩儿，而是一个勇敢地挥着翅膀的大女孩儿。她在音乐、电影、电视方面如日中天，她的歌曲一向高居各卡拉OK的点播率前列，有"卡拉OK天后"之称。

【偶像经历】

　　"祖儿"似乎是一个很洋化的名字，可是，这么洋化的名字却是容祖儿的祖母起的，原因是希望她会带来一个弟弟，所以名字上有一个"儿"字。

　　容祖儿的父亲比较严肃，也十分疼她，并不因她是女孩子而偏爱弟弟。很多时候，父亲甚至替她收拾书包。

　　有一天，父亲发现容祖儿的书包里有一块不是她的橡皮，父亲立刻很惊讶地问容祖儿："你偷了人家的橡皮吗？"容祖儿望着父亲，来不及反应。父亲已经十分激动，狠狠地打容祖儿的屁股。

容祖儿觉得很委屈，告诉父亲只是放学时匆匆把桌上的东西拨到书包内，不小心把邻座同学的橡皮也扫到书包里而已。可父亲很紧张地说："你要立刻把橡皮还给同学！以免被人误会。"

15岁时，容祖儿参加卡拉OK大赛，勇夺冠军，从而晋身娱乐圈，可惜当时她出碟无期，其间虽然替电影《四个32A的少女》唱主题曲，但其所属唱片公司一直也没有兴趣与她商讨出碟的事宜，更夸张的是那家与她签约的唱片公司后来突然要和容祖儿解约。之后容祖儿签了一家日本公司，本以为可以与木村拓哉拍日剧，不想没多久该公司又全面撤离。

就在此时，决心在歌坛闯出来一番事业的容祖儿遇到了英皇集团，拜师罗文门下，并得到著名经纪人霍希纹的赏识，正是她力劝容祖儿要专心一意地在乐坛发展，并根据她的声音特点设计了唱伤感的情歌路线，选择了词曲俱佳并朗朗上口的歌曲给她。容祖儿在师父罗文的带领下踏入歌坛，虽然不断被人指责长得不漂亮，但凭着一副好嗓子，她很快引起大家的注意。

容祖儿1999年出道，首张迷你专辑《未知》以新人之姿位列香港IFPI销售榜第一名，更创下跨世纪连续停留在榜上长达23周的纪

录，因此博得"天后接班人"的封号。

英皇公司对她宠爱有加，往她身上砸大把的钱，一段时间买断所有香港媒体封面，连续刊登一个月的容祖儿照片，将容祖儿的形象深深地烙在了香港民众的心里，而且让人越看越顺眼，想不红也难了。容祖儿自己也相当努力，又是唱歌又是演电视、电影，不停地接广告，第一次登上红馆舞台时创下了当时香港年纪最轻开演唱会的纪录，出道第二年收入就超过1000万港元。

2000年，容祖儿首次到广州作宣传时，是在10位助手、化妆师、唱片公司宣传人员等的前呼后拥下出场的，当时可谓集万千宠爱于一身。可惜好景不长，一年多后，Twins 出现了。在 Twins 的广州演唱会上，作为"大家姐"的容祖儿只能沦落到成为表演嘉宾，与 Boy'z 等新人为伍。当时英皇内部只有一个人是力撑容祖儿的，就是艺人管理部的总监霍希纹。她与容祖儿情同姐妹，是她力劝容祖儿要专心一意在乐坛发展，并根据她的声音特点设计了唱伤感的情歌路线。自此之后，容祖儿所演唱的《痛爱》、《争气》、《习惯失恋》、《16号爱人》、《一拍两散》、《心病》，无一不成为卡拉OK的热唱歌曲，在赢尽口碑之后，自然就能够再度走红，这次就不再靠人气，而是靠实力和口碑了。

容祖儿15岁进入娱乐圈，17岁签约英皇，一直等了4年，才出了第一张专辑。当时这个平凡的女孩子并不惹眼，在别人的非议声中，容祖儿始终努力工作，唱好自己的歌。直到《我的骄傲》及其国语版《挥着翅膀的女孩》唱响大街小巷时，大家才惊觉原来就在所有人都忙着质疑与谩骂的时候，那个平凡的女孩儿，已经由"丑小鸭"变成"白天鹅"，飞上了天空。

刘德华：
偶像中的偶像

【偶像速写】

刘德华，1961年9月27日出生于香港；原名刘福荣，昵称华仔，英文名Lau Tak Wah、Andy；籍贯：广东新会。

他不仅仅是一个偶像。在20多年的演艺生涯中，他经历了香港电视业的黄金时代，经历了电影业和流行音乐的辉煌阶段，又迎来了香港电影业的低迷。在此期间，他不断尝试转型，逐渐成为香港电影的支柱人物。近年来，他大步踏出香港，进军内地和国际市场。他在娱乐圈有着举足轻重的地位，并且无人可替代。他在娱乐圈已成为一个标杆、一个榜样。

【偶像经历】

1961年9月27日，香港大埔泰亨村刘家诞生了一个男孩儿，这是家中继3个女儿之后的长子，父母亲友都非常开心。大家为他取了一个大吉大利的名字叫"刘福荣"，后来又改名为"刘德华"。

刘家是泰亨村的大家族，乡居颇为悠闲，但是刘德

华的父亲志不在此，不顾同乡们的反对，毅然举家迁到城内钻石山，开了一间杂货铺，过起纷杂忙碌的城市生活。

童年的刘德华经常帮父亲进货送货，看管店堂，在父亲用当时鲜见的彩色电视机放节目给街坊看时，刘德华担任公告员，在小黑板上写节目单和收费表，就此练成了一笔好字。自由的时间里，刘德华喜欢和小朋友们追逐打闹，漫山遍野地疯玩儿，时常弄脏了衣服、跌破了头回家，但是他的学习成绩一直很好，作文更是突出。

1981年，刚满20岁的刘德华中学毕业，闹着玩儿地和朋友们一起报考无线电视台艺员训练班，没想到一举高中，从而放弃了升学机会，立志投身演艺事业。当时的无线电视台声势鼎盛，不但正式演员星光熠熠，而且训练班里人才济济。刘德华的上期班里有黄日华、苗侨伟，下期班里有梁朝伟、周星驰，同期班里有梁家辉、黄耀明，日后都成了名满香江的巨星。跻身于如此耀目的群体里，刘德华仍然是表现突出，一年的训练后以甲等成绩毕业，导师的评语在今天看来极其精准："正面小生人才。"

从1982年开始，刘德华开创了他充满魅力的人生。

在香港，刘德华跻身于电影"四大天王"，与周润发、周星驰、李连杰齐名；他名列歌坛"四大天王"之一，与张学友、黎明、郭富城齐名。有人这样说："在香港不知道刘德华的人只有两种人：一种是不懂事的孩童，一种是白痴。"

在台湾，刘德华蝉联4年"十大偶像"冠军；他主演的电影卖座率之高，令众明星望尘莫及；他的唱片销量之高，令歌坛天后天王为之逊色；他所到之处的轰动程度，连"总统"都自愧不如。

在日本，刘德华是香港艺人中最受欢迎的一位，名列"十大最受欢迎香港艺人"之首；他的第一张日语专辑《再一次拥抱》、他的散文集日文版一卖再卖，成为一时的经典；有关方面每年为他主办一次专人电影展。

在新加坡，他可以在一次颁奖中囊括3项大奖，当选为"最受欢迎男歌手"；他独有的走路姿式为青少年所模仿；他主演的电影是当地最受欢迎的影片；他的电影录像带的出租率是最高的。

在马来西亚，在泰国，他的健康形象是当地最受欢迎的形象；他的影响力甚至超过当地的行政长官；他的每种唱片、每部电影，在这里都可找到不下10种的翻版、盗版；知道他名字的人比知道美国总统名字的还多。

在美国、加拿大，在欧洲，在澳洲，有华人的地方，就有他的名字在传说，他的身影通过大小屏幕行走在世界各地。

在中国内地，刘德华的名字早在二十多年前就家喻户晓。他主演的一批电影的录像带流入内地，大小城市的放映厅都大量放映过他主演的电影；他的歌带，一辑比一辑畅销，到《一起走过的口子》出版后，更形成一股"刘德华热"；他主演的电影《刀剑笑》、《暴走战士》、《天与地》、《毗战者》、《烽火佳人》均通过正常途径，在内地公开上映，票房收入之高令人咋舌；他在内地十几家省电视台、电台主办的颁奖活动中，囊括了"最受欢迎男歌手奖"……

从 1982 年开始，刘德华参与演出和主演了20多部电视剧，长达数百集之巨，主演了100多部电影，出了40多张唱片。

刘德华热爱写作，已创作了很多首歌词，经谱曲都唱红一时，有的还成为经典之作。他出版了《我的成长故事》等散文集，编了影视剧本多种。

完美纪录

他是华语影坛一线明星当中唯一一位演出电影超过120部的艺人；他是华语歌坛所获各类奖项总数最多的歌手及最受欢迎男歌手单项最多的艺人；他是华语娱乐界影、视、歌多栖发展最为成功的艺人；他是华语娱乐界所有一线明星中正面报道最多的艺人；他是华语娱乐界唯一一位连续6年获得台湾十大当红偶像第一名的艺人；他是华语娱乐界为数不多同时获得"香港十大杰出青年"和"世界十大杰出青年"的艺人；他是华语娱乐界所有一线明星中与传媒关系最好的艺人；他是所领衔主演电影在香港本地累计票房总额最高的艺人（超越成龙和周星驰）；他是华语娱乐界唯一一位持续当红20多年并且大有愈老愈红架势的艺人；他被公认是华语娱乐界所有一线明星当中最勤奋、最敬业的艺人，被誉为"亚洲铁人"；他被华语娱乐界明星们公认为最完美、最有魅力的"偶像中的偶像"。

张学友：
"歌神"力量

【偶像速写】

　　张学友，1961年7月10日出生于香港；英文名Jacky Cheung。

　　他在华语歌坛被称做"歌神"，其影响力与歌迷覆盖全球华人社会以及东南亚，日本、韩国和澳大利亚都有他的歌迷协会。20世纪90年代，曾经在华人中流行这样一句话："有华人的地方就有邓丽君小姐的歌声，有风吹过的地方就有张学友先生的音乐回荡。"

【偶像经历】

　　张学友毕业于香港崇文英文书院，先后任职于香港贸易发展局和香港国泰航空公司。1984年，他凭着一曲《大地恩情》，从2万余名参赛者中脱颖而出，获得首届十八区业余歌唱大赛的冠军。

　　其后，张学友与宝丽金唱片公司签约，成为旗下歌手，并发行第一张唱片《Smile》，在香港销量高达30万张，成为当时香港乐坛新人中的佼佼者。1986年他推出的第二张唱片《遥远的她 AMOUR》依旧热卖，销量高达40万张，

其中《月半弯》一曲成为经典的粤语流行歌曲。出道后仅两年，张学友就在香港红磡体育馆举行第一次演唱会，1987年在红磡体育馆一连举行6场个人演唱会，获得成功。

1988年是张学友歌手生涯中最低谷时期，新推出的唱片销量一落千丈，在1988年的香港几大音乐颁奖礼上，此前被认为是新人领袖的张学友一无所获。此时他开始酗酒，媒体也多次传出不利于他的新闻，这种状态一直持续到1989年。

1989年至1990年，谭咏麟和张国荣先后退出香港音乐颁奖礼，张学友抓住机会，成为宝丽金唱片公司主打歌手之一，并于1990年推出唱片《只愿一生爱一人》，再次受到乐坛瞩目。

1991年，张学友开始在香港、广州、上海、北京等城市举行巡回演唱会。同年推出两张唱片《情不禁》和《一颗不变心》，其中收录于《情不禁》专辑中的《每天爱你多一些》大受欢迎，除了在当年夺得各大音乐颁奖礼的歌曲奖外，分别于1997年获得商业电台"叱咤殿堂至尊歌"、"金曲廿载十大最爱"殊荣，1999年获得香港电台"世纪十大中文金曲"殊荣。《情不禁》和《一颗不变心》的成功，使张学友与刘德华、黎明在香港各大颁奖礼分庭抗礼。三人连同其后成功取代李克勤的郭富城，一起被封为后来影响华语乐坛一个时代的"四大天王"。

张学友于1992年推出粤语唱片《真情流

露》，当中9首歌曲曾经登上香港音乐流行榜，并多次占据榜首位置，成为香港流行音乐上榜歌曲最多的音乐专辑之一。

1995年，张学友推出迄今为止华语音乐销量最高的一张唱片《真爱新曲＋精选》，主要曲目有《真爱》、《一千个伤心的理由》、《我等到花儿也谢了》和其他精选旧作。同年，他获得世界音乐颁奖典礼的两个奖项：全球销量最高亚洲流行乐歌手、全球销量最高华人歌手。

张学友的巅峰时期也被认为是香港流行音乐对海外贡献最大的时期，尤其是他成功开拓了庞大的海外市场。当时张学友的唱片销量引起了国际流行乐坛和媒体的关注，包括美国《时代》杂志。美国最具权威的音乐杂志《告示牌》在一定程度上也是因为张学友的崛起而开始关注香港流行音乐。

2007年8月，"学友光年世界巡回演唱会"在世界各地举行共105场，再破他的演唱会场数纪录。

张学友在电影演出方面亦有不俗的表现。到目前为止，他出演六十多部电影，并曾在2002年获得印度新德里国际电影节的"最佳男主角"，另外分别于1988年和1990年获得香港电影金像奖和台湾电影金马奖的"最佳男配角"，多次在香港电影金像奖和台湾电影金马奖上获最佳男主角和男配角提名。

张学友性格随和，被大家称做"好好先生"。他重情重义，曾资助好友柯受良完成飞越黄河的壮举。梅艳芳的哥哥在2003年梅艳芳逝世后表示，梅艳芳大部分的医药费均由张学友秘密垫付。

金喜善：
韩国第一美女

【偶像速写】

金喜善，1977年6月11日出生于韩国首尔（原名汉城）；英文名Kim Hee Sun；学历：韩国中央大学戏剧系影视表演专业。

她是韩国炙手可热的当红偶像女星，其受欢迎的程度，从她拍一个广告就叫价3亿韩币（折合人民币210万元）可见一斑。有人说她是玉女，有人说她是性感明星，有时候她是美丽独立、永不服输的"忽然情人"，有时候她却贪图富贵制造出"泡沫爱情"，这个变幻万千的奇女子带着眩目的魅力迷倒众生。

【偶像经历】

金喜善性格开朗、外向，又不耍大牌，观众缘甚佳，经纪公司为她设立的网上影迷会，光在首尔的会员便有七千多人。人气之旺，无人可望其项背。

金喜善在16岁那年开始担任广告模特儿，有一次在陪朋友到SBS电视台参加音乐节目时被当时的监制发现，进入演艺圈。一开始就

在该台担任主持工作，其后平步青云，除了主持工作外，又陆续拍了十多部电视剧，在韩国被视为最受欢迎的女演员。

金喜善有一种独自长大的感受，所以在她演绎复杂情感的时候，表现得总是不太自然，让人隐隐约约觉得，这是她作为独生女的不足。虽然她有着美丽的容貌，但是她从不演那些只靠漂亮脸蛋的影片，而是去演一些在种种困境中自强不息、艰苦奋斗、对生命充满希望的角色。例如，在迷你系列剧中，饰演一名生命即将结束，必须与恋人生死分离的患者；在电视剧中，饰演一名被父母抛弃，独自一人生活的医生；在SBS电视台中，她饰演的角色都是一些性格固执，又因太过善良而被人认为是傻瓜的形象。

金喜善说："想一想也是如此，演艺界的老师们总想让我演这

种角色，不过我也挺适合这种角色的，不是吗？饰演什么样的角色并不重要，重要的是与谁一起合作。因为任何一部好的作品，都需要演员和工作人员通力合作，以及对导演的充分信任才会成功的。"

现在金喜善正在自信地做着自己喜欢的事，电视剧、电影的演出非常成功，正在拍摄的广告也顺利地进行。在做电视脱口秀时，她兴致勃勃地谈论着自己的性格。更让她高兴的是她的一言一行都受到许多观众的关注，她为自己能被观众所接受感到很欣慰。

2007年10月19日，素有"韩国第一美女"之称的金喜善低调完婚。新郎是33岁的朴周永，系乐山集团董事长的次子。拥有明星般气质的朴周永是汉阳大学的高材生，目前经营一家美容院。

金喜善影视作品

电影：《败者复活传》、《马蹄莲》、《鬼之恋》、《飞天舞》、《娃妮和俊河》、《火星上的来信》、《神话》

电视剧：《恐龙先生》、《克里斯蒂》、《春香传》、《风之子》、《浴室里的男人们》、《白色》(色彩系列剧)、《遥远的国度》、《求婚》、《纽约故事》、《婚纱》、《无尽的爱》、《妙手情天》、《可爱先生》、《再见我的爱》、《忽然情人》、《窈窕淑女》、《悲伤恋歌》、《再一次微笑》

李英爱：
氧气般的透明女子

【偶像速写】

李英爱，1971年1月31日出生，英文名Lee Youngae，现为韩国SBS电视广播有限公司旗下艺员，1993年进入演艺圈，曾参与30多部电视连续剧及5部电影演出。

韩国人称她是氧气般的透明女子，台湾影迷形容她是林青霞与方芳芳的综合体。凭《共同警备区》、《春逝》和《火花》走红亚洲的她，曾接连被评选为"最受欢迎韩国女星"和"台湾男人的新梦中情人"。已经三十多岁的李英爱依然拥有少女一般靓丽的外形，周身又散发出成熟女人的迷人韵味。随着《大长今》的热潮，李英爱红遍韩国、中国和日本。

【偶像经历】

因主演《大长今》而红遍韩国、中国、日本的李英爱，是个既让人熟悉又有点儿神秘的人物。她被称为"氧气美女"，意为自然而不可或缺。她的芳容经常出现在广告中，但她却很少接受媒体采访，不喜欢参加造势活动。相对于自己所拥有的美丽外表，她更重视的是一个专业演员内在涵养的魅力，她最期盼的，是能成为一名伟大的演员，一个能彻底自我管理的艺术家。

小学时，李英爱就曾担任某教科书的模特儿。中学时，应征《女学生》杂志模特儿而被录用。20岁时就以拍广告起家的李英爱，常表示自己因出身汉城（现名首尔）一个平民家庭而自豪。未成为明星前，她当过校园记者、主持过电视公益节目，但后来发现自己最有兴趣的还是当演员，于是就一边工作，一边去读电影戏剧硕士。

李英爱是韩国极有人气的广告明星，不分男女老少都爱戴的女演员，也是一位典范人物。李英爱是韩国演艺圈少有的没有做过整容手术的女演员，学历之高也首屈一指。她毕业于汉阳大学德语系，又从中央大学新闻放送研究所电影戏剧系取得硕士学位。

比起一般演员，李英爱呈现出的层次更丰富。李英爱显得纯真而又成熟，有一种透明的隐秘、安静的热心，兼具知性和感性。例如，早先在韩国最有名的服装设计师安德烈·金的年度时装表演及最佳明星颁奖典礼上，许多明星和著名模特儿无不争奇斗艳，穿出各种五彩缤纷的露背装，李英爱却穿了一件简单的藕白套装，端庄的气质自然而然地吸引了大家的目光。

对于自己相貌外表的魅力，李

英爱坦言并不会过度看重，她真正希望拥有的魅力是内在的涵养，这就是为什么她不会与众女星争奇斗艳的原因。

十多年来，经过了挫折与起伏，虽然李英爱曾演过许多电视剧及数部电影，获得过各种大小演技奖项，但直到《大长今》的感人演出，才奠定了她在韩国人心目中无可替代的巨星地位。她演活了"大长今"，一位中宗年代朝鲜历史上的真实人物，出身平民的女子，因不断努力，克服种种艰辛，成为韩国历史上第一位女御医。

《大长今》在韩国播出，最轰动时收视率将近58%，成为部长、大法官、校长、教授及韩国一般市民合家大小共同观看及热烈讨论的话题，也成为历史上最赚钱的韩剧。后在中国港台、中国内地、日本播出时也屡创收视第一，越演越热。

正像奥黛丽·赫本的《罗马假日》带动了世人对意大利的向往一样，李英爱的《大长今》也引起了大家对韩国的想象和对韩国历史、文化，甚至食物的好奇。

该剧演出的空前成功，或许因为李英爱也有着一些和女主角长今类似的特质——诚恳、认真、冷静、好奇而固执。《大长今》的导演李丙勋也对她的聪明及认真、敬业的态度印象深刻。一次出外景，在摄氏零下的气温里，为了要进入表演情境，李英爱特地提早两小时到现场，裹着大披肩发抖地在练台词、看他人演出。刚开拍《大长今》的时候，有一幕需要女主角表现悲伤的心情，李英爱全身心地投入自己的角色，不到10秒钟就流下了眼泪。

　　2003年12月30日，在韩国MBC演技大奖颁奖典礼上，李英爱凭借《大长今》获得演技大奖，李英爱从艺第十年终于登上"电视天后"的宝座，登上了她演艺生涯的巅峰。

　　此后，李英爱主演《亲切的金子》，该片在第二十六届韩国青龙电影奖上囊括了最佳电影奖和最佳女演员奖。该片是朴赞旭导演继《老男孩》之后推出的首部力作，也是李英爱继《春逝》之后出演的首部影片，因此备受瞩目。李英爱在片中饰演从19岁到33岁不同年龄段的金子，从19岁的"恶女"到被控杀人的20岁，在13年的服刑期间得到"亲切的金子"绰号以及出狱后精心策划复仇的33岁刚强女人。

　　李英爱是一个充满爱心的人，像她最喜爱的奥黛丽·赫本一样，李英爱代表联合国儿童基金会出访埃塞俄比亚，她紧紧抱着黑人小孩儿，俯身为他们洗脚，与他们一起唱歌、聊天。她将《大长今》延长演出4集的收入3000万韩元，全部捐给慈善基金会。

全智贤：
"野蛮女友" 颠倒众生

【偶像速写】

全智贤，1981年10月30日出生于韩国汉城（现名首尔）；英文名JeonJi – hyun/Gianna Jun。

她饰演的"野蛮女友"红遍亚洲院线，仅在香港就创下11天突破600万元票房的骄人纪录。除了影片本身构思新颖、拍摄精致外，片中扮演"野蛮女友"的她功不可没，正是她清新可爱的形象迷倒万千影迷。歌手出身的她，甜美中略带性感，堪称"韩国的徐若萱"，并成为韩国身价最高的广告女明星。

【偶像经历】

全智贤原名王智贤。这个名字是父亲给她起的，意思是希望她聪明而贤惠。

儿时的全智贤是一个很淘气的孩了，父亲经常出国，母亲也上班，大多数时候都是比她大5岁的哥哥照顾她。全智贤经常和小朋友打架，而且总是大获全胜，因为她有一个很棒的哥哥撑腰。

全智贤很喜欢画画儿，在美术学校，有一次画了一个拳击擂台，引起

了老师的注意。别的小朋友把观众画得很仔细，其中眼睛、鼻子都清晰可鉴。而全智贤只用~~~~~代替了那些观众。老师看后大为高兴，表扬了全智贤，说小小年纪，竟然懂得怎样把复杂的问题简单化。全智贤很意外，当时她只是不愿意画那么多的人，所以才采用了简便的方法。

儿时的全智贤极为好胜，每当去野游的时候，总是抢别的小朋友的紫菜包饭吃，要是有赛跑，也一定要得第一名。在一次比赛中，有一个同学跑在她前面，全智贤就拉她的腿，致使同学摔倒，最后全智贤得了第一名。虽然全智贤知道这样做很不光彩，但是做什么事都要拿第一的信念可能就是从那时候开始的。

全智贤的父亲从事教育工作，所以特别重视子女的教育。再加上托两个哥哥的福，她从小就受到良好的培养，会拉小提琴，还会弹钢琴。

全智贤最初的理想是学经济。但是在高考时，不知道怎么搞的拉肚子，考试期间去了6趟厕所，结果可想而知。补习了一年，还是报了同一个学校、同一个专业，虽然考试分数过了300分的基本线，但是由于其他原因，没被录取。直到第三年，全智贤才考入汉城大学人类文化系。直到上大学时，她自己都不相信自己已经是大学生了。

1995年，大学二年级时，同学瞒着全智贤，替她报名参加明星选拔赛。真的是像电影中演的一样，她在大赛上出人意料地获得了金奖，从此开始了演艺生涯，从小就做的明星梦就这样实现了。全智贤随后又转向唱歌，在歌唱方面也取得了一定的成绩。

　　全智贤给人留下最深印象的当然还是"野蛮女友"。

　　谁说女孩子就一定要乖巧可爱？将传统一反到底的野蛮女友照样讨人喜欢。《我的野蛮女友》颠覆了青春期的女生形象，戏剧冲突和埋伏下的笑料也就不请自来，前所未有的新鲜感是影片成功的关键，而围绕野蛮女友设计的幽默和搞怪也让影片自始至终妙趣横生。当然，《我的野蛮女友》不只是一部喜剧，故事依旧是韩国的唯美和浪漫，在热闹的故事背后隐藏着青春少女细腻、伤感的情怀和男孩子对甜涩爱情的渴望，这些无一不触及观众柔软的心。

全智贤影视作品

　　电影：《白色情人节》、《触不到的恋人》、《我的野蛮女友》、《四人桌》、《野蛮师姐》、《雏菊》、《曾是超人的男人》、《最后的吸血鬼》（中国译名《小夜刀》）

　　电视剧：《思春期》、《我心荡漾》、《Happy Together》

具惠善：
一张网上照片开启一扇门

具惠善，1984年11月9日出生于韩国汉城（现名首尔）。

2002年，她的照片被同事上传到了自己的贴吧中，被众多网友发现，后来有网友将这张照片转贴到某知名网站的"美女贴吧"中，一夜间她成了该贴吧里的大红人，最终还被该网站推举为"五大美女"之一。回想起这件事的具惠善说道："一觉醒来我就莫名其妙地成为美女了。"

【偶像经历】

因貌美而受到关注后，具惠善就梦想着成为一名歌星。她也曾为此付出努力，但某唱片公司人士的一席话彻底改变了具惠善的想法。听过具惠善的试唱后，该唱片公司的人士劝具惠善还是朝演员的方向发展为好。此后，具惠善出于要克服舞台恐怖症的想法开始了表演的学习。在学习的过程中，具惠善逐渐感受到了表演的乐趣与魅力，并陶醉其中。

2004年，具惠善正式踏入影视

界。虽然其处女作反响平平，但她在MBC情景喜剧《Non Stop5》中的出色表现很快便让观众记住了具惠善这个名字。

在《Non Stop5》中，具惠善并没有刻意表现自己的美貌，而是默默为成为一个演技出色的演员努力着。在该剧中，有着楚楚可人外表的具惠善完全不顾自己的形象，出色地完成了一个搞笑角色的表演任务。虽然《Non Stop5》让具惠善的演员身份得到了观众的认同，但具惠善还是未能彻底摆脱"花瓶"的称号。

即便如此，具惠善从未放弃努力。为了成为一名演技过硬的演员，她向表演难度较大的历史剧发起挑战。对于一名表演经验并不多的新人而言，历史剧就如同一把双刃剑，有助于提高演技固然是好的，但倘若陷入演技争议就要承受莫大的压力。因此，对于具惠善而言，出演历史剧既是一场冒险，又是一种苦恼。

具惠善在她的第一部历史剧《薯童谣》中饰演银珍一角。银珍天生丽质，很受周围男生的喜欢，但她却独爱薯童一人。因为银珍只是一个配角，具惠善并没有太多的表现机会。但对于首次挑战历史剧的具惠善而言，《薯童谣》是意义非凡的。

315

　　《薯童谣》落幕后，幸运之神赐予了具惠善好运。出演每日剧女主人公对于新人而言是莫大的荣誉，具惠善很幸运地成为每日剧《19岁的纯情》的女一号。正是这部《19岁的纯情》将具惠善从一个"花瓶"变为"新一代演员"。借着《19岁的纯情》的高人气，具惠善获得了SBS电视剧《王与我》女一号的演出机会。但因演技不够火候，具惠善又一次受到了演技质疑。此后，不肯服输的具惠善又于2008年接下了历史剧《最强七迁》，但成绩依然不尽如人意。

　　受演技质疑之苦的具惠善能否凭借韩版《花样男子》扬眉吐气呢？具惠善在《花样男子》中饰演了勇敢、坚强又有几分倔强的Geum Jan Di（杉菜）。剧中的具惠善完全不见了端庄气质，出现在观众眼前的竟是一个泼辣且大大咧咧的平凡女高中生。被撒面粉、被扔鸡蛋、被同学排挤，对于剧中的具惠善而言只是小事一桩，她不在意、更不会被欺负她的那些人打倒。这样的具惠善是我们从未看到过的，单凭这一点，具惠善在表演上已有所突破。

宋慧乔：
爱情催泪弹

【偶像速写】

宋慧乔，1981年11月22日出生，英文名Song Hye Kyo。

她是许多韩国美眉整容的头号范本，出道至今她的演艺事业一帆风顺。在"韩流"席卷全亚洲的同时，凭《蓝色生死恋》一炮走红，成为"韩流"当红的中心人物。此后，每部有她参演的韩剧，皆得到极高的收视率，而观众对她的最大聚焦点是她又要怎样发射"爱情催泪弹"，赚取观众的眼泪。

【偶像经历】

宋慧乔是家中的独生女。小时候的她，脸圆嘟嘟的，幼儿园里的老师和同学们都喜欢她，她也完全没有独生子女的娇惯习气。转眼间，宋慧乔已升入淑名女子初中。在这里，宋慧乔的表演天分得到尽情发挥，她最喜欢绘声绘色地给同学讲故事，但是由于说话速度太快，同学们送了她一个绰号——啄木鸟。

高中时，宋慧乔在银光女子学校就读。女子学校的幽静和清雅，让宋慧

乔的性格变得温婉多了。

1996年，宋慧乔参加SMART模特儿大赛并获得了第一名，就这样一脚跨入了演艺圈。2004年11月，宋慧乔刚出道时的一张照片在网上被登载，引起了众人的注意。这张照片最初刊登在"19岁未满者禁止阅读"的1997年4月号《BIGMAN》杂志上。宋慧乔1997年10月首次出演了KBS电视剧《婚纱》，因此有人推定这张照片一定是宋慧乔正式拍摄电视剧之前当模特儿时所拍。虽然照片上的宋慧乔"土里土气"，但那甜甜的微笑中散发的青春活力却是不曾改变的。

宋慧乔因出演《蓝色生死恋》而大红大紫，一向有"收视灵丹"的美誉。她的笑容甜美可人，我见犹怜的形象深入人心。其后随着《情定大饭店》及《守护天使》两部剧相继成功，以及成为知名化妆品的代言人，宋慧乔的平面广告在韩国街头巷尾随处可见，非但造型装扮被年轻人竞相仿效，其圆润、性感的唇形更成为韩国女子首选的整形样本，甚至到了"韩国时装的时尚趋势，只要留心宋慧乔的妆扮就准没错"的地步。

宋慧乔出演多部畅销电视剧，有"剧星"之称，但这并不表示她就会滥演，她对待演戏相当认真。为演好《Allin》，她专门找过日语老师。对于在《Allin》中饰演荷官的宋慧乔来说，日语是必需的语言，虽然在开拍之前就学习日语，但要用流利的日语来演戏，却是难上加难。宋慧乔为了演好这个角色而猛学日语，让《Allin》制作公司的老板非常感动，所以就请了一位日语老师，这位日语老师竟然是制作公司的监制人赵有庆。有着相当日语实力的赵有庆，平常教宋慧乔的日语会话，还根据剧本一一教她发音。

2001 年对于宋慧乔来说是大丰收的一年，除了获选亚洲十大明星外，在香港由 RTHK（Radio Television Hong Kong）主办的年度金曲大奖颁奖仪式上，被评选为 2001 年"韩国最佳演艺人奖"。

2002 年，在韩国的《首映》杂志仅限制片人票选的"最受期待的影坛明日之星"中，宋慧乔以压倒性比数，高票当选。

宋慧乔自《浪漫满屋》后没有再接拍新剧，在韩国著名导演郭在容向她发出邀请后，她本人也有意暂别电视圈，尝试进军电影圈。

2005 年 6 月，宋慧乔所属的韩国经纪人公司透露，刚刚转会到该公司的韩国一线女星宋慧乔将与著名"野蛮导演"郭在容合作。宋慧乔表示："迄今为止，大家最喜欢的还是我在《蓝色生死恋》里的表演，我希望能在这部戏里表现出比《蓝色生死恋》更为成熟的演技，让自己的代表作又多一部。"

张东健：
韩国第一人气偶像

【偶像速写】

张东健，1972年3月7日出生。他是韩国最有型男星，他是韩国女性最想恋爱的男星，他是韩国最权威的电影节影帝得主，他首次出演反派便扬威亚太影展。

【偶像经历】

三次高考落榜后的第二年（1992年），在MBC招收新一季学员时，张东健的母亲主动帮他投寄了申请表。由于俊朗不羁的外表，张东健很快就被录取了，并于1993年出演他的第一部电视剧《我们的天国》。

尽管人人都说张东健是个大帅哥，但是《我们的天国》并没有很成功地将张东健捧为韩国新一代偶像。就连在1994年出演《青出于蓝》时，李东敏的扮演者孙志昌的人气及知名度都比他高许多。但是，张东健还是在别人不经意的目光中脱颖而出。他所塑造的"尹准"，一时间风靡整个韩国，更使得扣篮迷们如痴如醉，从而引发了一股篮球狂潮。

320

一炮走红后，张东健却突然中断了所有的演出工作而转入大学之门，此举令众人迷惑不已。其实，张东健是为了弥补4年前没能考上大学的遗憾，去圆自己的大学梦。此外，他深感自己的演技不足，想借此机会提高演技。于是，张东健毅然决定报考，最终被韩国芸艺综合演艺学院录取。

大三时，由于演艺工作的需要，张东健不得不主动向学校提出退学的要求。重返银幕后，他开始挑战新的角色，一反"尹准"和"润灿"之类的痴情汉子，全身心投入《医家兄弟》，成功地塑造了一个令人"发指"的"反面"角色，从而向观众展示了他那精湛的演艺实力。之后，他又出演了令人无法定论的"李政"，性格内向、满怀悲伤的"仁华"等，从而为他成为韩国的国民演员奠定了坚实的基础。

1994年，张东健获得"百想"艺术大奖"最佳新人奖"。1997年，张东健凭借在《败者复活传》中出色的演出，在韩国青龙电影节上获得最佳演员奖，这个奖项是韩国最有权威的奖项，而张东健是获奖者中最年轻的演员。

此后，张东健以一个崭新的面貌出现在观众的面前。以一套随意的皮装代替了过去西装笔挺的形象，并一改以往粗犷的线路，开始饰演一些温柔细腻的角色。在《假日在汉城》及《恋风恋歌》中，都给人们耳目一新的感觉。1999年，他又因为电影《毫不留

情》获得青龙电影节最佳男配角奖。2000年，他出演《无政府主义》（又名《上海风云》），同年他获得青龙电影节最佳明星奖。

张东健不仅仅创下了韩国国内广告费的最高纪录，更是成为影迷们最想见到的演员。不光在韩国，就算是在遥远的越南，张东健也同样以《医家兄弟》中成功塑造的恶毒医生形象，给越南观众留下了深刻的印象，在越南影坛占据了一席之地。张东健依靠他那黝黑的皮肤，轮廓分明的容貌，以及风趣幽默的谈吐，在国外取得了比国内更大的成功。

2005年，张东健在陈凯歌的影片《无极》中扮演昆仑奴，虽然影片总体评价不高，但张东健精彩的表演仍获得了影迷的肯定。

张东健后期的影视作品都是对他俊美外貌的极大挑战，为了更好地诠释作品中的人物角色，他一再丑化自己的容颜，而且丑化的程度一部比一部厉害。为了成全《朋友》的颓废痞子，他连拔带剪地牺牲自己的长睫毛。还有《太极旗飘扬》的战争流血镜头，满脸沧桑、蓬头垢面、鲜血直流，这都是以往一直扮演上流社会富家公子的张东健未曾出现过的形象。接下来的《无极》和《台风》更恐怖，减重近20斤，全身烤黑，长发胡须，镶钢牙，一脸疤痕，还有可怕的纹身，张东健的自毁形象几乎超出了Fans们的心理底线。而对于向来患有"美貌自卑症"、不断寻求突破的张东健来说，这也是最彻底的一次颠覆，一次全面的毁容。

张东健勇于不断挑战自己。不仅在形象方面，在演技方面也不断刻苦磨炼。当《太极旗飘扬》整部片子拍竣，张东健使用过的剧本已破损不堪，而每一页的空白处都密密麻麻写满了他对人物的理解心得。他说，他还不能被称为"天才演员"，所以只有靠勤奋。天道酬勤，《太极旗飘扬》将张东健送上了青龙影帝的宝座，也使他成为韩国有史以来第一位囊括青龙奖所有男演员奖项的大满贯演员。张东健发表的得奖感言是："我终于无愧于我名字前面的'演员'称号了。"

中国观众认识张东健，是从韩剧《医家兄弟》、《天桥风云》、《夏娃的诱惑》（又名《爱上女主播》）开始的。出道10年的张东健大胆转型，出演江湖豪情片《朋友》，公映3个月即吸引了700万名观众，大破韩国电影票房纪录，张东健还一举夺得第四十六届亚太影展"最佳男配角"奖。

张东健是个特别内向、害羞的人，他在初次见面的人面前常觉得无话可说。他又是一个永远学不会拒绝的人，也不会以言语伤害别人，只要是影迷或记者的合理要求，无论他有多忙，都会尽最大努力去满足对方的要求，因此被韩国记者评为"最有风度的美男子"。

张东健总是向因为自己所演角色而感到不快的观众道歉，而且入行多年以来总是他先向别人打招呼，他还会向说他是"最不讨人喜欢的明星"的娱乐圈人请教缘由。

林俊杰：
新一代音乐创作魔手

【偶像速写】

　　林俊杰，1981年3月27日出生，新加坡人。

　　他的音乐空间总是充满许多超现实与跨时空的奇幻；因应着流行音乐，他的造型千变万化，一会儿化身线上游戏的主人公，一会儿变成霸气十足的三国人物；他的人与音乐，借由视觉淋漓尽致地呈现"魔手"魅力。

【偶像经历】

　　2003年4月，林俊杰在台湾首发第一张个人创作专辑《乐行者》，仅仅半年，全亚洲销量已突破70万张，仅在中国内地销量就

达到40多万张，绝对称得上2003年度亚洲唱片市场的销量小天王，是近年来新人发片取得开门红的又一领军人物。

　　在公司的安排下，林俊杰前后3次赴中国内地巡回宣传，所涉及的城市包括北京、上海、广州、深圳、成都、重庆、长沙、天津、福州、武汉、厦门、泉州、石狮等。林俊杰在创作上的风格多种多样，有节奏厚重的舞曲、轻松欢快的励志歌、曲风舒缓的抒情作品、时下流行的R&B。每种曲风的作品都演绎

得到位、传神，这完全不像一个只有 22 岁，刚刚出道的年轻歌手所能表现的状态。

林俊杰出身音乐世家，父母都是搞音乐的，在父母的引导下他 4 岁就开始学习钢琴，但一度想放弃的林俊杰，在父母的鼓励下最后还是没有坚持下来。

1996 年，年仅 15 岁的林俊杰开始了在歌唱比赛中频繁拿奖的道路，前后获得多个词曲创作和演唱大奖。1999 年的海碟歌手培训班让林俊杰受到了正规、优秀的全方位艺人培训，从 3500 多入围者中脱颖而出，成为最后的胜出者。获得这一荣誉的只有两个人，一个是林俊杰，另一个就是阿杜。

新加坡的男孩儿都要有参军的经历，林俊杰也不例外，只不过由于他的特长，他参加的是新加坡武装部队文工团，还是一名文艺兵，在此期间积累了大量的舞台表演经验。更多的思考时间让林俊杰的创作才华得以展示，先后为张惠妹、阿杜、庾澄庆创作了多首主打歌曲。有了这些宝贵的经验，林俊杰为自己的音乐专辑创作歌曲更是如鱼得水，并被台湾媒体称为"新一代的创作魔手"。

林俊杰的歌曲取材很广，并不单单是流行的爱情歌曲。《会读书》是一首帮助学生释放压力的歌曲，告诉学生怎样放下压力轻松地面对未来，因此深受学生喜爱。《会有那么一天》是创作给自己的爷爷奶奶的，讲述的是一段生离死别的爱情

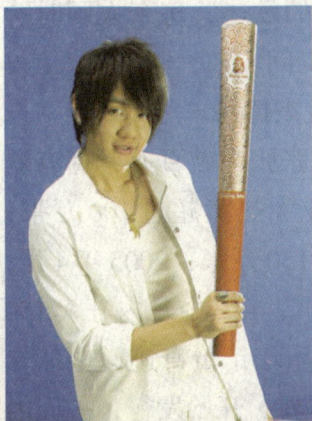

故事，每一首林俊杰的歌曲都可以读出一段故事。

在林俊杰第一次来中国内地宣传唱片的时候，首站长沙，第一次举行签名售带和歌迷见面会，包括主办单位在内的所有人都对此次活动有所担心。毕竟那时候发片才刚满一个月，对这样一个全新的艺人，活动的支持率会有多高谁都没有信心，每个人都在作着最坏的打算。不过很快，现场的火爆场面打消了所有人的疑虑。有三千多名歌迷参加的签售圆满成功，这也增加了主办单位的信心。在随后的多个城市里林俊杰所"遭遇"的热情都不比在长沙差，最多一次在成都，万余人的场面是成都近年来少见的，最后不得不动用大批警力来维持秩序。还有很多重庆和贵阳的歌迷连夜坐车赶来，为林俊杰助威。

在北京，在签售地点并不很繁华的北三环竟然来了一千二百多人，有条不紊的长队像蛇一样在三环边上排开，成为当天的一道风景。最有趣的是前后来了5位"批量采购"的歌迷，每个人同时购买了六十多张林俊杰的唱片，后经工作人员询问才知，原来当天是9月1日，是开学日，有很多学生都想来给林俊杰捧场。

自2003年出道以来，林俊杰的唱片销量张张突破百万，拥有歌迷逾千万。2003年4月，专辑《乐行者》亚洲热卖超过100万张；2004年4月，专辑《第二天堂》的销售突破150万张；2005年4月，专辑《编号89757》发片就突破各种销售纪录，在3个月内狂卖150万张；2006年2月，专辑《曹操》缔造华语乐坛销量奇迹，全球专辑销量突破200万张；2007年6月，专辑《西界》开始发行，一周内全亚洲销量正式版高达160万张，创全亚洲一周内总销量第一。

陈坤：
用心去感受梦想

【偶像速写】

陈坤，1976年2月4日出生；英文名Aloys。

他对生活的标准要求非常高。他希望家里每一个角落都很有意境；他希望每一次与人谈话的过程都是让人愉悦的；他希望跟不喜欢的人刹那之间就分手；他希望自己演的每一个角色都用心感受到了，并且真实地表达出来。

【偶像经历】

陈坤生于重庆，从小父母离异，家境并不富裕，是母亲一手把他抚养成人，当然懂事的陈坤为了不给家里带来太大的负担，经常是半工半读。到北京念电影学院时，更是独自赚钱支付每年近万元的学费。然而，生活还要和不幸的陈坤作对，就在他的母亲带着姐姐和弟弟再婚，重新组成一个幸福家庭之后，1995年，姐姐在一次车祸中丧生。屡屡遭受家庭重创的陈坤变得坚毅而沉默。

上帝总是公平的。

陈坤毕业于北京电影学院

家庭中历经不幸，在演艺道路上陈坤却是一路畅通。18岁，从重庆歌舞团到北京报考东方歌舞团，他一考即中；1996年被朋友拉去考电影学院，他又以三试第一的佳绩脱颖而出。陈坤的电影处女作是大导演吴子牛的《国歌》，然而让他迅速走红的是赵宝刚导演的《像雾像雨又像风》中陈子坤一角。

家庭不幸的陈坤现在是一名被人看好的新人，他直言自己从来不看电视连续剧，平时最喜欢的就是欧洲的艺术影片。他很情绪化，不高兴时，他甚至会说："其实我厌恶透了演员这个工作，拍戏不过是在玩儿一个成人游戏。"

忧郁和孤独的气质是大家对陈坤的一致评价，而他本人也不讳言不太希望得到别人的关注："出名确实可以挣到很多钱，做自己想做的事，但我不是一个为钱做事的人，我只做自己喜欢的事。"

一直以来，陈坤在用自己的行动演绎着他不一般的人生。他的演技从电视剧《金粉世家》中的唯美到电影《云水谣》中的成熟，感动着无数坤迷。不仅如此，一种对生活的踏实和返璞归真，也给了所有人一个完全能够接受并容纳的空间。

他对生活的感悟是："我无法去完成别人所想的既定原则，在这个现实社会里面，我们不能缺少一个用心去感受梦想的机会。"

他对亲情的理解是："我和妈妈住处的距离很近，我希望的就是煮碗面端过去，妈妈能够趁热吃……"

点点滴滴，陈坤在用自己的人格魅力诠释着一个偶像应有的作风。2008年5月12日14时28分，汶川发生地震，社会各界人士纷纷捐助，在这些人中有陈坤的影子，地震的第二天他就向红十字会捐助了20万元人民币。

笃信佛教的陈坤每天早晨都读《金刚经》，每次全读完，但读的感受都不同。这已成为他的一种习惯。

陈坤说："我很享受这个过程，它可以让我很安静。每个人读它都会有不同的认识，就像同样是一棵树，每个人对它的感知是不一样的。如果让我们每个人都来解读这棵树，语言的能力是很苍白的，感知能力是超过语言能力的。

"我看《金刚经》也许看不懂某一部分，但是30岁看不懂没关系，我每天都读，迟早有一天会领悟。我会用自己领悟的方式去解决生活中的难题。我是在追求这个形式，这个形式让我很舒服。它是必需的，并不是做给别人看的。"

1976年陈坤生于重庆

刘谦：

见证奇迹的时刻

【偶像速写】

刘谦，1976年6月25日出生于台湾高雄；英文名Louisliu。

他的表演足迹遍布世界各地，并多次受邀至国际性魔术大会，其前卫的风格及惊人的创意，俱获海内外同行之赞赏。他在业界有"魔术活字典"的称号，是唯一曾受邀至拉斯维加斯及好莱坞魔术城堡演出的中国台湾魔术师，是中国魔术界的最高人。

【偶像经历】

目前，刘谦频繁地活跃于中国台湾地区、日本及欧美各地，并多次受邀至世界各地的国际性魔术师大会担任演出嘉宾及专题讲座的讲师。

非凡的国际观及不断地充实自我是刘谦的独特之处。为了充实专业领域及格局，他还涉猎音乐、舞台美术、剧场、工业设计、电视、广告、摄影等艺术的相关知识。

很少有人知道，这位已经名闻天下的魔术师，从没有正式拜师学魔术，而且一直"不务正业"：中学时喜欢电脑，

上大学时报了日语专业，从东吴大学日文系毕业后又爱上了唱歌。但绕了十几年，刘谦终于还是当上了职业魔术师、星空卫视《魔星高照》的节目主持人。

在刘谦 7 岁那年，有一次，他的阿姨带着他逛街，当他们在百货公司漫无目的地闲逛时，刘谦突然被某样东西吸引，怎么也不肯再移动一步，原来是专柜导购小姐正在表演魔术。

当时，刘谦看到导购小姐拿出一枚硬币放进小盒子里，再将小盒子用手帕包起来，然后对他一笑，神奇的事情发生了，被困在盒子里的硬币，居然可以穿过盒子、手帕，跑到导购小姐的手里，刘谦百思不得其解。为了弄懂神奇硬币穿盒术的秘密，刘谦想尽办法找到了答案，并对魔术产生了兴趣。

有一次，刘谦在学校当着老师与同学的面，表演神奇硬币穿盒术。当表演结束，教室里响起雷鸣般的掌声时，刘谦顿时觉得，魔术秘密不重要，重要的是表演效果。此后，刘谦爱上了这个能娱乐大家的表演，他也沉浸在魔术世界里。

当同龄人还在玩儿捉迷藏游戏时，刘谦已在各大商店的魔术玩具专柜前流连忘返，学习他钟爱的魔术了。

刘谦 12 岁那年，因为天天到魔术专柜报到，外加买了不少魔术道具，他与负责魔术道具专柜的汤文龙交上了朋友。在汤文龙的柜台前，也总是挤满了像刘谦这样好奇的小男生。

1987 年，汤文龙告诉刘谦举办儿童魔术大赛的消息，并鼓励刘谦参加了那次比赛。当时报名参赛的小朋友达二百余人，汤文龙陪

331

着刘谦一起编排节目、想魔术创意。第二年，刘谦在魔术国际大师大卫·科波菲尔面前，夺下他的第一个魔术比赛奖杯。

兴趣使然，刘谦在求学期间仍不断钻研魔术知识及技巧，并受教于多位国内外大师。自东吴大学日文系毕业后，刘谦开始与日本魔术界频繁交流。

2001年，刘谦在上海国际魔术节上，与来自世界各地的三十多位魔术高手进行角逐，获得银牌，他是唯一获奖的华人。同年，刘谦获世界杂技界最高荣誉——吴侨国际艺术节魔术比赛铜狮奖，也是唯一获奖的华人。

2001年，刘谦开始在中国内地星空卫视主持及策划常态性电视节目《魔星高照》，其独特的创意与极具亲和力的表演风格，在中国内地引起很大的反响。到2003年为止，该节目收视率始终保持该台之冠。如今，刘谦可以轻松地玩转于魔术师和主持人这两种身份之间。2002年，刘谦受邀在上海电影节上演出。2003年5月，刘谦获得亚洲世界魔术研讨会颁发的大奖，受邀2004年在美国拉斯维加斯、瑞典及意大利演出。2003年12月，刘谦被财团法人日本职业魔术协会全体会员票选为"年度最佳外国魔术师"。2007年，刘谦在综艺节目《综艺大哥大》中，固定担任魔术竞技单元《大魔竞》评审之一，并担任魔术表演单元《刘谦Magic Show》主持人，在《刘谦Magic Show》中以固定台词"见证奇迹的时刻"一语成名。

2009年，刘谦在央视春节联欢晚会表演近景魔术《魔手神彩》，其中包含近距离魔术（近景魔术）"橡皮筋"、"硬币进入玻璃杯"及"戒指进鸡蛋"三部分，引起观众阵阵喝彩。

中学生崇拜的 128个偶像

（上）

ZHONG XUE SHENG CHONG BAI DE
128 GE OU XIANG

曾微隐／编著

吉林人民出版社

ZHONG XUE SHENG CHONG BAI DE
128 GE OU XIANG

图书在版编目(CIP)数据

中学生崇拜的128个偶像/曾微隐编著.—长春:吉林人民出版社,2009.6
(2016.1重印)
(名家推荐学生必读丛书)
ISBN 978-7-206-06163-9

Ⅰ.中… Ⅱ.曾… Ⅲ.名人—生平事迹—世界—青少年读物
Ⅳ.K811-49

中国版本图书馆CIP数据核字(2009)第069139号

中学生崇拜的128个偶像

编　　著:曾微隐　　　　　　封面设计:孙浩瀚
责任编辑:赵洪涛　　　　　　责任校对:杨九屹
吉林人民出版社出版 发行(长春市人民大街7548号　邮政编码:130022)
网　址:www.jlpph.com
全国新华书店经销
发行热线:0431-85395845　85395821
印　刷:三河市燕春印务有限公司
开　本:690mm×960mm 1/16
总印张:21　　　　总字数:270千字
标准书号:ISBN 978-7-206-06163-9
版　次:2009年7月第1版　　　印　次:2016年1月第2次印刷
定　价:89.40元(上中下册)

文化翘楚

鲁迅

罗琳

目录 CONTENTS

科技精英

政坛名流

爱因斯坦

目 录

CONTENTS

商业奇才

李小龙

娱乐大腕儿

ZHONG XUE SHENG CHONG BAI DE
128 GE OU XIANG

目录

CONTENTS

周杰伦

中学生崇拜的128个偶像

王宝强

文化翘楚

崇拜理由：

他们是人类文化的传承者和普及者，他们没有在"曲高和寡"的怪圈中徘徊，而是以迎合"下里巴人"的姿态传道、授业、解惑、娱众，将高雅的文化用普适的文字、艺术、语言进行大众化传播。

WEN HUA QIAO CHU

孔子：
圣中之圣，万世师表

【偶像速写】

　　孔子，公元前551年出生于鲁国陬邑昌平乡（今山东省曲阜市东南的鲁源村），公元前479年去世；名丘，字仲尼；去世后葬于曲阜城北泗水之上。

　　他是春秋末期的政治家、思想家、教育家，儒家学派的创始人。他是世界十大思想家之一、中国十大思想家之一，有"万世师表"之称。

【偶像经历】

　　据《史记·孔子世家》记载，孔子的祖先本是殷商后裔。周灭商后，周成王封商纣王的庶兄、商朝忠正的名臣微子启于宋，建都商丘（今河南商丘一带）。微子启死后，其弟微仲即位，微仲就是孔子的先祖。

　　自孔子的六世祖孔父嘉之后，后代子孙开始以孔为姓。孔子的曾祖父孔防叔为了逃避宋国内乱，从宋国逃到了鲁国。

　　孔子的父亲叔梁纥是鲁国极为有名的勇士。叔梁纥先娶施氏，生下9个女孩儿，却没有一个儿子。他的妾生下一个儿子，叫孟皮，足部有病。在当时的情况下，女子和残疾的儿子都不宜继嗣。叔梁纥晚年与年轻女子颜氏生下孔子。由于孔子的母亲曾去尼丘山祈祷，然后怀上孔子，又因孔子刚出生时头顶的中间凹下，像尼丘山，故起名为丘，字仲尼。仲是第二的意思，叔梁纥的长子为孟皮，孟为第一的意思。

孔子继承了父亲叔梁纥的体魄，身高在 1.90 米以上，膂力过人，远非后世某些人认为的文弱书生的形象。孔子酒量超凡，据说从来没有喝醉过。但孔子从不以武勇和酒量等为豪。

孔子 3 岁的时候，父亲病逝，从此孔子的家境相当贫寒。由于种种原因，孔子在政治上没有大的作为，但

在治理鲁国的 3 个月中，足见孔子无愧于杰出政治家的称号。政治上不得意，孔子就将大部分精力用在教育事业上。

孔子曾任鲁国司寇，后来带弟子周游列国，最终返回鲁国，专心执教。孔子打破了教育垄断，开创了私学。孔子的弟子多达 3000 人，贤人有 72 人，其中有很多是各国高官。

孔子极为聪明，并且好学，20 岁时，学识就非常渊博，被当时人称赞为"博学好礼"。但孔子自己不

孔林

这样认为，他说："圣则吾不能，我学不厌，而教不倦也。"孔子学无常师，谁有知识，谁那里有他所不知道的东西，他就拜谁为师，他认为："三人行，必有我师焉。"

孔子62岁时，曾这样形容自己："发愤忘食，乐以忘忧，不知老之将至云尔。"当时孔子已带领弟子周游列国9个年头，历尽艰辛，不仅未得到诸侯的任用，而且险些丧命，但孔子并不灰心，仍然乐观向上，坚持自己的理想。

孔子说："不义而富且贵，于我如浮云。"在孔子心目中，行义是人生的最高价值，在富贵与道义发生矛盾时，他宁可受穷也不会放弃道义。但他的安贫乐道并不能看做不求富贵，只求维护道。孔子曾说："富与贵，人之所欲也；不以其道，得之不处也。贫与贱，人之所恶也；不以其道，得之不去也。""富而可求也，虽执鞭之士，吾亦为之。如不可求，从吾所好。"

孔子为人正直，主张直道而行，他说："吾之于人也，谁毁谁誉？如有所誉者，其有所试矣。斯民也，三代之所以直道而行也。"

据《史记》记载，孔子30多岁时曾问礼于老子，临别时老子赠言说："聪明深察而近于死者，好议人者也。博辩广大危其身者，发人之恶者也。为人子者毋以有己，为人臣者毋以有己。"这是老子对孔子善意的提醒，也指出了孔子的一些毛病，就是看问题太深刻，讲话太尖锐，伤害了一些有地位的人，会给自己带来很大的危险。

孔子创立了以"仁"为核心的道德学说，他自己也是一个善良

之人，富有同情心，乐于助人，待人真诚、宽厚。"己所不欲，勿施于人"、"君子成人之美，不成人之恶"、"躬自厚而薄责于人"等，都是他做人的准则。

　　孔子对后世的影响极为深远，他在世时已被誉为"天纵之圣"、"天之木铎"、"千古圣人"，是当时社会上最博学者之一，并且被后世尊称为"至圣"（圣人之中的圣人）、万世师表。

　　孔子的思想及学说对后世产生了极其深远的影响。《论语》是儒家的经典著作，由孔子的弟子及再传弟子编纂而成，是一本记录孔子及其弟子言行的书。

　　1988 年，75 位诺贝尔奖获得者在巴黎发表联合宣言，呼吁全世界"21 世纪人类要生存，就必须汲取两千年前孔子的智慧"，由此可见孔子思想之伟大。

【个性语录】

⊙知之者不如好之者，好之者不如乐之者。
⊙知之为知之，不知为不知，是知也。
⊙学而时习之，不亦说乎？
⊙温故而知新，可以为师矣。
⊙盖有不知而作者，我无是也。
⊙多闻，择其善者而从之；多见而识之。
⊙圣则吾不能，我学不厌，而教不倦也。
⊙学如不及，犹恐失之。

孟子：
人类伦理思想发展的推进者

孟子，生于公元前372年，卒于公元前289年；山东邹城人；名轲，字子舆，又字子车、子居。

他3岁丧父，母亲艰辛地将他抚养成人。孟母管束甚严，"孟母三迁"、"孟母断织"等故事，成为千古美谈，是后世母教的典范。他是中国古代伟大的思想家、教育家，战国时期儒家代表人物之一。

【偶像经历】

孟子继承并发扬了孔子的思想，成为一代儒家宗师，有"亚圣"之称，与孔子并称为"孔孟"。

孟子曾仿效孔子，带领门徒周游各国，退隐后与弟子一起著书。

《孟子》一书是孟子的言论汇编，由孟子及其弟子共同编写而成，是记录孟子的语言、政治观点和政治行动的儒家经典著作。南宋时朱熹将《孟子》与《论语》、《大学》、《中庸》合在一起称为"四书"。从此直到清末，"四书"一直是科举必考的内容。

孟子虽然是儒家最主要的代表人物之一，但他的地位在宋代以前并不高。自中唐的韩愈著《原道》，把孟子列为先秦儒家中唯一继

孟母林

承孔子"道统"的人物开始，出现了一个孟子的"升格运动"，孟子其人其书的地位逐渐上升。

1071年，《孟子》一书首次被列入科举考试科目之中。1083年，孟子首次被官方追封为"邹国公"，第二年被批准配享孔庙。以后《孟子》一书升格为儒家经典。1330年，孟子被加封为"亚圣公"，以后就称为"亚圣"，地位仅次于孔子。

孟子说："民为贵，社稷次之，君为轻。"意思是说，人民放在第一位，国家其次，君王在最后。这就是他倡导的民本思想。孟子认为君主应以爱护人民为先，为政者要保障人民的权利。

孟子继承和发展了孔子的德治思想，发展为仁政学说，成为其政治思想的核心。他把"亲亲"、"长长"的原则运用于政治，以缓和阶级矛盾，维护封建统治阶级的长远利益。

孟子一方面严格区分了统治者与被统治者的阶级地位，认为"劳心者治人，劳力者治于人"，并且模仿周制拟定了一套从天子到庶人的等级制度；另一方面，又把统治者和被统治者的关系比做父母对子女的关系，主张统治者应该像父母关心子女一样关心人民的疾苦，人民应该像子女对待父母一样去亲近、服侍统治者。孟子认为，这是一种最理想的政治，如果统治者实行仁政，可以得到人民的衷心拥护；反之，如果不顾人民死活，推行虐政，将会失去民心而变成独夫民贼，被人民推翻。

孟子根据战国时期的经验，总结各国治乱兴亡的规律，提出了一个富有民主性精华的著名命题："民为贵，社稷次之，君为轻"。

孟子说："夫仁政，必自经界始。"所谓"经界"，就是划分整理田界，实行井田制。孟子所设想的井田制，是一种封建性的自然经济，以一家一户的小农为基础，采取劳役地租的剥削形式。每家农户有五亩之宅，百亩之田，吃穿自给自足。

孟子认为"民之为道也，有恒产者有恒心，无恒产者无恒心"，只有使人民拥有"恒产"，固定在土地上，安居乐业，他们才不去触犯刑律，为非作歹。

孟子认为，人民的物质生活有了保障，统治者再兴办学校，用孝悌的道理进行教化，引导他

孟母教子像

们向善，这就可以形成一种"亲亲"、"长长"的良好道德风尚，即"人人亲其亲、长其长，而天下平"。

孟子认为统治者实行仁政，可以得到天下人民的衷心拥护，这样便可以无敌于天下。孟子所说的仁政要建立在统治者的"不忍人之心"的基础上。

孟子故居

孟子说："先王有不忍人之心，斯有不忍人之政矣。""不忍人之心"是一种同情、仁爱之心。但是，这种同情、仁爱之心不同于墨子的"兼爱"，而是从血缘的感情出发的。

孟子主张，"亲亲而仁民"，"老吾老以及人之老，幼吾幼以及人之幼"。仁政就是这种不忍人之心在政治上的体现。

孟子把伦理和政治紧密结合起来，强调道德修养是搞好政治的根本。他说："天下之本在国，国之本在家，家之本在身。"后来《大学》提出的"修齐治平"就是根据孟子的这种思想发展而来的。

孟子把道德规范概括为四种，即仁、义、礼、智。同时，把人伦关系概括为五种，即"父子有亲，君臣有义，夫妇有别，长幼有序，朋友有信"。孟子认为，仁、义、礼、智四者之中，仁、义最为重要。仁、义的基础是孝、悌，而孝、悌是处理父子和兄弟血缘关系基本的道德规范。他认为如果每个社会成员都用仁义来处理人与人的关系，封建秩序的稳定和天下的统一就有了可靠的保证。

为了说明这些道德规范的起源，孟子提出了性善论的思想。他说："故凡同类者，举相似也，何独至于人而疑之？圣人与我同类者。"

孟子把统治者和被统治者摆在平等的地位，探讨他们所具有的普遍的人性。这种探讨适应当时奴隶解放和社会变革的历史潮流，标志着人类认识的深化，对伦理思想的发展是一个巨大的推进。

屈原：
中国第一位伟大的爱国诗人

【偶像速写】

　　屈原，名平，字原；约公元前340年出生，约公元前278年去世；湖北丹阳（今湖北秭归）人。

　　他是中国文学史上第一位伟大的爱国诗人，是浪漫主义诗人的杰出代表。作为一位杰出的政治家和爱国志士，他的爱祖国、爱人民、坚持真理、宁死不屈的精神，千百年来感召着无数中华儿女，在国家民族处于危难之际，这种精神的感召作用尤其明显。他的出现不仅标志着中国诗歌进入一个由集体歌唱到个人独创的新时代，而且他所开创的新诗体——楚辞，突破了《诗经》的表现形式，为中国古代诗歌创作开辟出一片新天地。

【偶像经历】

　　屈原出生于战国末期的楚国贵族家庭，和楚王一样姓芈，该姓出自黄帝颛顼族系的祝融氏。

　　屈原一生经历了楚威王、楚怀王、楚顷襄王三个时期，主要活动于楚怀王时期。这个时期正是中国即将实现大一统的前夕，"横成则秦帝，纵成则楚王"。

　　屈原是楚国贵族中的杰出人才。他精通历史、文学，洞悉各国形势和治世之道，二十多岁就做了楚怀王的左徒。屈原对内和楚王讨论国家大事，发布号令，对外接待宾客，应对诸侯。楚怀王起初对屈原极为信任，命他草拟法令，又让他出使齐国，联齐抗秦。

屈原的改革却招来了楚国贵族大臣们的坚决反对和嫉妒。反对者的代表是楚怀王的宠妃郑袖、儿子子兰和上官大夫靳尚。这些人目光短浅，妒贤嫉能，只想维护自己的贵族特权，却把国家的长远利益置之脑后。

楚怀王十五年（公元前304年），张仪由秦国到楚国，以重金收买靳尚、子兰、郑袖等人充当内奸，同时以献地六百里诱骗楚怀王，致使齐国和楚国断交。楚怀王受骗后恼羞成怒，两度向秦国发兵，均遭惨败。于是，屈原奉命出使齐国，与楚国重修旧好。其间，张仪又一次从秦国来到楚国，进行瓦解齐楚联盟的活动，使齐楚联盟未能成功。楚怀王二十四年，秦楚订立盟约，楚国彻底投入秦国的怀抱。郁郁不得志的屈原也被逐出郢都，到了汉北。

楚怀王三十年，屈原回到郢都。同年，秦国约楚怀王在武关相会，楚怀王非常轻信地来到武关，却被秦国扣留，最终客死秦国。

楚顷襄王即位后，继续实施"亲秦"政策，于是屈原再次被逐出郢都，流放至江南，辗转流离于沅水、湘水之间。这时，楚国基

本上被秦国掌握，俯首帖耳，不敢有丝毫反抗。屈原对此痛心疾首，却又无能为力。眼看着国势日衰，民生多艰，屈原只好以诗歌来抒发自己忧国忧民的心情。

楚顷襄王二十一年（公元前278年），秦国大将白起攻破郢都，屈原悲愤不已，自沉汨罗江。

屈原死后，楚国百姓哀痛异常，纷纷涌到汨罗江边去凭吊屈原。我国人民为纪念屈原，每年农历五月初五都要过端午节，包粽子，赛龙舟。这个风俗后来传到朝鲜、日本、缅甸、越南、马来西亚、印尼等国。

屈原是一位热爱祖国的诗人，作品有《离骚》、《天问》、《九歌》、《九章》、《招魂》等二十多篇。其中，《离骚》是屈原的代表作，也是中国古代文学史上最长的一首浪漫主义的政治抒情诗。《天问》以问语一连向苍天提出了172个问题，涉及天文、地理、文学、哲学等许多领域，表现了诗人对传统观念的大胆怀疑和追求真理的科学精神。

李白：

"诗仙"神采，游侠风骨

【偶像速写】

李白，公元701年出生，公元762年去世；字太白，号青莲居士，人称"谪仙人"、"诗仙"，与杜甫并称为"李杜"；身高七尺有余（约1.83米）。

他一生不以功名显于世，却以布衣之身而藐视权贵，肆无忌惮地嘲笑以政治权力为中心的等级秩序，批判腐败的政治现象，以大胆反抗的姿态，推进了盛唐文化中的英雄主义精神。他经历坎坷，思想复杂，既是一个天才的诗人，又兼有游侠、刺客、隐士、道人、策士的气质，儒、道、侠三种思想在他身上都有鲜明的体现。

【偶像经历】

李白祖籍陇西，隋朝末年祖先避乱迁徙至中亚碎叶城（今吉尔吉斯斯坦北部托克马克附近），李白即诞生于此。

李白5岁时，随父迁居绵州彰明县（今四川江油）。他自幼勤奋好学，而且书法、骑射、剑术、弄刀、胡舞、胡乐、琴棋等样样精通。李白20岁时只身出川，开始了广泛的漫游，南到洞庭湘江，东至吴越。李白希望结交朋友和社会名流，从而得到引荐，一举登上高

023

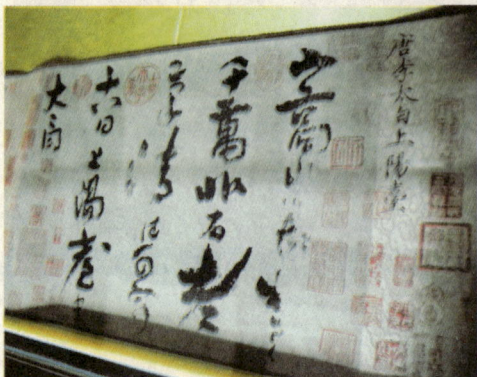

李白墨迹

位，去实现自己的政治理想和抱负。

26岁时，李白与唐高宗统治时期当过宰相的许圉师的孙女结婚。此后10年，他仍经常外出漫游，但是漫游并未使他在仕途上有任何成就。于是，李白继续北上太原、长安，东到齐鲁各地，并寓居山东任城（今山东济宁）。这时他结交了不少名流，创作了大量优秀诗篇，名满天下。

公元742年，经道士吴筠的推荐，李白被召至长安，供奉翰林。他的文章名动一时，颇为唐玄宗所赏识。后因不能见容于权贵，在京仅3年，就弃官而去，仍然继续他那飘荡四方的流浪生活。

公元755年，安史之乱爆发，李白正在宣城（今属安徽）、庐山一带隐居。当时，唐玄宗任命其第十六子永王为山南东路、岭南、黔中、江南西路四地节度使、江陵大都督，负责保卫和经管长江中部一带地区。李白怀着平定叛乱、恢复国家统一的志愿，加入永王幕府。不料永王不听唐肃宗命令，想乘机扩张自己的势力，结果被唐肃宗派兵消灭。李白也因此获罪，被流放夜郎（今贵州桐梓一带）。幸而途中遇到大赦，这时他已经59岁。

　　李白晚年流落在江南一带。61岁时，他听到太尉李光弼率大军讨伐安史叛军，还北上准备从军杀敌，半路因病折回。62岁时，在他的族叔当涂（今属安徽）县令李阳冰的家里病逝。

　　李白是唐代伟大的浪漫主义诗人。其诗风格豪放，飘逸洒脱，想象丰富，语言

李白纪念馆位于四川省江油县城北中坝镇

流转自然，音律和谐多变。他善于从民歌、神话中汲取营养，构成特有的瑰丽绚烂的色彩，其诗作是屈原以来积极浪漫主义诗歌的新高峰。

　　李白的诗歌现存990多首，诗歌题材多种多样。由于生于盛唐时期，诗歌以浪漫为主，豪放大气。其代表作包括：七言古诗《蜀道难》、《行路难》、《梦游天姥吟留别》、《将进酒》、《梁甫吟》等；五言古诗《古风》59首、《长干行》、《子夜吴歌》、《宣州谢朓楼饯别校书叔云》等；七言绝句《望庐山瀑布》、《望天门山》、《早发白帝城》等。

　　李白的诗具有"笔落惊风雨，诗成泣鬼神"的艺术魅力，这也是他的诗歌最鲜明的艺术特色。李白调动一切浪漫主义手法，使诗歌内容和形式达到了完美的统一。

　　在李白的诗中，充满了极度的夸张、贴切的比喻和惊人的幻想，让人感到的却是高度的真实。

　　李白常将想象、夸张、比喻、拟人等手法综合运用，从而形成神奇、瑰丽的意境，这也是李白的浪漫主义诗作有着豪迈奔放、飘逸若仙的韵致的原因所在。

　　李白的诗歌对后世产生了极为深远的影响。中唐的韩愈、孟郊、李贺，宋代的苏轼、陆游、辛弃疾，明清的高启、杨慎、龚自珍等著名诗人，都受到李白诗歌的巨大影响。

鲁迅：

以笔为戈，战斗一生

【偶像速写】

鲁迅，1881年9月25日出生，1936年10月19日去世；原名周树人，字豫山，后改为豫才。

他是我国现代伟大的文学家、思想家、革命家，世界十大文豪之一。他以笔为戈，战斗一生，被誉为现代文学的一面旗帜，又被誉为"民族魂"。毛泽东评价他是"中华文化革命的主将"。"横眉冷对千夫指，俯首甘为孺子牛"是他一生的写照。

【偶像经历】

鲁迅出生于浙江绍兴，在他13岁那年，他的原来在京城做官的祖父因科举舞弊案入狱，此后他的父亲又长期患病，终至死亡，家境开始衰败。

家庭的变故对少年鲁迅产生了深刻的影响。他是家里的长子，上有孤弱的母亲，下有幼弱的弟妹，他不得不同母亲一起承担起生活的重担。

1898年，18岁的鲁迅怀揣着慈母多方设法筹借的8块银元，进了南京水师学堂，后来又改入南京路矿学堂。其间，鲁迅阅读了外国文学和社会科学方面的著作，开阔了视野。特别是严复翻译的英国人赫胥黎著的《天演论》，给鲁迅以深刻的影响。

1902年，鲁迅东渡日本，开始在东京弘文学院补习日语，后来进入仙台医学专门学校。鲁迅选择学医，目的是救治像他父亲那样被庸医所害的病人，改善被讥为"东亚病夫"的中国人的健康状况，但他的这种梦想并没有维持多久，就被严酷的现实粉碎了。

在日本，鲁迅经常受到具有军国主义倾向的日本人的歧视。在他们的眼睛里，凡是中国人都是"低能儿"。鲁迅的解剖学成绩是59分，就被他们怀疑为担任解剖课的教师藤野严九郎把考题泄露给他，这使鲁迅深感作为一个弱国子民的悲哀。

有一次，在上课前放映的幻灯片中，鲁迅看到一个中国人被日本军人捉住杀头，一群中国人却若无其事地站在旁边看热闹，鲁迅受到极大的刺激。这使他充分认识到，精神上的麻木比身体上的虚弱更可怕。要改变中国人，首先应改变的是所有中国人的精神，而善于改变中国人的精神的，则首先是文学和艺术。于是，鲁迅弃医从文，离开仙台医学专门学校，回到东京，翻译外国文学作品，筹办文学杂志，发表文章，从事文学活动。

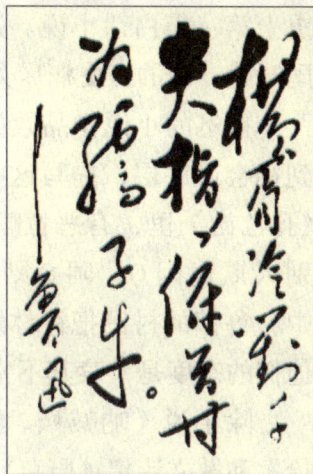

1918年，鲁迅在《新青年》杂志上发表了他的第一篇白话小说《狂人日记》，这是他第一次用"鲁迅"这个笔名发表文章，《狂人日记》也是中国现代文学

史上第一篇白话小说。这篇小说通过"狂人"之口，把几千年的中国封建专制的历史痛斥为"吃人"的历史，大声疾呼"救救孩子"。

鲁迅的小说作品数量不多，意义却十分重大。鲁迅把目光集中到社会最底层，描写这些底层人民的日常生活状况和精神状况。在《孔乙己》里，有恶意嘲弄孔乙己的短衫顾客；在《阿Q正传》中，别人欺侮阿Q，阿Q则欺侮比自己更弱小的小尼姑；在《祝福》中，鲁镇的村民把祥林嫂的悲剧当做有趣的故事来欣赏……鲁迅对他们的态度是"哀其不幸，怒其不争"。

除小说《呐喊》、《彷徨》之外，鲁迅还著有散文集《朝花夕拾》和散文诗集《野草》。前者出版于1928年，后者出版于1937年。

最能充分体现鲁迅创造精神和创造力的首推他的杂文。鲁迅的杂文可以说是中国现代文化的一部"史诗"。从五四运动起，鲁迅就开始用杂文的形式与反对新文化的各种不同论调进行斗争，但那时他还是不自觉的。后来一些人嘲笑他是一个"杂文家"，他才更明确地意识到杂文的力量，并且开始自觉地从事杂文的创作。

广州鲁迅纪念馆

鲁迅的小说、散文、诗歌、杂文共有10篇（首）被选入中小学语文课本，小说《祝福》、《阿Q正传》等先后被改编成电影。北京、上海、广州、厦门等地先后建立了鲁迅博物馆、纪念馆等，鲁迅的作品被译成英、日、俄、西班牙、法、德等50多种文字，在世界各地拥有广大的读者。

巴金:
20世纪中国的良心

【偶像速写】

　　巴金，1904 年 11 月 25 日出生于四川成都；原名李尧棠，字芾甘；20 世纪中国文学发展史的重要人物。

　　2005 年 10 月 17 日，101 岁的巴金去世。这位幸运而又艰难地穿越百年的历史老人被称为"20 世纪中国的良心"、"人民作家"，他那如电、如雷、如激流的个人姿态在历史画卷上留下了浓墨重彩的一笔。

【偶像经历】

　　巴金出生于成都一个封建大家庭。慈祥的母亲，是他人生的第一个老师。他从母亲那里懂得了爱，懂得了宽容。

　　巴金幼年的另一位老师是轿夫老周。老周总跟他说："火要空心，人要忠心。"

　　巴金晚年说："我几百万字的作品，还不及老周的八个字。"

　　成年后的巴金，一直在思考这个问题：是什么精神和力量，使瘦弱的老周在那样困苦的条件下，讲出这番深刻的道理。这就是仁义、道德、忠爱，而这些正是中华民族的精神之根、为人之本。

　　巴金把他的爱、他的思想，反映在他的作品中。反帝、反封建、反压迫，呼求平等、自由、幸福，是巴金作品的主要内容。在

巴金的许多文论中，可以读到火一样的文字："我们的生活信条应该是：忠实地行动，热烈地爱人民，帮助那需要爱的。""我的生活目标，无一不是在帮助人，使每个人都得着春天，每颗心都得着光明，每个人的生活都得着幸福，每个人的发展都得着自由。"

巴金在70多年的创作生涯中，共有1000万字的著作和400多万字的译著。他的作品先后被译为二十多种文字，在全世界广为流传。巴金是获得国际性荣誉最多的一位中国作家。1999年，国际编号8315的小行星被命名为"巴金星"。2003年11月25日，国务院授予他"人民作家"的荣誉称号。

在巴金百岁寿辰的那一天，中央电视台《东方之子》栏目播出专题节目：《有你在，灯亮着》。

有人在《敬寿巴老百岁》中这样写道："时光如水，巴金是金。真心真爱，深意深情。大智大悟，举重若轻。大作大家，淡泊宁静。"

爱国主义是巴金精神财富的重要基础。巴金12岁那年通读了《说岳全传》，深深被岳飞的爱国精神、民族精神震撼。20世纪90年代，巴金在众人的劝说下到杭州休养，从来怕麻烦别人的他，有一天却提出要求想去拜谒岳坟。年过九十、平时说话吐字不太清楚的巴金，像小学生那样吟诵起《满江红》来。

巴金的作品经历了几个变化，20世纪30年代发表的长篇小说"爱情三部曲"《雾》、《雨》、《电》，"激流三部曲"《家》、《春》、《秋》，以激烈的情感喷发来倾吐对不合理社会的痛恨和对理想社会的执著追求。而后对现实有了更深层的认识，开始关注小人物的生存悲剧，发表了《憩园》、《寒夜》等感情更蕴藉、思想更深刻的作品。

巴金声望的来源主要是他的"激流三部曲"，其中以《家》最为人们所熟悉，被视为中国现代文学的经典作品。由于其对于传统大家庭的复杂和压抑的深刻表现，而成了许多电影和电视剧的源头。但其实巴金的许多作品都有自己不可替代的意义，他的《灭亡》、"爱情三部曲"和《寒夜》都是感动中国的作品。

巴金没有鲁迅的忧愤深广，也没有茅盾的鞭辟入里，但他的强烈激情，强烈的对于青春活力的渴望，使他成为"五四"青春精神的最好象征。而他对于"人"的持续探索也使得当时的青年为之震撼。

巴金的五卷《随想录》，是巴金对于"新时期"文化的重要贡献。他在这一阶段的作品表现了一位老人强烈的人道主义精神和对于社会开放和自由的渴望。他的作品期望让"人"从传统社会的束缚和压抑中解放，从不公正和不合理的秩序中解放。这种解放的要求，这种不间断地探索和表现"人"对于美好世界的追求，正是巴金的写作最让人感动的一面。

巴金在20世纪历史的关键时期感动过中国，这种感动已经铭刻在历史丰碑之上。

季羡林：
中国现代知识分子的一面旗帜

【偶像速写】

　　季羡林，字希逋，又字齐奘。著名古文字学家、历史学家、东方学家、思想家、翻译家、佛学家、作家。曾任中国科学院哲学社会科学部委员、北京大学副校长、中国社科院南亚研究所所长。

　　他被誉为国宝级学者、知识分子楷模，是北京大学唯一的终身教授。他精通12种语言，专门研究冷门的梵文和吐火罗文。他留德十年，去过三十多个国家，却总是一身中山装。他一生与文字结伴，各类学术著作达千万字。中文以外，他精通英文、德文和法文，曾经涉猎俄文、斯拉夫文和阿拉伯文。不过，他的专长研究是冷门的印度古典梵文和中亚细亚的吐火罗文，对中国哲学和思想史的研究贡献卓著。

【偶像经历】

　　1911年8月6日，季羡林出生于山东省临清市康庄镇。

　　1935年9月，根据清华大学文学院与德国交换研究生的协定，清华大学招收赴德研究生，为期3年。季羡林被录取，随即到德国。

　　1936年春，季羡林选择了梵文。他认为"中国文化受印度文化的影响太大了。我要对中印文化关系彻底研究一下，或能有所发明"，因此"非读梵文不行"。"我毕生要走的道路终于找到了，我沿着这一条道路一走走了半个多世纪，一直走到现在，而且还要走下去。""命运允许我坚定了我的信念。"

季羡林在哥廷根大学梵文研究所主修印度学，学梵文、巴利文。季羡林师从"梵文讲座"主持人、著名梵文学者瓦尔德施米特教授，成为他唯一的听课者。一个学期四十多堂课，季羡林学习异常勤奋。

1946年，季羡林由德国留学回国，被聘为北京大学教授，创建东方语文系。1956年当选为中国科学院哲学社会科学部委员。1978年，季羡林任北京大学副校长。现其著作已汇编成《季羡林文集》，共24卷。

季羡林为人所敬仰，不仅因为他的学识，而且因为他的品格。他说："即使在最困难的时候，也没有丢掉自己的良知。"

季羡林的《病榻杂记》一直在热销中。在书中，季羡林用通达的文字，第一次廓清了他是如何看待这些年外界"加"在自己头上的"国学大师"、"学界泰斗"、"国宝"这三项桂冠的。他表示："三项桂冠一摘，还了我一个自由自在身。身上的泡沫洗掉了，露出了真面目，皆大欢喜。"

季羡林的一生，用他的话说："天天都在读书写文章。越老工作干得越多。"除了让中国学者感到深奥无比的德国哲学研究外，数十年来主要从事印度文学的翻译研究，佛教史以及中印文化交流史

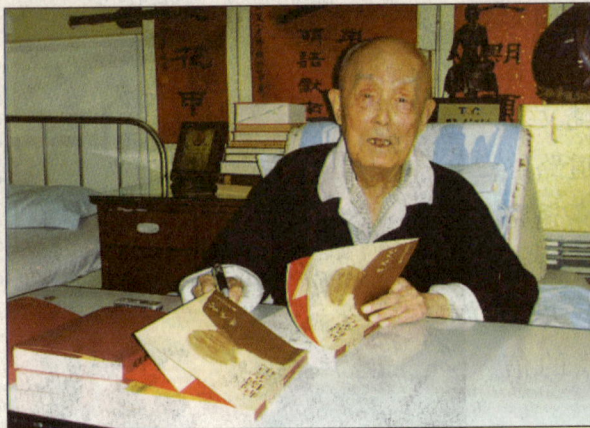

的研究工作，还撰写了散文、随笔等作品。现在，《季羡林全集》已编到 32 册，已有一千多万字，真正是著作等身，学问大师，当代鸿儒。

极为可贵的是，季羡林绝不是"两耳不闻窗外事"的书斋学者。他相当入世，时时守望着民族、国家、世界和大自然。他还一直保持着独立思考的精神，始终秉持独家观点，决不人云亦云。

早在 20 多年前，季羡林就大谈"和谐"："中国传统文化的根本就是和谐。"人与人要和谐相处，人与大自然也要和谐相处。东方人对待大自然的态度是同大自然交朋友，了解自然，认识自然，在这个基础上再向自然有所索取。"天人合一"这个命题，就是这种态度在哲学上凝练的表述。必须珍惜资源，保护环境。季羡林的预见，印证了生活的真理。

【个性语录】

⊙对待一切善良的人，不管是家属，还是朋友，都应该有一个两字箴言：一曰真，二曰忍。真者，以真情实意相待，不允许弄虚作假；对待坏人，则另当别论。忍者，相互容忍也。

⊙走运时，要想到倒霉，不要得意得过了头；倒霉时，要想到走运，不必垂头丧气。心态始终保持平衡，情绪始终保持稳定，此亦长寿之道。

钱钟书：
只为真理而默存

【偶像速写】

钱钟书，1910年11月21日生于江苏无锡，1998年12月19日病逝于北京；中国现代著名作家、文学研究家；原名仰先，字默存，号槐聚，曾用笔名中书君。

他潜心读书研究，不好拜客访友，也讨厌、憎恨别人拜访，客来时常以病谢，积函多不复答。他惜时如金，不借口舌而扬名，不浪掷光阴于交游，甘于寂寞，不求闻达。终其一生，不管是国外文坛泰斗，还是国内学术权威，他决不曲学阿世、媚俗从流。他以自己学贯中西、涵蕴古今的才识，置身于学者之林，崖岸壁立，独立不倚。"吾爱吾师，吾更爱真理"，他只为真理而默存。

【偶像经历】

钱钟书出生于诗书世家，自幼受到传统经史方面的教育，中学时擅长中文、英文，却在数学等理科上成绩极差。1929年报考清华大学时，数学仅得了15分，但因国文、英文成绩突出，而英文更是获得满分，被清华大学外文系破格录取。钱钟书到清华大学后的志愿是：横扫清华图书馆。

钱钟书的中文造诣极深，又精于哲学及心理学，终日博览中西新旧书籍。他上课从不记笔记，总是边听课边看闲书或画画儿，或练书法，但每次考试都是第一名，甚至在某个学年还得到清华大学超等的破纪录成绩。这一时期，钱钟书刻苦学习，广泛接触世界各国的文化学术成果。1933年于清华大学外国语文系毕业后，在上海光华大学任教。

1935年，钱钟书和作家、翻译家杨绛结婚。同年考取公费留学生资格，在牛津大学英文系攻读两年，1937年毕业，获副博士学位，又赴法国巴黎大学进修法国文学一年。1938年秋钱钟书归国，先后任昆明西南联大外文系教授、湖南蓝田国立师范学院英文系主任。1941年回家探亲时，因家乡沦陷而羁居上海，写了长篇小说《围城》和短篇小说集《人·兽·鬼》。散文大都收入《写在人生边上》一书。《谈艺录》是一部具有开创性的中西文化比较诗论。

1953年后，钱钟书在北京大学文学研究所任研究员。其间完成《宋诗选注》，并参加了《唐诗选》、《中国文学史》（唐宋部分）的编写工作。1966年，"文化大革命"爆发，钱钟书受到冲击，并于1969年11月与杨绛一道被下放至河南"五七干校"。1972年3月钱钟书回京，当年8月《管锥编》定稿。1979年，《管锥编》、《旧文四篇》出版。从1982年起，钱钟书担任中国社科院副院长、特邀顾问；1984年，《谈艺录》（补订本）出版；1985年，《七缀集》出版。

迄今为止，钱钟书被学界关注、评论的历史，已经有六十多年了。六十多年来，许多中外著名人士，都对钱钟书作了极高评价，称

之为"20世纪人类最智慧的头颅"。

有一位外国记者曾说："来到中国，有两个愿望：一是看看万里长城，二是见见钱钟书。"简直把钱钟书看做中国文化的奇迹与象征。

其实，如果没有《围城》，也许很多人并不知道钱钟书，但知道的人中又有谁真正了解他和他的文字？有人甚至认定钱钟书是一个爱掉书袋的学究，或把他的绝俗看成老式的清高。

20世纪80年代，美籍华裔学者夏志清在《中国现代小说史》中极力推崇《围城》，钱钟书因而第一次被写入文学史。《围城》也因此一版再版，印行了几十万册，并被译成英、法、俄、德、日、丹麦、荷兰、韩等十多种文字。这是本睿智的书，因为它的有趣源自一位智者对人性的洞察与调侃。《围城》的幽默更是中国现代小说中首屈一指的。1990年，根据《围城》改编的同名电视连续剧在中央电视台播出后，钱钟书与《围城》更成为热门话题，钱钟书开始成为学者和学生心目中如日中天的偶像。

钱钟书文风恣意、幽默，充满智慧与哲理以及对世俗的笑骂与揶揄，他以一册仅仅10篇的散文集就位列现代散文大家，而其为数不多的几个短篇小说更是风格迥异，寓意深刻，令人惊叹叫绝。

钱钟书去世之后，一个热爱他的读者曾在报纸上撰文纪念，标题是《世界上唯一的钱钟书走了》。

贝多芬：
扼住命运的咽喉

【偶像速写】

贝多芬，全名路德维希·凡·贝多芬；1770 年出生，1827 年去世；伟大的德国作曲家、维也纳古典乐派代表人物之一，对世界音乐的发展有着举足轻重的作用，被尊称为"乐圣"。

他是人类艺术史上最伟大的创造者之一。他一方面有着卓越的音乐天赋、炽热的叛逆气质和巨人般的坚强性格；另一方面他那百折不挠的意志和对社会的责任感而产生的崇高思想，形成他作为一个音乐家的特殊品质。他通过自己的创作，特别是他的 9 部交响曲，反映了那个时代伟大的人民运动和最进步的思想。

【偶像经历】

1770 年，贝多芬出生于莱茵河畔距法国不远的小城——波恩。他的祖父是波恩宫廷乐团的团长，父亲是一个宫廷男高音歌手。

贝多芬自幼便显露出他的音乐天才。8 岁时贝多芬已开始在音乐会上表演并尝试作曲，但是他所受的音乐教育一直是非常零散和没有系统的。

12 岁时，贝多芬已经能够自如地演奏，并且担任管风琴师聂费的助手，他开始正式跟聂费学习音乐。

聂费是一位具有多方面天才的音乐家，他扩大了贝多芬的艺术视野，使贝多芬熟悉了德国古典艺术的一些优秀范例，并巩固了对崇高目的的理解。贝多芬的正规学习和有系统的教养，实际上是从聂费的细心教导和培养开始的。聂费引导贝多芬在1787年到维也纳就教于莫扎特，莫扎特听过他的演奏之后，就预言有朝一日贝多芬将震惊全世界。

贝多芬到维也纳不久，便接到母亲的死讯，他不得不立即赶回波恩。由于家庭的拖累，一直到1792年秋他父亲死后，他才第二次来到维也纳，但这时莫扎特却已不在人世。

贝多芬第二次来到维也纳后，很快就赢得了"维也纳最卓越的演奏家"的美名。此后，他先跟海顿学习，后来跟申克、阿勃列希贝尔格和萨利耶里等人学习。他在波恩通过与知识分子勃莱宁的交往，接触到当时许多著名的教授、作家和音乐家，并从他们那里受到"狂飙运动"的思潮影响。他的民主思想在法国大革命前几年已臻成熟，但在革命年代中成长尤为迅速。

贝多芬在维也纳最初10年（1792年至1802年）的创作，比较著名的作品有《月光》和《克罗采》奏鸣曲及《第三钢琴协奏曲》等。在此期间，他对社会与政治诸问题又有了进一步的理解，也能意识到他要努力探寻的目标。1802年至1812年，他的创作进入成熟

贝多芬出生地波恩

时期，这段时间后来成为他的"英雄年代"。

贝多芬创作活动的成熟过程表面看来相当迟缓，但实际上却非常稳固。他30岁时才开始写第一部交响曲，而莫扎特在这样的年纪已经写了40部左右的交响曲。

贝多芬生活道路非常坎坷。从1796年26岁时开始便已感到听觉日渐衰弱，直到1801年，当他确信自己的耳疾无法医治时，才把这件事情告诉他的朋友。当贝多芬真切地感觉到自己的耳朵越来越聋时，几乎绝望。

人生似乎不值得继续下去了：对一个音乐家来说，还有比听不见他喜欢听而且靠它生活的甜美声音更不幸的事情吗？贝多芬放弃了到各王宫去听他喜爱的音乐会，他怕人们注意到他的耳聋，以为一个听不见声音的音乐家是写不出好作品来的。

在这种情况下，贝多芬说出了一句在世界上流传甚广的名言："我要扼住命运的咽喉！"

贝多芬在耳朵全聋、健康情况恶化和生活贫困、精神上受到折磨的情况下，仍以钢铁般的毅力创作了《第九（合唱）交响曲》，总结了他光辉的、史诗般的一生，并展现了人类的美好愿望。

1827年3月26日，贝多芬在维也纳去世。死时没有一个亲人在他身旁，但是在3月29日下葬时却形成了一个群众性的浪潮，所有的学校全部停课表示哀悼，有两万群众护送他的灵柩。

贝多芬的墓碑上铭刻着奥地利诗人格利尔巴采的题词："当你站在他的灵柩跟前的时候，笼罩着你的并不是志颓气丧，而是一种崇高的感情。我们只有对他这样一个人才可以说：他完成了伟大的事业……"

海伦·凯勒：
谱写人类文明史的生命赞歌

【偶像速写】

　　海伦·凯勒，1880年6月27日出生，美国聋哑盲学者、作家、教育家。

　　在她一岁半的时候，一场重病夺去了她的视力和听力，接着她丧失了语言表达能力。在这黑暗、寂寞的世界里，她学会了读书和说话，并以优异的成绩毕业于美国哈佛大学拉德克利夫女子学院，成为一个学识渊博，掌握英、法、德、拉丁、希腊五种文字的著名作家和教育家。她为盲人学校募集资金，把自己的一生献给了盲人福利和教育事业。

【偶像经历】

　　海伦·凯勒好像注定要为人类创造奇迹，或者说，上帝让她来到人间，是向常人昭示着残疾人的尊严和伟大。

　　1880年，海伦·凯勒出生于亚拉巴马州北部一个叫塔斯喀姆比亚的城镇。她一岁半时突患急性脑充血病，连日的高烧使她昏迷不醒。当她苏醒过来，眼睛烧瞎了，耳朵烧聋了，一张灵巧的小嘴也不会说话了。从此，

海伦·凯勒与老师安妮·莎莉文

她坠入黑暗、沉寂的世界，陷进无边痛苦的深渊。

1887年3月3日，对海伦·凯勒来说是一个极为重要的日子。这一天，家里为她请来了一位教师——安妮·莎莉文小姐。莎莉文教会她写字、手语。当波金斯盲人学校的亚纳格诺先生以惊讶的神情读到一封海伦·凯勒完整、地道的法文信后，这样写道："谁也难以想象我是多么地惊奇和喜悦。对于她的能力我素来深信不疑，可也难以相信，她3个月的学习就取得这么好的成绩，在美国，别的人要达到这种程度，就得花一年工夫。"这时，海伦·凯勒才9岁。

一个人在无声、无光的世界里，要想与他人进行有声语言的交流几乎不可能，因为每一条出口都已紧紧关闭。但是，海伦·凯勒是个奇迹。她竟然一步步从地狱走上天堂，但是这段历程的艰难程度超出任何人的想象。

海伦·凯勒学发声，要用触觉来领会发音时喉咙的颤动和嘴的运动，而这往往是不准确的。为此，海伦·凯勒不得不反复练习发音，有时为发一个音一练就是几个小时。她始终没有退缩，夜以继日地刻苦努力，终于可以流利地说出"爸爸"、"妈妈"、"妹妹"了。

1894年夏，海伦·凯勒出席美国聋人语言教学促进会，并被安排到纽约赫马森聋人学校上学，学习数学、自然、法语、德语。没过几个月，她便可以自如地用德语交谈；不到一年，她便读完了德文作品《威廉·泰尔》。教法语的教师不懂手语字母，不得不进行口授。尽管这样，海伦·凯勒还是很快掌握了法语，并把小说《被强迫的医生》读了两遍。

在纽约期间，海伦·凯勒结识了文学界的许多朋友。

马克·吐温为她朗读自己的精彩短篇小说，他们建立了真挚的友谊。

霍姆斯博士在梅里迈克河边幽静的家里为海伦·凯勒读《劳斯·豆》诗集，当读到最后两页时，霍姆斯把一个奴隶塑像放在海伦·凯勒手中。这个蹲着的奴隶身上的锁链正好掉落下来，霍姆斯对海伦·凯勒说："她是你思想的解放者。"霍姆斯博士指的是莎莉文小姐。

海伦·凯勒从小就自信地说："有朝一日，我要上大学读书!我要去哈佛大学!"

这一天终于来了。哈佛大学拉德克利夫女子学院以特殊方式安排她入学考试。只见她用手在凸起的盲文上熟练地摸来摸去，然后用打字机回答问题。前后9个小时，各科全部通过，英文和德文还得了优等成绩。

1904年6月，海伦·凯勒以优异成绩从拉德克利夫女子学院毕业。两年后，她被任命为马萨诸塞州盲人委员会主席，开始从事为盲人服务的社会工作。她每天都接待来访的盲人，还要回复雪片一样飞来的信件。后来，她在全美巡回演讲，为促进实施聋盲人教育计划和治疗计划而奔波。

1921年，美国盲人基金会民间组织成立，海伦·凯勒是这个组织的领导人之一，她一直为加强基金会的工作而努力。

在繁忙的工作中，海伦·凯勒始终没有放下手中的笔，先后完成了14部著作，包括《我生活的故事》、《石墙之歌》、《走出黑暗》、《乐观》等，都产生了世界范围的影响。

海伦·凯勒的最后一部作品是《老师》。她曾为这本书搜集了20年的笔记和信件，而这一切和四分之三的文稿却都在一场火灾中烧毁，连同它们一起烧掉的还有布莱叶文图书室、各国赠送的精巧工艺礼品。

海伦·凯勒痛定思痛，更加坚定了完成它的决心。她不声不响地坐到了打字机前，开始了又一次艰难的跋涉。10年之后，海伦·凯勒完成了书稿，这本书是献给莎莉文老师的一份厚礼。

1956年11月15日，竖立在美国波金斯盲童学校入口处的一块匾额上的幕布，由海伦·凯勒用颤抖的手揭开，上面写着"纪念海伦·凯勒和安妮·莎莉文·麦西"。这不是一块普通的匾额，而是为那些在人类文明史上写下了辉煌篇章的人们所设立的。

海伦·凯勒把一生献给了盲人福利和教育事业，赢得了全世界人民的尊敬。

1968年6月1日，海伦·凯勒——这位谱写出人类文明史上辉煌生命赞歌的聋哑盲学者、作家、教育家，在鲜花包围中告别人世。

著名作家马克·吐温说："19世纪出现了两个了不起的人物，一个是拿破仑，一个就是海伦·凯勒。"

【个性语录】

请你思考一下这个问题：假如你只有三天的光明，你将如何使用你的眼睛？想到三天后，太阳再也不会在你的眼前升起，你又将如何度过你那宝贵的三日？你又会让你的眼睛停留在何处？

蒙曼：
以女性的特有敏感解读历史

【偶像速写】

蒙曼，1975年出生，满族，河北承德人。

在讲坛上，她的讲解逻辑清楚，语言现代，她的干练、她的充满个性的手势都给观众留下了深刻的印象。在她讲解武则天的过程中，人们慢慢忘掉她的年纪，因为她的专业学识与个性都慢慢融入武则天那波澜壮阔的一生。她虽然出生于20世纪70年代，但是人们在她的讲解中看到了中国传统与现代的完美结合。

【偶像经历】

蒙曼从小就对武则天这个传奇人物很感兴趣，她以一个女性特有的敏感看到了传奇女皇武则天身上的郁勃之气。

1996年，蒙曼被保送至中央民族大学历史系攻读硕士学位，1999年以优异成绩考入北大历史系攻读博士学位，专攻隋唐史方向。多年的专业积累，让蒙曼进一步看到了武则天的划时代的价值。尽管观众对蒙曼的讲述风格还是有着不同的看法，其讲述风格却有独特之处。

蒙曼在很小的时候就熟读中国传统四大名著，对《红楼梦》、《水浒传》有

武则天画像

着一定的读书心得。读书使小小的蒙曼内心充满了力量，读书让她更了解了人性是什么。在生活中，蒙曼是一个很有爱心的人，她非常喜欢收留流浪猫，而不喜欢收留、资助流浪者。对于猫的喜爱可以真正解读蒙曼的个性密码，蒙曼是一个很有爱心和个性的女人。

看到自己讲的课能被更多人听到，蒙曼觉得很幸运，因为中央电视台是个大平台，而做老师的都有传道、解惑的热情。蒙曼当学生时知道了被学业压力折磨的滋味儿，所以当老师后希望自己的学生能快快乐乐地学习。蒙曼不喜欢"学海无涯苦做舟"这句话，当学生的肯定都有求知欲，与其让他痛苦，还不如让他高兴地学习知识。

"有关武则天这个女人，有许许多多的谜团，需要我们来一一揭开。"2007年11月19日，《百家讲坛》推出了它"开坛"以来最年轻的主讲人——32岁的中央民族大学历史系副教授蒙曼，开讲"武则天系列"。

2007年1月，蒙曼在北大时的学长、人民大学副教授孟宪实向《百家讲坛》推荐了蒙曼。《百家讲坛》的编导魏学来专程来到中央民族大学听蒙曼上课。魏学来赶到的时候，蒙曼的课刚好结束。魏学来让蒙曼找几个学生再讲一节课，随便讲一个主题都行。蒙曼给他们讲了一堂武则天，就讲了20分钟左右，开了个头。两三天之后，魏学来

打电话要蒙曼去中央电视台试讲。

2007年1月底，蒙曼去试讲，同年3月正式开始录制。魏学来到大学听蒙曼讲课之后提过，蒙曼讲的武则天和他们的选题方向是一致的。另外，蒙曼也一直试图把课讲得好听些，让学生在轻松、愉快的气氛中学习，可能这也正是《百家讲坛》的思路吧。

蒙曼在上《百家讲坛》之前，平时经常上网，几乎不看电视，之前只看过孟宪实的两期节目。蒙曼非常希望能够借鉴别人的经验，但一直没做到。蒙曼适应这个讲坛的过程，一点儿都不觉得辛苦。因为她相信浅出和深入并不矛盾，蒙曼在大学给学生上课就那么讲。在电视上讲"武则天系列"的开头，跟在学校讲的基本就没有区别。

蒙曼想揭示一个真正的武则天，她觉得武则天尽管与现代人有契合点，但毕竟是有距离的，当她想要冲破传统文化为女性所设定的生活空间时，就需要做出很多现代人所不能理解的残忍之事。研究历史要设身处地去包容和理解，如果单单站在现代人的角度评头论足，那不可能客观。

蒙曼同于丹长得有些像，就连说话时的口气和语调也与于丹如出一辙，于是易中天称她为"小于丹"。对于这个称号，蒙曼谦虚而自信地说："前辈这样称呼我是对我的勉励，就算大家叫我'小于丹'，我还是我！"

1996年蒙曼被保送至中央民族大学历史系

周国平：
通过读书形成更高的自我

【偶像速写】

周国平，1945年7月15日生于上海，当代著名学者。

在校园里曾流传一句话："男生不可不读王小波，女生不可不读周国平。"他的作品以其文采和哲思赢得了无数读者的青睐，无论是花季少年还是耄耋老人，都能从他的文字中收获智慧和超然。

【偶像经历】

1945年，周国平出生于上海。1968年从北京大学毕业，到湖南军队农场劳动一年半，后分配到广西资源县任县委宣传部理论干事和县委党校教员。

1981年周国平从中国社会科学院研究生院毕业，获哲学硕士学位。进中国社会科学院哲学研究所从事研究工作，开始时受聘为助理研究员。1984年就读于中国社会科学院研究生院哲学系，在职读博士研究生课程，毕业后获哲学博士学位。1988年受聘为副研究员，1994年受聘为研究员。

1945年周国平出生于上海

周国平的主要
著作有《苏联当代
哲学》（合著）、
《尼采：在世纪的转
折点上》、《人与永
恒》、《尼采与形而
上学》、《忧伤的情
欲》、《只有一个人
生》、《今天我活

1981年周国平从中国社会科学院研究生院毕业

着》、《爱与孤独》等；译著有《论辩证法的叙述方法》（合译）、
《偶像的黄昏》、《希腊悲剧时代的哲学》等。其中，《周国平文
集》中的两则寓言故事被选入初中一年级教材。其散文长于用文学
的形式谈哲学，诸如生命的意义、死亡、性与爱、自我、灵魂与超
越等，虔诚探索现代人精神生活中的普遍困惑，重视观照心灵的历
程与磨难，寓哲理于常情中，深入浅出，平易之中见理趣。

回顾一生的经历，周国平最大的感受是，要通过读书来形成更
高的自我。他认为读好书的过程就是接受大师熏陶的过程，自己的
灵魂也会越来越充实。

周国平很庆幸自己发现了一个宝库，他感谢上海图书馆，让他
感受到书籍的魅力。周国平从很小的时候就开始爱读书了。上高中
时，他住在黄陂路，在上海中学读书，坐50路车，那时的车费是5
毛钱。周国平每周回家一次，父亲只给他5毛钱的车费，是单程
的，但周国平还是舍不得坐车，靠步行上学、放学，一次要走一个
多小时，把省下来的车费买书。

周国平十分关心中学生。他曾问自己一个问题："如果我是中
学语文教师，我会怎么教学生？"

周国平说："如果我是语文教师，我会注意培养学生对书籍的
兴趣，鼓励他们多读好书，多读好的文学作品。所谓多，就要有一
定的阅读量，比如说每个学期至少读三本好书。我也许会开一个推

周国平1968年毕业于北京大学

荐书目，但不作统一规定，而是让每个学生自己选择感兴趣的书。兴趣尽可五花八门，趣味一定要正，在这方面我会作一些引导。我还会提倡学生写读书笔记，形式不拘，可以是读后的感想，也可以只是摘录书中自己喜欢的语句。

"如果我是语文教师，我会鼓励学生写日记。写日记第一贵在坚持，养成习惯，第二贵在真实，有内容。写日记既能坚持，又写得有内容，即证明这个学生在写作上既有兴趣，又有能力，我会保证给予优秀的语文成绩。

"所谓语文水平，无非就是两样东西，一是阅读的兴趣和能力，二是写作的兴趣和能力。当然要让学生写作文，不过我会采取不命题为主的方式，学生完全可以把自己满意的某一篇读书笔记或日记交上来，作为课堂作文。总之，我要让学生知道，上我的语文课，无论阅读还是写作，最重要的是要有自己的真实感受和独立见解。"

张艺谋：
用电影拨动中国百姓的心弦

【偶像速写】

张艺谋，1951年11月14日出生，陕西西安人。

他是中国"第五代"电影人的顶尖人物，他以直觉把握的形式天才地表达社会心理愿望，传送、显现大众心中的密码，这种内在心理密码的传递和内在约束的强制与类型化的商业电影在深层次正好相通。他的本领在于能强烈而不失准确、适时而又超前地拨动中国百姓的心弦，展示中华大众的心态。

【偶像经历】

1951年，张艺谋出生于一个普通的中国知识分子家庭，原名张诒谋。因为父辈几人曾上过黄埔军校，是有"历史问题"的人，他们家的后代也受到株连，受到社会的歧视。从小在西安长大的张诒谋学习刻苦，成绩总是名列前茅，可是他却从没有得过任何奖励。

1968年，张诒谋初中毕业后到陕西乾县农村插队，后在陕西咸阳市棉纺八厂当工人。厂里的工人陕北口音重，总是把他叫

做"壹谋",还有人不认得那个"诒"字,念成了"治",于是他干脆把名字中的"诒"改成了"艺"。一字之改,他从此竟与艺术真的结缘。

在工厂的日子里,张艺谋迷上了摄影。他的摄影作品常常被工人们争相传看,名气渐大,厂里的宣传科经常借他去搞宣传。1982年,张艺谋从北京电影学院毕业,被分配到广西电影制片厂当摄影师,从此开始电影生涯。

张艺谋在电影界崭露头角,并不是从《红高粱》开始,而是早在数年之前。1984年,刚刚从电影学院摄影系毕业不久就参加了电影《一个和八个》的拍摄。这是一部在中国电影史上具有划时代意义的影片,被列为"第五代"电影人的第一部作品,从形式到内容以及在导演、摄影、美术等方面比以往各代的电影都有很大的突破。张艺谋作为该片的摄影之一,开始引起电影界的注意。

1984年,张艺谋独立担任影片《黄土地》的摄影。在这部电影中,他充分调动摄影手段,以独特的造型表现出黄土高原浑朴、雄伟的壮美。评论界认为,这种手法在美学上是具有开拓性的,张艺谋也因此获得第五届中国电影"金鸡奖"的最佳摄影奖,从此跨入一流摄影师的行列。

电影《英雄》(导演:张艺谋)

1986年,张艺谋担任影片《大阅兵》的摄影。该片放映后同样在社会上引起强烈反响。1987年,一个偶然的机会,张艺谋在影片《老井》中担任主角,非演员出身的他居然无意中过了一把演戏的瘾。由于过去对农村生活有

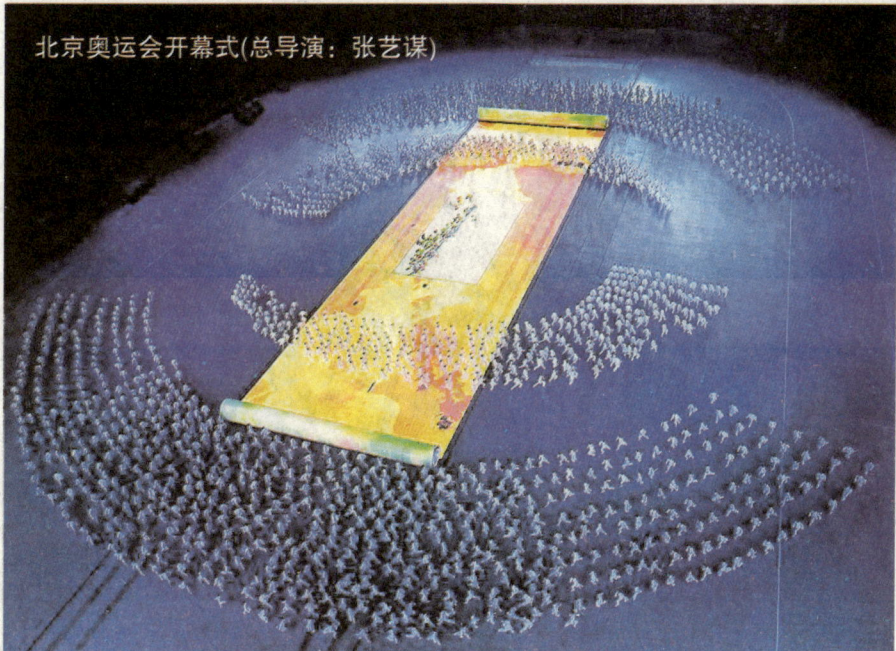

北京奥运会开幕式(总导演：张艺谋)

亲身的体验，他深刻地理解了角色，演起来得心应手，竟把一个北方农村知识青年孙旺泉的形象表现得活灵活现。凭着他的表演才华，他连获日本第二届东京国际电影节最佳男演员奖、第八届中国电影"金鸡奖"最佳男主角奖和第十一届大众电影"百花奖"最佳男演员奖，从此由优秀摄影师走向优秀演员，以后又走向优秀导演。

张艺谋的一个又一个惊人之举更让世人惊叹。在导演了影片《代号"美洲豹"》等娱乐片后，1989年又到香港主演了影片《古今大战秦俑情》，他饰演的蒙天放博得了观众的好评，在中国香港、日本等地反响强烈。1990年，他执导的影片《菊豆》获得意大利第四十七届威尼斯电影节最佳影片"银狮奖"和美国第六十三届"奥斯卡"最佳外语片奖提名。1991年，他执导的影片《大红灯笼高高挂》再获意大利第四十八届威尼斯电影节最佳影片"银狮奖"和美国第六十四届"奥斯卡"最佳外语片奖提名。1992年，他执导的影片《秋菊打官司》获得意大利第四十九届威尼斯电影节最佳影片"金狮奖"。

北京奥运会开幕式(总导演：张艺谋)

1997年，张艺谋在意大利执导了大型歌剧《图兰朵》，让那些曾经不知多少遍地看过这部经典歌剧的外国人，第一次看到了由中国人导演的《图兰朵》，并且从这部经典歌剧中品出了古老东方的神奇韵味。"张艺谋旋风"在异国的土地刮起。

2008年初，北京奥运会导演组人选开始公开招标，最初共有13个竞标团队，第一轮淘汰8个之后，5个竞标团队进入候选，最终由奥组委选择确定以总导演张艺谋，副总导演陈维亚、张继刚为主的导演组成员。

2008年8月8日，张艺谋成功执导北京奥运会开幕式。

2008年12月27日，第二届中国演艺名人公众形象满意度总榜在北京盛大揭晓。活动最终公布了公众满意度调查前10名的艺人，其中张艺谋、成龙并列第一。

2008年11月7日，张艺谋在北京电影学院召开新闻发布会，宣布获得美国波士顿大学荣誉博士学位，并受波士顿大学校方正式邀请，将于2009年5月17日前往美国波士顿出席荣誉博士学位授予仪式。在此之前，中国艺术家获得美国大学荣誉博士学位的只有梅兰芳。

吴宇森：
暴力美学大师

【偶像速写】

　　吴宇森，1946年9月22日出生于广州，著名导演、编剧、演员、监制。

　　他通常被称为"暴力美学大师"，实际上他的电影在暴力这层外衣下，注重的是描写人物之间的情谊，以及人与时代的关系，对现实社会的一种迷茫。他还向世人展示积极的一面，善于借物抒情，寓情于物，如在他的电影里经常出现的"白鸽"、"教堂"，都是美好的象征。

【偶像经历】

　　1951年，吴宇森随父母移居香港，由于父亲患病，不能工作，由母亲负担养家的重担，生活十分清苦。此时吴宇森就读于一家教会学校，精读了许多神学、历史、哲学、美术等方面的著作。吴宇森中学时代经常从课堂上溜出来，跑到电影院去看电影，他最喜欢的是好莱坞的黑帮片、西部片以及黄金时期的歌舞片。这些电影的共同点是画面都充满了动感。

　　1971年，吴宇森到邵氏影业公司

跟随当时最著名的动作片导演张彻拍片。张彻的作品在当时的电影市场上横行无阻,吴宇森从中学到了许多专业技巧。之后他到嘉禾担任导演长达10年(1973年至1983年),这10年他拍了许多完全讨好市场的喜剧,1973年他导演了《铁汉柔情》,之后又拍了不少低成本的电影,如《女子跆拳群英会》(1976年)、《帝女花》(1976年)、《少林门》(1976年)等。后来又执导了《大煞星与小妹头》(1978年)、《哈罗,夜归人》(1978年)、《豪侠》(1979年)、《滑稽时代》(1980年)、《八彩林亚珍》(1982年)等喜剧电影。这段时期被他自己称做"喜剧的10年"。

1983年,吴宇森从嘉禾到新艺城后,事业沉入谷底,被外放到台湾沉寂了将近3年。1985年,吴宇森加入徐克的"电影工作室"。1986年,在徐克的帮助下,成功执导了《英雄本色》,该片奠定了吴宇森的暴力美学的电影风格,后来的《英雄本色2》(1987年)和《喋血双雄》(1989年)都沿袭了这一风格。

《英雄本色》不仅是吴宇森的人生转折点,而且是香港电影的一座丰碑。在创作此片时,吴宇森豪气毕现,多年来在影坛积郁已久的失意与报复尽显于每一画面,其精细的分流与流畅的剪接在今天看来仍无可挑剔。这部大场面、高质量的作品震撼了所有观众和电影人。这部电影还为香港电影发现了一大批人才,比如徐克、程晓东、潘恒生、张国荣以及当年同样失意影坛的周润发。

1989年的《喋血双雄》也许是吴宇森一生最重要的代表作。吴宇森

电影《赤壁》(导演:吴宇森)

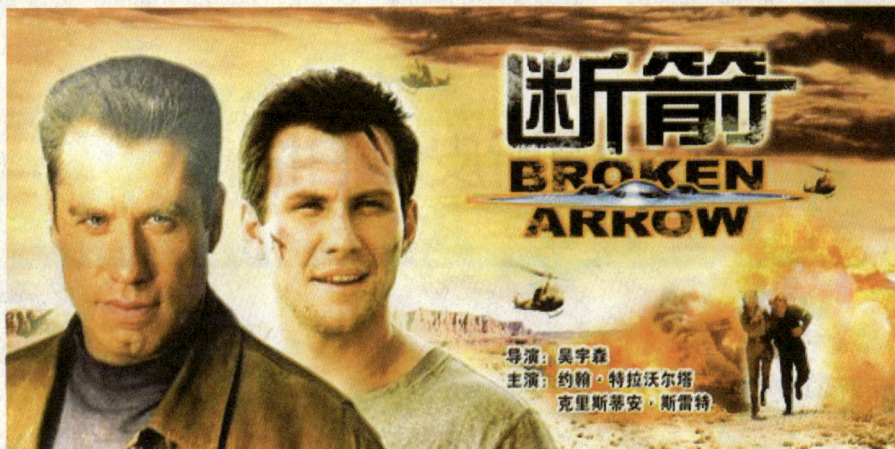

用极为自信的手法让暴力世界中弥漫出无法言语的浪漫，华丽而控制自如的镜头、精练的对白以及舞蹈般的枪战动作令所有人为之倾倒。吴宇森说："这是我最想用镜头来表达出的东西，哲学式的电影，骑士般的主角，也表达了我心中的理想。"

《喋血双雄》之后，吴宇森脱离了徐克的"电影工作室"，自组公司，拍摄了《喋血街头》、《纵横四海》、《辣手神探》等动作片。

1993年，环球电影公司投资请吴宇森执导尚格云顿主演的《终极标靶》。虽然《终极标靶》推出后《洛杉矶时报》把吴宇森作为头版人物，影片拷贝卖了1600个，但这是一部变了味儿的吴宇森电影。

1996年，吴宇森接手20世纪福克斯公司的《断箭》。《断箭》最吸引人的就是饰演奸角的约翰·特拉沃尔塔模仿周润发的每一个动作，从玩世不恭的笑容到吸烟姿势，都极具神韵。本片是吴宇森第一次按照美国电影的套路大展拳脚，此时他已真正把握了好莱坞动作片的路数。

1997年的《变脸》是吴宇森电影事业的另一个高峰。吴宇森在片中找到了东西方世界共同崇尚的那种"人道精神"和"家庭观念"，并着重刻画了女性角色的刚强和温柔，许多从不看动作片的女观众亦着迷于这部电影。

徐克：
香港的斯皮尔伯格

【偶像速写】

徐克，1951年2月15日出生，原籍广东海丰。

他被誉为香港的斯皮尔伯格。他的电影多属偏险、怪奇一路，但他却善于把偏锋与主流、险怪与平稳这些似乎对立状态的东西互相渗透，转化发展。自出道以来，由他导演或监制拍摄的《黄飞鸿》、《新龙门客栈》等一系列影片在两岸三地电影圈中都有极高的市场价值与票房收入。他的电影最让人难忘的就是浓郁的个人风格。英雄临风鹤立，煮酒相逢，中国古典文化的侠义精神和天马行空的元素被解读得淋漓尽致，是他的电影中无法替代的特质。

【偶像经历】

徐克本名徐文光，香港著名电影导演、编剧、监制、演员。生于越南西贡市的他，出身于华侨大家庭，共有16个兄弟姐妹。

1966年，徐克移居中国香港，1969年高中毕业后赴美国德克萨斯州立大学攻读电影电视课程。1975年徐克毕业后留在纽约进修新闻编辑与戏剧，同时参加唐人街电视动画等电视片制片。1977年徐克返港，任香港电视台制片人、导演。

20世纪70年代，徐克将电影手法导入电视，创作了电视剧《家变》（1977年）、《小人物》（1977年）、《大亨》（1977年）。同时执导了经典电视系列片《金剑罗曼史》，最后一部电视作品是《金刀情侠》。

1979年，徐克执导古装片《蝶变》，给陈旧的功夫片市场带来全新的风格和技术，成为引人注目的香港新浪潮导演。

1980年，徐克执导《第一类型危险》，将西方电影手法导入香港电影。

电影《新龙门客栈》(监制：徐克)

1981年入新艺城影片公司执导《夜来香》、《鬼马智多星》，获第十八届台湾金马奖最佳作品、最佳导演奖。1983年，徐克执导《新蜀山剑侠传》，初步确立了香港科幻功夫片的新类型，融合了美式科幻片与香港功夫片的特色。1984年，创建徐克电影工作室及新视觉特技工作室，从事制片、导演、编剧一体化的创作。首部作品《上海之夜》（1984年）是香港电影节十佳中文片之一，获法国南特三大洲国际电影节特别奖，并于1988年送东京国际幻想电影节展映。

由徐克制片的《英雄本色》打破了1986年香港电影票房的最高纪录，同年制片、执导的《刀马旦》引起巨大反响。此后，徐克向新型鬼怪片挑战，制片、执导了《倩女幽魂》（1987年）、《倩女幽魂Ⅱ人间道》（1990年）、《倩女幽魂Ⅲ道道道》（1991年）等，开拓了将现代声、光、电技术移植于香港传统鬼怪片的新路。

1981年，徐克拍出了叫好又叫座的《鬼马智多星》，使摩登豪华的流线型喜剧蔚然成风。其后为嘉禾所拍的《新蜀山剑侠传》，不但轰动一时，而且在当时引进了好莱坞特技专家，培训出一批属于本土的电影特技人，奠定了日后香港动作特效的成熟发展。

1991年，徐克执导《黄飞鸿》，获第十一届香港电影金像奖最佳导演奖。此后制片、执导、编剧了《黄飞鸿》系列片（《黄飞鸿Ⅱ男儿当自强》、《黄飞鸿Ⅲ狮王争霸》、《黄飞鸿Ⅳ豪门夜宴》、《黄飞鸿Ⅴ龙城歼霸》，再次掀起功夫片新高潮，成为当代历史题材科幻功夫片（又称新武侠片）的创始人，被公认为20世纪80年代香港新浪潮的先驱。

徐克武侠片中的"武"，已经临界于武术本身，是用来制造一种视觉"奇观"。动作设计并不是一招一式的真功夫，而是将武功神化、幻化，通过特技和剪辑手段制造人体极限的高难度动作，因而观赏性极强。在徐克的影片中，演员忽而上天，忽而入地，武林高手们双掌生风，快如魅影，人去留风。徐克用旧瓶装新酒的形式，把古典神韵与现代人文精神熔为一炉，开辟了新武侠片，徐克本人则成了缔造这个新片种当之无愧的大师。

《新龙门客栈》是一部让人击掌的出色佳作。徐克延续旧作大漠孤店的封闭氛围，增添了一些暗涌于善恶间的暧昧氛围（原来并无张曼玉的黑店老板娘角色），算是独具创见，片中绝无冷场的紧凑武打场面，更将浑然天成的韵律美感表现得淋漓尽致。到了徐克自编自导的《刀》（1995年）时，徐克转向张彻纯然阳刚、暴力的杀戮风格，舍弃美学的考究，崇尚男性体魄与血肉淋漓。

这一时期的《笑傲江湖》虽然花招百出，但似乎还有着著名武侠片导演胡金铨的思乡幽情与侠义之风，而到了第二集《东方不败》时，这股味道已经散去，反倒是徐克犀利的口齿与漫画式的风格大大凸显。而林青霞颠倒众生的扮相与神态，还有发功时翻天覆地的特效，更宣告新时代的武侠电影已经成型。

电影《东方不败》（导演：徐克）

朱德庸：
创作中国人自己的漫画

【偶像速写】

朱德庸，1960 年 4 月 16 日出生于台北，祖籍江苏太仓。其漫画专栏在台湾有十多年的连载历史，其中《醋溜族》专栏连载 10 年，创下台湾漫画连载时间之最。其漫画作品《双响炮》、《涩女郎》、《醋溜族》等在大陆青年男女中影响极大，拥有大批忠实读者。

他 4 岁时拿起画笔开始纸上涂鸦，25 岁红透宝岛；他的四格漫画里充满机智与幽默，方寸之间挥洒自如；他"挖苦"众生百态，被人们封为"爱情先知"、"城市先知"，被许多人视为知己；他自称是一个很闷的人，幽默仅仅是自己的一个特长；他有过不愉快的经历，却让无数人的喜怒哀乐溶解在他的作品里，总会让人将不快一笑而过。

【偶像经历】

朱德庸喜欢画画儿。

从 4 岁开始，画画儿是唯一能让朱德庸放松的。在学校里画，书上、本上，所有空白的地方，朱德庸都画得满满的。回到家里，也是画画儿，外面的世界朱德庸没法待下去，唯一的办法就是回到自己的世界，因为这个世界里有朱德庸的快乐。在学校里受了哪个老师的打击，敢怒不敢言，一回到家朱德庸就画他，狠狠地画，

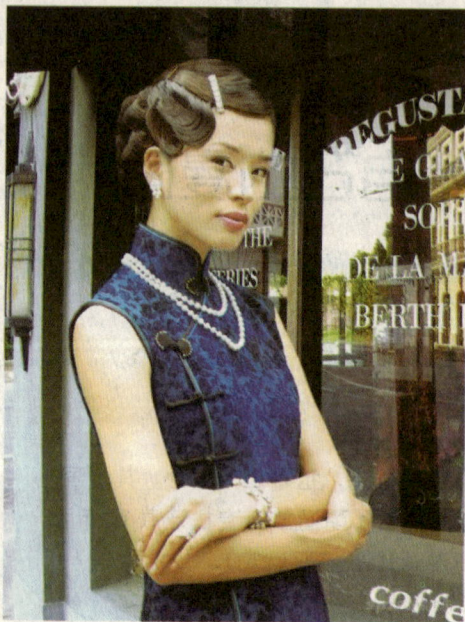

电视剧《涩女郎》

让他"死"得非常惨，然后自己心情就变好了。

父母为朱德庸伤透了脑筋，也吃了很多苦头，他们动不动就被老师叫到学校去，听老师训话，还时常要带着朱德庸到各个学校去看人家的脸色，求人家收留朱德庸。但他们从不给朱德庸压力，一直听任朱德庸自由发展。父亲会经常裁好白纸，整整齐齐钉起来，给朱德庸做画本。后来朱德庸常想："如果我的父母也像学校老师一样带我学习，那我肯定要死掉了。"

朱德庸观察人不会只相信自己眼睛看到的东西，常常是对看到的东西作反方向思考。看到一个公务员道貌岸然地走过来，朱德庸就想："如果这时候我突然跳上去，'啪'地给他一巴掌，他会怎么样？是一下子愣在那里呢？还是发了疯一样狂怒？总之，他的反应不会像我眼睛里看到的一样。"有一段时间，路上的行人总会看到一个自顾自笑的奇怪男孩儿。

光这样观察还不满足，朱德庸开始做一些"实验"：反复去按人家的门铃，按一次，马上躲起来，观察出来开门的人的表情，等他回去了，再去按。然后，朱德庸把他一系列的表情跟自己的想象作比照。想象力对朱德庸非常重要，朱德庸常常生活在自己的想象里。

朱德庸后来从台湾世界新闻专科学校三专制电影编导科毕业。学习电影专业并不是朱德庸自己的选择，是被分配的结果，但上完学后感觉还不错，因为朱德庸从小就属于"电视儿童"，本身又是典型的图像型思维，学习电影还是比较合适的。

当然，朱德庸从没有间断画画儿，渐渐地，不断有媒体为朱德

庸开设漫画专栏。后来还进入台湾最大的报纸之———"《中国时报》"。与电影相比，漫画可以更充分地发挥朱德庸的喜好和特长。

朱德庸于1985年开始在台湾成名。那时候正赶上朱德庸大学毕业要去服兵役，"《中国时报》"向朱德庸约稿，朱德庸埋头画了一个月，把一套《双响炮》交给报社，就去了一个很封闭的小岛。3个月后，父亲来信说，报纸开始刊登了，每周3次。半年后，朱德庸回到台北，才知道《双响炮》已经在台湾很红了。许多人一拿到报纸，先看朱德庸的漫画专栏，然后才看其他内容。因为有关漫画作者的消息很少，社会上不免诸多猜测：这是外国人画的。

虽然成名，但有四五年时间朱德庸总是处在彷徨、犹豫中，朱德庸不能确定自己是否要以画画儿为职业，因为台湾从来没有一个专职漫画家。虽然从小喜欢画画儿，但只是把画画儿作为爱好，成名也许是"瞎猫碰上死耗子"。于是，朱德庸边画边想：是不是还可以从事别的职业，或者自己也许更适合干别的。随着画漫画时间的增加，他才更深刻地体会到漫画的精髓。

朱德庸的夫人也鼓励朱德庸："如果台湾能出一个专业漫画家，那肯定就是你了。"于是朱德庸坚定了自己的想法：我天

生就是画画儿的。后来他辞掉了报社的工作，专职画漫画。

在台湾，朱德庸第一个将漫画人物做成公益广告，台湾戒烟公益广告的主角就贴在每辆出租车的门上；第一个用漫画来制作商品广告片；第一个用漫画形象做信用卡；第一个将商场的雕塑用漫画形象来做。新加坡有一幅著名的壁画，三面墙都是漫画，那就是朱德庸做的。

到大陆后，朱德庸发现中国人自己的漫画市场还很不成熟，米老鼠代表的是美国漫画，日本人早就有属于自己的漫画，而且已经发展了60多年，如果中国人自己的漫画市场发展不好，外国漫画进来是很容易的事，而且影响会很大。

朱德庸没给自己定太多实际的目标，他只有一个模糊的梦想：中国人这么多，总该有自己的漫画、自己的漫画市场。朱德庸要创作出中国人自己的东西。

为了创作中国人自己的东西，朱德庸在寻求变化。比如，他以机智、幽默的四格漫画见长，在方寸之间挥洒自如，让人"马上看，马上笑"。然而他却在热度直线上升之时，跳脱以往的四格疆野，开拓全新的创作手法。《什么事都在发生》正是他开拓性的第一部作品，他放弃了擅长"黑白四格漫画"，首次采用多格、淡彩的手绘方法。朱德庸将自己旁观人生所得绘成90个故事，这90个故事都以"困境"为主题，有的是男性的困境，有的是女性的困境，还有婚姻、家庭、小狗小猫甚至外星人的困境。它是一种全新的人类全感觉物语，展示了不一样的朱德庸。

吴小莉：
用心与用功成就大美人生

【偶像速写】

吴小莉，1967年9月7日出生；英文名：Sally Wu；籍贯：浙江省新昌县。

十多年来，她采访世界各地的领袖、名人，亲身见证两岸三地重要历史时刻，其专业的报道水平、独一无二的主播风格，为她赢得观众的赞赏、国家领导人的高度评价。她在亚太地区享负盛名，经常成为传媒采访的焦点，荣获《亚洲周刊》"当今您最应该认识的中国重要人物"之一。2001年初，她被新华社主办的《环球》杂志读者票选为"环球20位最具影响世纪女性"之一。她主持的时事节目深受观众欢迎，最有代表性的包括《时事直通车》、香港回归直播、北京申奥直播、"9·11"事件直播等。除采访及主持新闻节目外，她成功地迈进行政管理阶层。

【偶像经历】

人生总是充满了太多的偶然与必然。对于吴小莉来说，选择传媒这个行业是人生的必然，也是她自己智慧选择的结果。

中学时，吴小莉爱打抱不平的性格就凸显出来，并因此深受同学们的拥戴，是同学们心中的"女侠"。久而久之，她也以此为乐事，甚至立下志向，将来要成为一名为百姓仗义执言、伸张正义的记者或律

师。于是，在报考大学时她把两个志愿都填了上去。果然，高考时，吴小莉以优异的成绩考上了台湾辅仁大学大众传播系。

大三时，她成了辅仁大学《传播者》杂志的主编，集采访、组稿、编辑、版式设计和发行于一身，忙得不亦乐乎。那是吴小莉第一次接触传媒这个行业，碰壁的苦恼、收获的喜悦不仅让吴小莉开阔了视野、增长了才干，而且全面地锻炼了她适应社会的综合能力。

1988年，吴小莉大学毕业后进入电视圈，她的第一个工作单位是台湾华视。刚进入华视时，最初的职责不过是一天到晚守在电话旁等新闻线索，那时的她并没有感受到丝毫命运的垂青。与她同时期进入华视的很多同事对此都选择了默默接受，而她却坚信，命运的好与坏，是由自己来掌握的。4年后，凭着执著的冲劲儿和热情，吴小莉终于从一名青涩的记者成长为华视强档新闻的主播。

1988年至1993年，吴小莉一直在华视任主播、记者，工作一帆风顺、得心应手，工资待遇、人际关系都很好。此时的吴小莉已经完全掌握制作电视新闻的技巧，但却感觉生活日渐乏味。失去了新鲜感和挑战性的工作变成了鸡肋，每天例行公事地出机、赶新闻、上新闻，日复一日地重复已经成为一种习惯，而领到丰厚的薪水成了唯一的目标。

一天晚上，吴小莉躺在床上，突然想起上大学时老师所说过的话："电视记者是一份不错的工作……社会上每个人都会认为你很不错。但是当每个人都来摸你的头，说你很棒，说你乖，久而久之，你就很容易满足于现状，不思长进，渐渐地会成为一只大肥猫。"

的确，人如果没有压力，就像是青蛙在温水里游泳，当水温升高时却早已失掉弹跳力，只能束手待毙。吴小莉突然明白，如果不加以警觉，贪图舒适，再在华视待下去，自己的理想将永远不会实现。

1993年7月，吴小莉应卫视中文台邀请赴港加盟，主持节目。

1996年，卫视中文台在中国内地的部分改制为凤凰卫视中文台，吴小莉留任并开始主持综艺和新闻节目。

1996年11月，作为《今日看上海系列》的主持人，吴小莉专访上海市委书记黄菊；12月，香港特区首任行政长官选举，吴小莉专访特区行政长官董建华。

1997年，是吴小莉的丰收年。2月，成为《邓小平逝世悼念特辑》节目的主持人；3月，成为《北京三月风》中国人代会、政协会特辑主持人；4月，成为凤凰卫视《时事直通车》节目主持人；6月，成为凤凰卫视、中央电视台《柯受良飞跃黄河》现场直播节目主持人；6月至7月，成为《香港回归世纪报道——60小时播不停》节目总主持人；8月，成为"今日看大连"系列《大连印象》主持人，专访大连市长薄熙来；9月，成为中共十五大特别报道北京现场主持人。

2008年5月2日，吴小莉在香港奥运圣火传递中担任101棒火炬手。

杨澜:
知识塑造人生

杨澜,1968年3月29日出生于北京。

她集多种身份于一身,她是文化名人,也是名主持、名电视人,还是著名的文化商业人士。她并无显赫的家庭背景,走的也是大学教育就业的途径,她能实现从"丑小鸭"到"白天鹅"的蜕变,机遇和天分固然重要,但更重要的还是知识和意志成就了命运,其成功经验对当代青少年有很强的启示意义。

【偶像经历】

1990年,杨澜毕业于北京外国语大学,获得英美语言文学学士学位。同年,杨澜在千名候选人中脱颖而出,成为央视《正大综艺》主持人。

从1990年至1994年初,杨澜主持的《正大综艺》受到观众的喜爱,创造了收视之冠。她本人于1994年获得中国首届主持人"金话筒奖"。同年,当人们惊叹于杨澜在主持方面的成就时,她竟作出了一个令人惊讶的决定:辞去央视的工作,远赴美国进行"充电"。

杨澜有很美丽的外表,但不把自己定位在吃青春饭上,对以知识塑造自己的人生格外看重,杨澜选择出国留学也就是侧重对中西文化的对比学习,通过不断学习提高自己的思维能力。她当时并没有多少钱可以出国读书，与正大集团总裁谢国民的相识使她圆了求学梦。

1994年至1996年5月，在谢国民的赞助下杨澜赴美国留学。杨澜先在纽约大学电影学院攻读"纪录片导演"专业，之后进入全美排名首位的哥伦比亚大学国际传媒专业就读，于1996年5月以全优成绩毕业，获硕士学位。

1996年初，杨澜被美国媒体广泛报道。在《纽约时报》头版报道后，《新闻周刊》又大篇幅报道。1996年夏，杨澜与哥伦比亚广播公司制片人莫利斯·莫米德共同制作、导演了《2000年那一班》的两小时纪录片，在哥伦比亚电视网晚7点黄金档向全美播出，开亚洲主持人进入美国主流媒体之先河，并获评论界好评。这一年，杨澜入选《大英百科全书世界名人录》。

1996年，杨澜与上海东方电视台联合制作的《杨澜视线》节目，成功发行全国52个省市电视台，收视率在各地文艺节目中均获不俗的成绩。

在此期间，杨澜认识了吴征。作为事业和生活上的伙伴，在为她拓展人际关系网络和事业空间方面，吴征可以说功不可没。

1997年1月，杨澜的散文集《凭海临风》出版，销量超过50万册。她在一路努力工作之余也不忘热心慈善公益，将第一笔稿酬收入全额捐献给希望工程，因而被选为中国青少年基金会常务理事。4月，她应联合国副秘书长之邀，作为东亚唯一代表，出席了联合国世界媒体圆桌会议。

回国后，杨澜开始寻找适合自己的机会，当时，凤凰卫视中文台刚刚成

立，几个月后杨澜加盟其中。

1998年1月，杨澜推出访谈节目《杨澜工作室》，自己既是制片，又担任主持人。4月，《百年叱咤风云录》开播，杨澜担任主持，引领观众重温100年来影响历史进程的人和事。

在随后的两年里，杨澜采访了120多位名人。两年后，杨澜已经有了质的飞跃。她拥有了世界级的知名度、多年的传媒工作经验，以及重量级的名人关系资源，对于她而言，进军商界显然所欠缺的只是资本而已。而吴征，正是深谙资本运作的高手。

1999年2月，杨澜被《亚洲周刊》评为泛亚地区20位社会与文化领袖之一。10月，杨澜离开凤凰卫视中文台，担任阳光文化影视公司董事局主席。同年，发表著作《我问故我在》和《渴望生活》。

2000年1月，杨澜出资4000多万元入股香港上市公司良记集团，作为第一大股东担任集团主席。3月，良记集团更名为阳光文化网络电视有限公司，这也是大中华区第一个以历史文化为主题的卫星频道：阳光卫视。阳光文化网络电视有限公司后来成为阳光媒体投资控股有限公司，杨澜任主席。

2001年，《杨澜工作室》重新推出。

2002年，《杨澜访谈录》成功出版，同年杨澜被评为"中国企业女性风云人物"之一。

2003年6月，杨澜宣布将阳光卫视70%的股权卖给内地一家传媒集团。

2004年7月，杨澜辞去阳光集团主席之职，她开始筹备全新访谈类节目《天下女人》。

2006年7月，杨澜的5年商业之旅画上了句号。她把与丈夫吴征共同持有的阳光媒体投资集团权益的51%无偿捐献给社会，并在香港成立非盈利机构——阳光文化基金会。同时，辞去包括阳光媒体投资董事局主席在内的所有管理职务。

陈鲁豫：
工作吧，就像不需要金钱一样

【偶像速写】

陈鲁豫，1970年6月12日出生于上海；河南周口人。

她是中国最具价值的电视主持人之一。1994年，获"中央电视台最受欢迎的十大节目主持人"称号；2000年，当选为《新周刊》主办、观众投票评选的"2000年度最佳女主持"，当选"2000中国电视榜"之年度最佳女主持人；2001年，当选"最佳新闻节目女主持人"；2004年，获得《GOOD好主妇》杂志评选的"最有影响力女性"称号；2005年，当选《新周刊》2005年电视节目榜之最佳主持人；荣获第一届主持人颁奖典礼之最佳专访类节目主持人奖；2006年，当选2006凤凰卫视最佳主持人，《鲁豫有约》获《新周刊》2006中国电视榜之"最具亲和力谈话节目"；2007年，荣获香港《旭茉Jessica》杂志评选的"2007 Most Successful Women"称号。

【偶像经历】

父亲祖籍河南，母亲祖籍山东，而在家里一向是女士优先，所以"陈鲁豫"便成了这个小女孩儿的名字。

陈鲁豫不记得自己小时候有什么梦想，但是觉得自己的人生会和别人不一样。她的童年很快乐，没有经历过太多学习上的折磨。她喜欢外语，高中时特

别想当一名翻译，但是她不喜欢太有规划的人生，而是希望人生不断给自己带来惊喜。

1988年，陈鲁豫考入北京广播学院。她是一个特别安静、低调的学生，甚至没有参加过学校的任何活动。有一次，她很想在新生文艺汇演上表演，但是看到有太多专业水准的人才，她知道不能上，否则会被人哄笑，那样以后就再没有勇气上台拿起麦克风说话了。她很理智，知道那个舞台暂时是不属于她的。

那时，陈鲁豫经常看到高年级的学生去电视台做节目、去实习，但是没有特别羡慕，她总觉得自己有一天会有机会，虽然她不知道那机会具体是什么。

大学期间，陈鲁豫白天上课，中午做作业，晚上自习，非常用功。陈鲁豫后来与大学生交流时说："每个阶段应该有每个阶段该干的事，上学的时候就是应该做一个学生，心里不要太着急，以后有很多时间，大学生活是转瞬即逝的，在校的时候可能觉得很难熬，感觉外面的世界多精彩，生怕再不出去，外面的世界就不再属于我了，但有一天离开以后你们会像我一样去怀念以往在校的时光。"

大学期间，陈鲁豫参加英语讲演比赛并得了冠军，中央电视台随后把她招为主持人。英语讲演比赛是陈鲁豫第一次真正近距离接触电视，电视台很多人去录像，现场有很多人、很多摄影机、很多照相机，那一刻陈鲁豫被触动了。陈鲁豫一个人站在后台观察这一切，就想："这是我想做的，我应该属于这样的环境。"

陈鲁豫主持《艺苑风景线》时还是学生，电视台只给她一半的工资，她没有讨价还价。陈鲁豫虽然觉得很不公平，但是安慰自己，现在还不够大，能接受这个条件，有一天自己成熟了，就不会再受欺负。她说："我觉得我有很强的力量，我觉得我该有更大的舞台，但是在起步阶段，我不可能去要求别人，那个时候只能被别人挑选。"

1993年，陈鲁豫从北京广播学院外语系国际新闻专业毕业，曾赴美留学。1996年，加盟凤凰卫视后，主持《音乐无极限》、《音乐发烧友》、《神州博览》和《凤凰早班车》节目。

1997年，陈鲁豫参与了多项大型节目的主持工作，其中包括举世瞩目的香港回归、澳门回归、千禧之旅、戴安娜王妃葬礼、美国总统大选以及"9·11"事件、伊拉克战争等，充分体现了她的英语才华和国际新闻敏感度。同时，凤凰卫视的许多大型晚会之中也都能见到她的不俗表现。

《鲁豫有约：说出你的故事》是凤凰卫视专为陈鲁豫量身打造的谈话类节目，于2002年推出。

2005年起，《鲁豫有约》改版成为一档全新的日播谈话类节目，并在凤凰卫视以外的全国各地方台广泛播出。

陈鲁豫是一个勤奋的人。她曾经连续4年每天早晨4点起床，7点在电视台正式直播新闻节目，现在每个月要录制20期的《鲁豫有约》人物访谈节目，她说因为喜欢，所以会忍受工作带来的所有辛苦。

陈鲁豫最爱一首诗，并为之感动："去爱吧，就像从来没有被伤害过一样；舞蹈吧，就像没有人注视一样；歌唱吧，就像没有人聆听一样；工作吧，就像不需要金钱一样；生活吧，就像生命的最后一天一样。"

崔永元：
在喧嚣中安于寂寞

崔永元，1963年2月20日出生于天津，祖籍河北衡水武邑县。1981年他考入北京广播学院新闻系。1985年毕业后进入中央人民广播电台任记者，客串中央电视台策划《东方时空》等节目，1996年以《实话实说》主持人身份崭露头角，大受欢迎。至今人们一提到他的名字，仍会"条件反射"地想到《实话实说》，他的机智和幽默促使嘉宾在全中国电视观众面前敞开心扉。

1999年前后，中国国内电视媒体纷纷效仿崔永元的《实话实说》节目形式，逐步导致全国电视观众对《实话实说》电视节目的要求不断提升，最终导致此节目的收视率下降。尽管主持人崔永元已经使出浑身解数，但是依然未能稳住收视率，这让崔永元感觉到前所未有的焦虑和危机。当时崔永元紧张、焦虑的精神状态，已经使父母和妻子很担心。

2001年，沉重的工作压力，导致崔永元从睡眠障碍发展到严重的精神抑郁症，而过多服用镇静类药物后，他的身体已经产生了抗体。这是他一生中最痛苦的岁月，这种

痛苦严重影响着家人。当时的崔永元已经难以集中精力面对工作，甚至在跟两位嘉宾进行学术层面交流时，精神恍惚的崔永元竟多次忘记对方刚才说什么。

2002年，崔永元突然离开《实话实说》，之后人们才知道原因，是他患了重度抑郁症。后来走出抑郁症阴影的崔永元，曾在接受央视《人物》栏目专访时自曝几年前患重度抑郁症时，每天都在想着自杀。

崔永元说："很多人理解不了，比如屈原、陈天华，他们为什么要自杀，世俗更加理解不了。屈原又没有浑身是毛，光着身子，那时候也有宫殿有酒喝，干吗要死呢？我想，他是因为精神困惑而自杀。一个人一开始总觉得能改变什么，即使不能改变这个世界，也能改变这个行业，即使不能改变这个行业，也能改变这个部门，即使不能改变这个部门，总能改变身边的几个人，总是能改变的。可是，后来发现自己什么都改变不了，连我女儿我都改变不了，我开始绝望而沮丧。"由于自杀倾向很严重，崔永元还被医院24小时监管。

经过治疗，崔永元明白，他确实不能改变这个社会，但这个社会也改变不了他，算是扯平了。

2003年7月，崔永元开始主持新节目《小崔说事》。

2004年4月3日，崔永元积数年心血创制的新栏目《电影传奇》开播，内容涉及150部老电影。崔永元在节目中既是主持人，又是主要演员，既讲故事，又演故事。

崔永元说："《电影传奇》离我的理想特别近。因为它是原创的，是一个创新。全世界没有任何一个电视台有这样的节目。我们接触过许多国家电视台的职员，他们看了我们的节目，都很惊奇，

我们怎么会有这样的创意，用这种方式来说老电影的？这让我们特别自豪。我并不是反对娱乐节目，但是我反对娱乐是我们整个社会的全部生活。总有一些事是要让我们皱皱眉头，是要让我们动动脑筋，是要让我们托着下巴想一想的。"

崔永元在主持《实话实说》栏目的数年时间里，把《实话实说》打造成全中国谈话类节目的名牌，受到了全国人民的欢迎，而他幽默、诙谐、风趣的主持风格也自成一派，他的主持语言成了一些电视工作者和社会学者"研究、考察"的对象。

崔永元说："作为一个主持人，首先要学会在喧嚣中做一个安于寂寞的人。在理想、敬业等话题有些边缘化的今天，如果我们的影视片不讲主旋律，不弘扬正确的价值观，说不过去。"这是崔永元在获得第五届"全国德艺双馨电视艺术工作者"表彰大会上的发言。

事实上，崔永元就是一位楷模。他从参与并制作《午间半小时》，到策划并主持《实话实说》、《小崔说事》、《小崔会客》、《电影传奇》、《我的长征》等，在以一个个突破、一档档精品节目带给中国广播、电视全新气息的同时，也以自己饱含强烈社会责任感的职业精神，赢得了受众的欢迎和喜爱。特别是他"学会倾听"、"先做人，后做主持人"、"公共电视应承担社会责任"等观点深得观众的赞赏与好评。

崔永元还用自己的奖金资助普通人治病，发动同行帮助辽宁鞍山抗癌协会"临终关怀"行动；将拍摄《电影传奇》时得到的大量珍贵资料无偿捐给北京大学图书馆，帮助建立中国电影资料检索系统；重走长征路后，筹备成立慈善基金，以培训在长征路上辛勤执教的乡村教师。这些都体现了他对社会的责任感与关爱。

毕福剑：
大器晚成，本色主持

【偶像速写】

毕福剑，1959年1月16日出生，著名主持人。

小眼睛、大嗓门、口音重、爱搞怪……在这个流行"花样美男"的时代，他显得是那么另类，但是有《快乐驿站》和《星光大道》，再加上原有的《梦想剧场》，这位长得颇让人感到"意外"的主持人成了央视3套出镜率最高的主持人。

【偶像经历】

1959年，毕福剑出生于大连。中学毕业时赶上插队落户，后来进国家海洋局第一调查船大队服兵役。毕福剑正感到顺风顺水时，又赶上裁军，只好回到地方考大学。考试成绩在"上戏"名落孙山，而在北京广播学院电视导演专业却排在前面。毕福剑毕业后进入中央电视台，本来学的是电视剧导演，却干起了文艺。文艺导演也没整明白，被一脚踹到台前去了。

毕福剑曾经参加大型电视连续剧《三国演义》的拍摄，任主摄像之一。1995年，随"中国首次远征北极点科学考察队"去北极，担任摄像并客串主持，从此

逐渐被人熟悉。

关于踏上主持之路，毕福剑称"这纯属误会，人的一生都会有误入歧途的经历"。当时《梦想剧场》找了几个主持人，但总觉得他们字正腔圆的主持风格与观众的业余表演融合不到一起去。可节目不等人，担当导演的毕福剑斗胆走了上去，拿到台里去审查，领导看了以后说："我看就是你来主持吧，回去把普通话练练。"就这样，一位"名嘴"诞生了。

《星光大道》剧组千挑万选，眼看录制时间就快到了，剧组找来毕福剑"代班主持"，说好了是友情客串，结果领导大手一挥，然后说了一句："还挑什么，毕福剑就挺合适的。"

经过两次歪打正着，毕福剑基本上走红了，至于《快乐驿站》倒是"正打"，不过选中他主持，完全不是因为专业主持的基本功，"还不是因为我会画画儿嘛"。不过，这么高的出镜率的确让往50岁上奔的毕福剑感到有点儿吃不消。

毕福剑更愿意谈的是他的节目《梦想剧场》，特别是说到《七天乐》，就像一个骄傲的父亲提到自己的儿子。从2002年国庆节诞生，到2003年春节的一炮打响，直到现在形成品牌、形成系列。

对主持人的定义，毕福剑觉得最重要的是"本色"，一再强调自己是导演出身，自然没那么多条条框框，想怎么说就怎么说，有时候连标点符号都说不对，这倒成了一种特色。更重要的是站在舞台上，以一个导演的眼光去统筹全局，对节目现场的掌控能力是别人不能比拟的。

毕福剑说："我在台上站没站相坐没坐相，处于一种完

全放松的状态，自然有利于随机应变。毕竟是个娱乐节目，把我架在那儿西装笔挺的，人家也肯定不爱看。"

毕福剑说："我的长项恰恰是我不是个专业主持人，和观众没有距离感。我的优势在于，我一出场观众根本不把我当回事儿。大家一看，这人都长成这样了，说话标准不标准也就不在乎了。你要换一个正规的主持人，在现场要想把观众距离拉近，肯定我占上风。我可以尽兴地和大家开玩笑，但是帅哥儿们就不行。"

毕福剑在镜头前比谁都能折腾，但是他说自己生活中话并不多。毕福剑声称自己是个"不愿意重复过去的人"。他说："有些人喜欢在节目中把大家知道的事情叙述一番，而大家都已经知道的东西我就不愿意去重复。所以，只要我说的事情一定是大家不知道的，因此我的节目一般不会重样。"

谈起电视节目主持人的素质，毕福剑说："我觉得他首先得对节目有一个准确思维的把握。比如在主持《秋菊打官司》中，从头到尾我说的话、开的玩笑都围绕《秋菊打官司》这部电影，或者都围绕陕西话，或者都围绕张艺谋一个主线去组织，绝对不会乱。其次就是驾驭现场的能力，主持人可以照本宣科，但是在观众的现场必须能够控制观众的情绪。还有，作为主持人一定要是个'博士'，知识一定要'杂'。因为在现场你可能什么行业、知识都会接触，所以必须都知道一点儿。当然，作为一个娱乐节目的主持人，还必须有幽默感。"

毕福剑一再说自己的经历并不传奇，却经历了从苦孩子、知青、军人、大学生、科考队员、摄影师、导演、制片人、主持人的曲折过程。毕福剑考入大学是 26 岁，正式做主持人时已经 37 岁，实在是大器晚成。

何炅:

作最坏的打算，尽最大的努力

何炅，1974年4月28日出生于湖南省长沙市；昵称：金针菇、中华曲库、何老师、何老、何老大、炅老大、老大、炅炅、何何。

在受众心中，他是个很有才华又很用心的人。尽管人看上去小小的，但他的幽默、机灵和帅气是无人可媲美的。他做事勤快，是一个敬业的人，一个好人，一个不可多得的上进的年轻人。他的处世箴言是：作最坏的打算，尽最大的努力；交友原则是：善良、投缘。

【偶像经历】

歌手、老师、演员、主持人，很难想象瘦瘦小小的何炅有那么大的能量身兼数职，并且每一样都完成得相当不错。

何炅是个很较真的人，《栀子花开》广为传唱，《漫游》更注重音乐性，到了《自己》，何炅说给他的感动更多。譬如那首《那段岁月》，他就定位于《栀子花开》的续集："一直有人问我干吗不唱个《栀子花又开》之类的，我觉得那么重复没意思，但是

《那段岁月》里有一句：毕业遥遥无期转眼又到来。让我想到了这不就是续集吗？不过我把毕业改成了离别，这样就有了更多的意义。"

何炅以前不相信在录音室会唱到落泪，但录《自己》时却没有忍住。

别看何炅每天都那么忙，全国各地到处跑，但是身为北京外国语学院的老师，他非常尽职。何炅的教学工作都很正常，学校也很体谅他，把他的课程都安排在一学期的前半段，那段时间里他需要坐班，周一到周五，如果有什么其他工作都尽量安排在节假日、周末。

在学校里面，何炅和学生们在一起丝毫没有明星的样子，他说："这当然也要有个过程，你想在一个电视上看到的人忽然出现在你面前，还那么近的距离，肯定不习惯，但是明星之所以是明星，就是因为距离，习惯了就好了，而且我平时戴着框架眼镜，穿着也很普通，我的学生都把我当朋友。"

褪去了明星的光环，何炅自称是个很沉闷的人："可能是性格的原因吧，其实我从小就是个老实巴交的孩子，甚至有些自卑，不过我普通话好，就老是被要求参加演讲或者主持，所以现在的状态都是被逼出来的，舞台上灯光亮了，我就会很活泼，在私底下跟朋友一起时我绝对不是搞气氛的那一个。"

何炅作为一位备受瞩目的公众人物，用自己的实际行动，在公益慈善方面为大家做了很好的表率，他曾经多次主持和参加公益爱心活动。2006年7月，湘南地区遭遇了百年不遇的特大洪灾，湖南卫视特地举办"情系大湘南"赈灾义演，晚会现场讲述了资兴市坪

石乡昆村36岁的村妇女主任陈淑秀在洪水来临之际，不顾个人安危，全力通知群众转移，最后自己却被肆虐的洪水卷走的感人故事，陈淑秀的儿子谢宇阳来到了现场。何炅当场采访了这位11岁就失去母爱的孩子，并泪流满面。2006年，在中国儿童少年基金会成立25周年暨第五届"中国儿童慈善活动日"公益活动表彰活动中，何炅当选为"中国儿童慈善之星"。

2008年8月1日，何炅专程来川，和灾区孩子共同完成了一首单曲录制。这首名为《微笑》的单曲已被制作成彩铃发行，全部所得捐给灾区的孩子们。《微笑》原本是何炅在首张专辑《可以爱》中跟桑兰合唱的励志歌曲，这次这首动听的歌由何炅带领一群北川阳光小学的孩子们重新诠释。专门抽出时间赶到四川录歌的何炅，在录音棚里一句一句耐心地教孩子们演唱，这个过程比录歌的时间多得多，而何炅也很享受这个和孩子们沟通磨合的过程。他表示："灾区重建中，为孩子们营造一个好的心理环境很重要，这次请孩子们一起录歌，就是希望能启发他们发掘自己的潜力，用自己的力量帮助身边的人。"

畅销书作家

崇拜理由：

　　他们是畅销书的生产者，一代又一代中学生在阅读他们的文字中长大。这种阅读并非传统意义上的家长命令式、老师指导式的阅读，而是中学生自觉自愿的享受式阅读。他们生产的文字制造出一种赏心悦目的氛围，成为中学生缓解学业压力的解码器，成为中学生暂时逃离校园和家园的娱乐场。

CHANG XIAO SHU ZUO JIA

宁财神：
中国第一代网络写手的领军人物

【偶像速写】

　　宁财神，1975年2月23日出生于上海，本名陈万宁。早期在网络上写故事，2005年担任电视连续剧《武林外传》总编剧，作品获得巨大成功，并被网友追捧。2007年新编舞台剧《武林外传》，是电视剧的"前传"。

　　他当初上网注册网名时，本意想叫"宁采臣"，谁知这个和著名女鬼小倩恋爱的著名痴情书生已被别人抢注。考虑到广东话里宁采臣谐音宁财神，于是就有了这个网名。他是中国第一代网络写手的领军人物，被封为网络"三驾马车"之一。他在北京漂了多年，由于惧怕被出租车司机欺负，练就了一口地道的北京话。

【偶像经历】

　　1991年，15岁的宁财神以少年大学生的身份进入上海某大学学习国际金融。上大学时，宁财神在上海做期货，遭到失败。

　　1994年，宁财神去朋友在北京办的公司帮忙，折腾了几年，公司破产，他只好搬到狭小的房间里，开始吃方便面。

　　再后来，宁财神和几个朋友龟缩在京城某个宾馆里，开始写电视剧本:《网虫日记》。才写了一点儿,王朔看完后,都懒得批评,因为水平实在太差了。宁财神只好中途当了逃兵。

宁财神身上只剩下几百块钱,这种情况持续了半年多。宁财神住的地

电视剧《武林外传》

方,旁边有家"半亩园",他每天下了班,都过去吃晚饭,每顿饭不能超过15元,否则到月底一定挨饿。所以,宁财神每顿饭吃了牛筋面,就不能吃饼。有时候想吃饼,就买了饼,然后带到旁边的小摊上,就着刀削面吃。

宁财神小时候作文从来没有及格过。开始他还以为是因为写得太有个性,老师才不给高分。后来看到妈妈替他保留的从小到大的日记本、作文本,才发现小时候写的全是错句、病句。

1997年,宁财神开始认真动笔写文章。当时他遇到一个女孩儿,身上没钱,唯一能给她的礼物,就是写一些文章给她看。另外,最大的目的就是赚取巨额稿费,因为宁财神一直幻想着能用稿费把他那台双缸洗衣机换成小天鹅全自动。最终,他的梦想破灭了,因为洗衣机价格变动得太厉害,编辑部寄来的钱,只够买一台微波炉。

1999年底,宁财神回到上海,在"榕树下"做运营总监。2002年,网络泡沫当道,宁财神辞职离开了网站,一位好朋友鼓动他再试着做编剧。这段时间,宁财神写出了《健康快车》、《都市男女》等系列情景喜剧,并拿过"飞天奖"。

宁财神在写了6年情景喜剧后,于2005年独自操刀80集《武林外传》,并成为央视8套历史上最受欢迎的电视剧之一。

与如今舞台上流行的恶搞话剧不同，《武林外传》运用的是类似周星驰电影般的无厘头手法。

《武林外传》的创作对宁财神来说，是一种"炼狱"般的生活。宁财神每天下午五六点起床，然后泡上两大壶咖啡，再准备三包烟。状态好的时候，一晚上就能写一万字。但是他经常有写不动的时候，一般来说，他能连续写上个七八天。不写的时候他不喝咖啡、不抽烟，但是写作时就拼命地喝咖啡、拼命地抽烟。

除了咖啡和烟，激发他灵感的还有两招：一是啃指甲，宁财神从来不剪指甲，就留着自己啃，可惜啃不到脚趾甲，要能啃到他也一起啃；二是拼命吃零食，从小就喜欢吃零食的宁财神，家里到处堆满了各种各样的零食。

在创作《武林外传》的过程中，给宁财神帮助最大的是妻子程娇娥。程娇娥是武汉人，两人在2003年的一次聚会上相识。

每次宁财神写完一部分，就先给程娇娥看，如果程娇娥笑了就通过，如果不笑宁财神就推翻重写。

在《武林外传》中，宁财神和妻子还客串了一把，两人在剧中演一对食客，台词只有4个字：结账，难吃！

电视剧《武林外传》

郭敬明：
最具人气的青春偶像作家

【偶像速写】

　　郭敬明，1983 年 6 月 6 日出生，现居上海市；网名第四维，别名小四、四崽、四维；曾在自贡市贡井区向阳小学、自贡市第九中学、自贡市富顺二中读书，2002 年进入上海大学学习影视艺术。

　　他是"80 后"作家群代表人物之一，自认是悲观的乐观主义者，崇拜自由的生活和善良的人性。他在 2002 年和 2003 年两获新概念作文大赛一等奖，2003 年入选年度《福布斯》中国财富名人榜，成为年纪最小的进榜者。

【偶像经历】

　　郭敬明出生于四川省自贡市，母亲是当地银行的工作人员，父亲在一家国有企业工作。

　　郭敬明从小就喜欢阅读，他广泛阅读名家的小说和散文，包括金庸、梁羽生、古龙的武侠小说，父母从不干预。由于大量阅读潜移默化，他的文字功底很深。

　　后来，郭敬明在《人生十六七》上发表他的处女诗作

《孤独》。高二、高三时连续获第三届、第四届新概念作文大赛一等奖，但真正让他一炮而红的是《幻城》。

长篇小说《幻城》于2003年1月上市，到12月底累计销售84万册，在2003年11月的全国文学类畅销书排行榜上《幻城》名列第三，而他自己也在新浪网与《南方都市报》等媒体联合举办的"2003年度中华文学人物"评选活动中被提名为"人气最旺的作家"之一，与大作家王蒙、海岩排在一起，让不少文学前辈望尘莫及。有的读者买不到该书，竟然借来手抄。对作品内容更是好评如潮，有的读者还建议将《幻城》续写、拍成电视剧、出版漫画本。

与此同时，《幻城》在文学前辈和不少专家中也引起了极大的反响。2003年3月27日，在鲜花和掌声中，郭敬明迎来了上海大学专门为他举办的"《幻城》作品研讨会"，为一位名不见经传的大学生作品举办研讨会这在中国尚属首次。后来他又被春风文艺出版社买断了其在大学期间所创作品的首发权。一名尚不满20岁的学生在文坛上如此身价百万，在当今中国实属罕见。

著名评论家陈晓明认为，郭敬明是"80后"作家中最突出的代表，在青少年读者群中极具影响力，他的作品已经成为中国相当多的少年人成长中不可或缺的精神食粮。郭敬明的作品写出了这个时代文学所具有的新的品质和感染力，他已经发表大量作品，其影响力和文学水准都足以使他具备加入中国作家协会的资格。

2008年5月，郭敬明被《纽约时报》刊发的一篇文章描述为："现今中国最成功的作家是24岁的青春偶像作家郭敬明。"消息传到国内，理所当然地给时下寡淡的文化新闻增添了几分热闹。对《纽

郭敬明出生于四川省自贡市

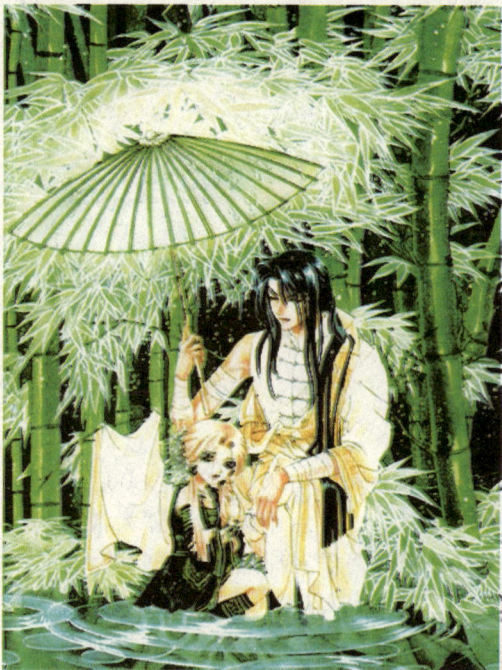

约时报》"奉予"的这一称谓，郭敬明说"我觉得很荣幸"。

但是，对于"中国最成功的作家"的说法，美国媒体却没能给出足够多的支撑点，诸如"年仅24岁的中国偶像作家郭敬明，总是穿着奇装异服，表现得极度自恋"，"郭敬明最喜欢干的事就是在他的博客里贴出他半裸出浴、身穿名牌内衣和T恤的私密照"，"他们混饭吃靠的是一张脸而不是文字"之类的句子，几乎贯穿整篇文章。这让人怀疑作者和编辑忘了给"成功"二字加上引号，因为按照中国人的理解方式，这样的评价是绝对不会出现在一个"成功人士"身上的。

在2007年中国作家富豪榜上，郭敬明以1100万元的版税收入高居榜首。无论是文坛宿将王朔、余秋雨，还是热得发烫的于丹、易中天，都屈居其后。如果以收入论英雄，郭敬明毫无疑问是最成功的。但古今中外，衡量一个作家的文学地位，财富的多寡从来没有被当做重要的参考条件之一。所以，有媒体称，郭敬明的成功和文学无关。

郭敬明是"真成功"也好"伪成功"也好，总归有着一副"成功"的外表：4部小说中有3部的发行量超过了100万册，主编的杂志每期发行也高达数十万册，不仅是一个拥有无数粉丝的作家，而且是一个可以成功运作一家公司的商人。在"英雄一不问出身、二不问出处"的说法得到普遍默认的情况下，郭敬明有理由被当做成功人士来看待。

韩寒：
一个取得成功的"叛逆者"

【偶像速写】

　　韩寒，1982年9月23日出生于上海。有人称他为"80后作家"的代表人物，但他并不承认自己是"80后作家"："作为我本人，非常讨厌以年代划分作者，每个优秀作者都是个性鲜明的人，哪能分类。"

　　他的经历和作品都颇受争议，因为他的作品中毫不保留地谈到社会中的各种现实，并透露出对某些现象的愤慨与讥讽，鲜明地体现独立的思想。他的文学作品曾获得中国内地许多奖项，并受到许多文学专家的关注，但他也因为不佳的学习成绩和特立独行的作风而遭许多非议。由他引发的相关社会现象被媒体称为"韩寒现象"。

【偶像经历】

　　韩寒上初中时就开始发表文章，并作为体育特长生升入上海市松江二中。1999年，韩寒上高一时，以《杯中窥人》一文获得首届新概念作文大赛一等奖，后因期末考试7科不及格而留级，被报道后引发社会关于素质教育政策及"学校应当培养全才还是专才"等系列教育问题的激

烈争论。

韩寒发表的首部小说，是一部反映上海初三学生生活的《三重门》。通过这部小说的发行，他进一步在中国其他地区成名。该书至今销售量已逾190万册，是中国近20年销量最大的文学类作品。但是，韩寒在留级后再次挂科7门，最终在高二退学。

退学后，韩寒陆续出版散文集《零下一度》、《通稿2003》、《就这么漂来漂去》和《杂的文》，以及小说《像少年啦飞驰》、《长安乱》、《一座城池》、《光荣日》和《他的国》等作品。其中，散文集《零下一度》累计发行90万册，在2001年全国图书排行榜文学类中位列第一；长篇小说《像少年啦飞驰》累计发行55万册，在2002年全国图书排行榜文学类中位列第一；精选文集《毒》累计发行30万册；杂文集《通稿2003》累计发行40万册；小说《长安乱》累计发行50万册，在2004年全国图书排行榜文学类中位列第一；赛车随笔《就这么漂来漂去》，首印40万册；长篇小说《一座城池》首印50万册；长篇小说《光荣日》首印60万册；博客精选《杂的文》首印30万册。

出于对驾车的热爱，韩寒成了一名职业车手。2003年，韩寒代表北京极速车队参加全国汽车拉力锦标赛，在上海站获得N组第

韩寒曾作为体育特长生
在上海市松江二中就读

六，在长春站获得N组第八，在北京站获得N组第六；2004年，韩寒在上海站N组排第七，在国内排第四。2004年，韩寒获得亚洲宝马方程式资格赛冠军，获得宝马参赛奖学金5万美元。2007年，韩寒代表上海大众333车队参赛，获全国汽车场地锦标赛1600cc组年度冠军。

成为一名职业车手后，韩寒减少了出版活动，但仍然通过博客继续发表了一系列的时评文章，其中不少文章引起了很大的社会关注甚至论战。2006年上半年，韩寒与文学评论家兼书商白烨引发"韩白之争"，随后作家陆天明、其子青年导演陆川以及著名音乐人高晓松相继加入论战，一时成为网络热点。韩寒在博客中对以上诸人进行了嘲讽，并写有粗口。事件最后以白烨、陆氏父子、高晓松相继关闭个人博客为终结。

2007年，贝塔斯曼书友会与某门户网站读书频道联合举办"当代读者最喜爱的100位华语作家"全国总评选活动，在公布的即时投票前20名中，韩寒、郭敬明、安妮宝贝等青春文学写手的票数超过苏轼、李清照、朱自清、徐志摩等人，引起公众争论：他们凭什么超越古人？很多网友留言对排名表示不满，甚至称其为中国文学的悲哀。但也有人不以为然，认为即使韩寒拿第一也无可厚非。对于有评论认为这个排名反映了时下时尚文化占据主流，"叛逆者"韩寒向网民表示，这是很正常的："在任何国家都是时尚文化占主流的，在我们这个国家，要是每个人都捧着四书五经，那这个国家还有前途吗？"

韩寒还涉足音乐创作。2006年9月底，发行个人首张唱片《十八禁》，担任其中所有歌词创

作。时值韩寒个人博客点击量突破1亿之际，天韵文化为其度身更换了封面设计，再版发行以庆贺。此次再版不仅在包装上作了全新设计，而且添加了韩寒全

出于对驾车的热爱，韩寒成了一名职业车手。

部歌词的手迹，发行渠道也由当时的图书渠道为主拓展为全线音像渠道为主，使更多关注韩寒的人能欣赏到韩寒的音乐和影像，领略才华横溢的他在唱片业精心灌溉的成果。

生活中的韩寒特立独行。他奉行"十四不"主义：不参加研讨会，不参加交流会，不参加笔会，不签售，不进行讲座，不剪彩，不出席时尚聚会，不参加颁奖典礼，不参加演出，原则上不接受当面采访（接受少量专访)，不写约稿，不写剧本，不演电视剧，不给别人写序。

【个性语录】

⊙数理化、语文、英语全很好，音乐、体育、计算机都零分，连开机都不会，我还是一个优等生。如果我音乐、体育、计算机好得让人"发指"，葡萄牙语说得跟母语似的，但是数学、英语和化学全不及格，我也是个差生。

⊙数学就是做，不断做，做到你考试的时候发现试卷上所有的题目都做过，就行了。

⊙学语文的"秘诀"有二：一是不看语文书；二是不看作文书。

⊙有一个学生给我寄来一份试卷，里面有一道题是用我的文章作分析，问我的文章到底选自以下哪个大赛：A.全国首届新概念作文大赛；B.首届全国新概念作文大赛；C.新概念首届全国作文大赛。你说这是什么玩意儿！考试的目的是什么？我们的语文教育真是伟大！

金庸：
武侠小说界的"泰山北斗"

【偶像速写】

金庸，祖籍江西省婺源县，1924年出生于浙江海宁。

他31岁时完成自己的第一本武侠小说《书剑恩仇录》，35岁创办自己的报纸。一支笔写武侠，闯江湖，纵横天下；一支笔纵论时局，享誉香江。有人称他"少年游侠，中年游艺，老年游仙"，为文可以风行一世，为商可以富比陶朱，为政可以参国论要。他一生的传奇可谓多姿多彩，文人数千年的梦想，似乎全部在他身上实现，而这样的他，也显得更加神秘而让人难以把握。

【偶像经历】

谁是拥有读者最多的当代作家？

对于这个问题，有许多人会把票投给一个人，那就是金庸。

金庸是当代著名作家、新闻学家、企业家、社会活动家。

金庸是新派武侠小说最杰出的代表作家，被誉为武侠小说界的"泰山北斗"，更有金迷们尊称其为"金大侠"或"查大侠"。

金庸原名查良镛，查家为当地名门望族，有"唐宋以来巨族，江南有

数人家"之誉。历史上查家最鼎盛期为清康熙年间，以查慎行为首的叔侄七人同任翰林，有"一门七进士，叔侄两翰林"之说，后全族人分入汉族八旗。现代查氏家族还有两位知名人物，一是南开大学教授查良铮（穆旦）（20世纪40年代九叶派代表诗人，翻译家），二是台湾学术界风云人物、"司法部长"查良钊。出自海宁的著名人物还有王国维和徐志摩，徐志摩是金庸的表兄。

1937年，金庸考入浙江一流的杭州高中。1939年，金庸15岁，和同学一起编写了一本指导学生升初中的参考书——《给投考初中者》，畅销内地，这是此类书籍在中国第一次出版，也是金庸出版的第一本书。

1941年，日军侵占浙江，金庸进入联合高中，临毕业时因为写讽刺黑板报《阿丽丝漫游记》被开除。1944年，金庸考入重庆国立政治大学外文系，因对国民党不满被勒令退学，一度进入中央图书馆工作，后转入苏州东吴大学学习国际法。抗战胜利后，金庸回杭州进《东南日报》做记者。1948年，他在数千人参加的考试中脱颖而出，进入《大公报》，做编辑和收听英语国际电讯广播。不久《大公报》香港版复刊，金庸南下来到香港。

1950年，《大公报》所属的《新晚报》创刊，金庸调任副刊编辑，主持《下午茶座》栏目，也做翻译工作，与梁羽生一个办公桌，写过不少文艺小品和影评（当时用的笔名是姚馥兰和林欢）。

新中国成立不久，金庸怀着一腔热情，为了实现自己外交家的理想来到北京，但由于种种原因而失望地回到香港，从此开始了武

侠小说的创作。

1955 年，金庸开始写作《书剑恩仇录》，在《大公报》与梁羽生、陈凡（百剑堂主）开设《三剑楼随笔》，成为专栏作家。金庸与梁羽生订下武侠小说之约时，曾想过笔名的问题，后来决定把自己名字的"镛"字一分为二，成为"金庸"，这就成了他的笔名。

1957 年，金庸进入长城电影公司，为专职编剧。1959 年，金庸离开长城电影公司，与中学同学沈宝新合资创办《明报》，共写武侠小说 15 部，1972 年宣布封笔，开始修订工作。这 15 部长篇小说分别为：《书剑恩仇录》、《碧血剑》、《射雕英雄传》、《神雕侠侣》、《雪山飞狐》、《飞狐外传》、《倚天屠龙记》、《连城诀》、《天龙八部》、《侠客行》、《笑傲江湖》、《鹿鼎记》、《鸳鸯刀》、《白马啸西风》、《越女剑》。其中若干部小说已被译成英文、日文、法文、泰文、越南文、马来文及朝鲜文等在海外出版发行。同时，这 15 部作品均被改编为电视连续剧、广播剧和舞台剧等，陆续在世界各地上演。

1985 年，金庸任《香港基本法》起草委员会委员，1986 年被任命为《香港基本法》起草委员会"政治体制"小组港方负责人。1989 年他辞去《香港基本法》委员职务，卸任《明报》社长职务，1992 年到英国牛津大学当访问学者。1994 年他辞去《明报》企业董事局主席职务。

金庸博学多才，其成就不仅仅在于对武侠的贡献。金庸是一位出色的社评家，写有近两万篇社评、短评，被赞誉为"亚洲第一社评家"。

梁羽生：
宁可无武，不可无侠

　　梁羽生，本名陈文统，1924年3月22日出生于广西壮族自治区蒙山县。

　　他是公认的新派武侠小说的开山祖师，从小爱读武侠小说，甚至达到废寝忘食的地步。进入社会后，仍然爱读武侠小说，与人评说武侠小说的优劣，更是滔滔不绝，眉飞色舞。深厚的文学功底，丰富的文史知识，加上对武侠小说的喜爱和大量阅读，为他以后创作新派武侠小说打下了牢固的基础。在众多的武侠小说作家中，他最欣赏白羽（宫竹心）的文字功力，据说"梁羽生"的名字就是由"梁慧如"、"白羽"变化而来的。

　　梁羽生出生于书香门第，熟读古文、擅长对联，8岁就能背诵《唐诗三百首》，在中学时就喜欢写词。因日军侵扰，适逢数位粤籍学者避难蒙山，于是他拜简又文、饶宗颐为师，向他们学习历史和文学。后随师返穗，考入岭南大学国际经济专业。1949年定居香港，经校长介绍，在《大公报》任副刊助理编辑，迅即提正，并成为社评委员会之成员。1950

年底，梁羽生调入附属于《大公报》的《新晚报》工作。

1954年，香港武术界的太极派和白鹤派发生争执，先是在报纸上互相攻击，后来相约在澳门新花园擂台比武，以决雌雄。太极派掌门人吴公仪和白鹤派掌门人陈克夫，为了门派的利益，在擂台上拳脚相争。这场比武经港澳报刊的大肆渲染而轰动香港。梁羽生的朋友《新晚报》总编辑罗孚触动灵机，为了满足读者兴趣，在比武第二天就在报上预告将刊登精彩的武侠小说以飨读者。第三天，《新晚报》果然推出了署名"梁羽生"的武侠小说《龙虎斗京华》。随着《龙虎斗京华》的问世，梁羽生——梁大侠崭露头角，轰动文坛的新派武侠小说已有雏型。因为他写随笔的名字是梁慧如，平时又心慕白羽，故名梁羽生。

《龙虎斗京华》是新派武侠小说之源头。此后梁羽生笔耕不辍，从1954年开始到1984年"封刀"，30年间，梁羽生共创作武侠小说35部，160册，1000多万字。他的作品多次被改编成电视剧或电影，自认《萍踪侠影》、《女帝奇英传》及《云海玉弓缘》三书是代表作。

搬上荧屏的《萍踪侠影》

梁羽生的功绩，在于开创了武侠小说的一代新风。"新派"不仅是梁羽生们自命的，也是得到社会承认的。旧派武侠小说虽然热火朝天，但自始至终为新文学所不屑，始终难登大雅之堂，当时自命为大雅的报纸和自命为大报的报纸，都不屑于刊登；武侠的读者，还缺少知识分子，而主要是下层的"识字分子"。当时武侠小说的地位，犹如流浪江湖的卖解艺人，看的人虽多，却始终算不上名门正派。但是，梁羽生、金庸的出现，使局面顿时改观，各大报也都以重金做稿酬，争相刊登，读者也普及社会各个阶层，中国香港、中国台湾、新加坡、马来西亚都有新派武侠的读者，一时风起云涌，开创了武侠小说的新世纪。随后，关于武侠小说的专门研究也渐成热潮，与纯文学相媲美。

1977年，梁羽生在新加坡写作人协会讲《从文艺观点看武侠小说》，提出了"宁可无武，不可无侠"的观点。1979年，梁羽生在英国伯明翰与著名数学家华罗庚相遇，华罗庚刚刚看完了梁羽生的《云海玉弓缘》，便当面向梁羽生提出了武侠小说是"成人童话"的观点。梁羽生还加入了中国作家协会，出席过中国作协第四次代表大会，会上慷慨陈词，为武侠小说的一席之地大声疾呼。他还曾受聘为深圳市楹联学会的名誉会长。

除武侠外，梁羽生还写散文、评论、随笔、棋话，笔名有陈鲁、冯瑜宁、李夫人等，著有《中国历史新话》、《文艺新谈》、《古今漫话》等。

1987年，梁羽生移居澳大利亚，数年后信奉基督教。

2006年12月，梁羽生在香港参加天地图书出版公司30周年活动时突然中风，手脚活动不便，此后一直在疗养院疗养。

2009年1月22日，梁羽生在悉尼逝世，享年85岁。

萧鼎：
开创武侠"新江湖"

【偶像速写】

萧鼎，1976年出生，原名张戬，福州仓山人，1998年毕业于中华职业大学（现已合并到福建工程学院）工商企业管理专业，目前为"幻剑书盟"首席签约作者。

大学毕业后，他在求职路上屡屡遭遇"退货"，万般无奈，"沦"为布店伙计。无意中他闯进玄幻武侠小说的网站，引发写作兴趣。从第一部作品《暗黑之路》到现在的《诛仙》，网络点击率直线上升，迄今已超过5000万次，开创武侠小说的新纪元。

【偶像经历】

萧鼎生于福州一个普通工人家庭，性情安静，别的孩子整天在外面疯玩儿，他却躲在家里看书。看遍了爸爸收藏的《山海经》、《搜神记》，偶然借到了一本武侠小说《书剑恩仇录》，欢喜异常。从此，他迷上了武侠。

萧鼎一直成绩平平，只有语文还差强人意。

1994年，萧鼎勉强考入中华职业大学，但对自己的专业并不感兴趣。在父母嗟叹的时候，他并不悲伤，自

己还有武侠世界呢，还有那么多瑰丽、宏大、奇幻的梦可以做！

名家的武侠作品萧鼎几乎看完了，再看二流武侠作品，往往难以为继——写得太烂!于是，他将视线转移到西方魔幻小说上。学校图书馆可看的并不多，他就省出吃饭钱，到外面书店去买。大学几年，从爱伦坡到斯蒂芬·金，从知名的悬疑小说到魔幻小说，尽收眼底。

渐渐地，萧鼎心中萌发一个想法：尝试写武侠小说，并且加入魔幻色彩。也曾在宿舍里写过几笔，但心情总是静不下来，等到1998年大学毕业仍然一事无成。他背着书包走出校门，心中一片迷惘。

一边在家里待业，一边去人才市场叫卖自己，好不容易才被一家期货公司接收。待了三个多月，他痛苦不堪，对那些数字深恶痛绝，干脆辞职了。

一个哥们儿过来找他："和我一起去做药品推销吧，很赚钱的。"他不想再让父母养着，硬着头皮，四处奔波，去各家药店推销药品。当时已近10月，日头仍然毒辣，热得他满头大汗。靠着忠厚的外表，他赢得了不少信任，业绩不错，但是很快就被客户一一退货，因为根本就卖不掉。

一直到冬天，萧鼎做过外贸公司文员、保险公司业务员，但无一例外，待遇好的他做不来，能做的又连生活费都挣不到。

萧鼎就读的中华职业大学现已合并到福建工程学院

那段日子，他对自己灰心绝望到了极点，天天回家都苦着脸，最后到父亲的布店上班。

1999年初，萧鼎迷上了去网吧上网。每台电脑里都藏着一个深不可测的虚幻世界，他每夜都去闲逛：打游戏、聊天，看人与人斗嘴，看社会百态。2001年，他无意中来到一个玄幻武侠小说的网站。非常期待地读完一些作品，他失望不已：仍然写得太烂！

当时，他没有想过自己能写出什么著作，前几年时断时续的工作状态让他彷徨，而今的布店工作又让他觉得光明的出路遥遥无期。他想写武侠小说，想通过这条路寻求一种解脱，而非成功的诉求——他必须把内心的压力宣泄掉。

白天，他仍然看店，带一沓白纸和一支笔，勾画玄幻武侠的主人公。也许压抑太久，他文思如泉涌，只要布店不忙，他每天能写六七千字。因为他当时没有自己的电脑，晚上放下饭碗，就急急忙忙地跑去网吧，把文章敲到网络上。

在网上他是这样自我介绍的："少年时特立独行，锋芒太露，屡有挫折，后经人教诲，内敛圆滑，交得一班男女狐朋狗友，茫然度日，内心苦闷，不与人说，寄情写作。大学毕业，屡有重创，茫然无措，最后痛定思痛，收拾心情，夜深人静时有出世之心，但天一光亮，便觉得万丈红尘，竟是这般可爱，如此繁华，怎可舍却？天必降大任于我，我且独自前行！闲时写此书，以我心情私语！"

萧鼎将自己的第一部武侠小说《暗黑之路》的第一章贴上去时，战战兢兢。第二天，他眯缝着眼睛打开网页，只有一个跟帖，简单评论道："不错。"

凭借中国古典文化的熏陶，金庸小说的点化，他顺利完成小说的

开头，每晚把作品贴到网站论坛，次日便可看到网友们的回应，越来越热烈，越来越多赞扬，而且都期待着看下一章，催促他不停往下写。每一篇写就的帖子，成了他的责任和荣誉。

　　萧鼎一般是白天写作，正常来说在早上萧鼎精神比较好，写两个小时，下午的时候也写一两个小时。但真正写下去，他还是遇上了阻碍，有时白天写得很辛苦，晚上一看却觉得是垃圾，不想贴到网上。最郁闷的时候，他一天只能挤出几百个字，想象力枯竭。

　　后来，萧鼎找到了一个秘诀：蹲在椅子上写作。当然，他常常两腿酸麻，写完后起身，居然会猛地摔倒在地。

　　《暗黑之路》出版，萧鼎得到了2.8万元，激动不已。他首先购置了一台电脑，并且攒下余钱，这样相当长的一段时间内，自己可以安心写作，不用为生活费发愁。

　　写《暗黑之路》时，萧鼎的本意是写成魔幻，但写着写着就变成了政治权谋的斗争，他并不满意。因此，他开始创作《诛仙》。

　　以往的武侠，一定要有江湖，有江湖的秩序、江湖的道德观，但在《诛仙》里，萧鼎决定将背景设置得更夸张，并且推翻"江湖"的背景，在非江湖的时空中，不设置门派，没有框架，甚至对所谓的正派与魔派也要重新划分或者弱化。

　　《诛仙》一出，点击率超过3000万。

　　《诛仙》前3部出版后，短短两个多月的时间销售了35万册，《诛仙》前5部销售已逾100万册。出版社开始带着萧鼎四处签售，所到之处，粉丝们的热情，几乎让这个穷小子招架不住。

萧鼎笔名的由来

　　"萧鼎"这个名字是萧鼎最初上网时用的名字。萧鼎喜欢武侠小说，而这里面姓萧的人一般都是武功高强的人，鼎是我国古代的"国之重器"，很有气魄，于是萧鼎欣然用之。

罗琳：
现代版 "灰姑娘"

【偶像速写】

　　J.K.罗琳，英国女作家，本名乔安妮·凯瑟琳·罗琳，1966年7月31日生于英国的格温特郡。

　　1990年，在一间咖啡厅里，她将女儿放在桌边的婴儿车上，在女儿的吵闹声里开始构思 "哈利·波特" 系列小说。她的第一本书《哈利·波特与魔法石》前后共写了5年，接着又陆续出版 "哈利·波特" 系列小说6部。"哈利·波特" 系列小说目前已被译成64种文字，全球销售逾4亿册。她因此缔造了当代出版界的销售神话，也使自己成为财富超越英国女王的超级富婆。

【偶像经历】

　　罗琳的父亲是飞机制造厂的一名退休管理人员，母亲是一位实验室技术人员。小时候，罗琳是个戴眼镜的相貌平平的女孩儿，非常爱学习，有点儿害羞，流着鼻涕，还比较野。她从小喜欢写作和讲故事，6岁就写了一篇跟兔子有关的故事。创作的动力和欲望，从此没有离开过她。

　　罗琳热爱英国文学，在英国埃克塞特大学上学时主修的是法语和古典文学。毕业后，她只身前往葡萄牙发展，随即和当地记者乔治·阿朗蒂斯坠入情网。无奈的是，这段婚姻来得快也去得快。不久，她便带着 3 个月大的女儿杰西卡回到了英国，栖身于爱丁堡一间没有暖气的小公寓里。找不到工作的她，只好靠着微薄的失业救济金养活自己和女儿。

　　1990 年，25 岁的罗琳在曼彻斯特前往伦敦的火车中，一个瘦弱、戴着眼镜的黑发小巫师，一直在车窗外对着她微笑。他一下子闯进了她的生命，使她萌生了创作"哈利·波特"系列小说的念头。虽然当时她的手边没有纸和笔，但她开始天马行空地想象，终于把这个哈利·波特的男孩儿故事推向了世界。于是，哈利·波特诞生了——一个 10 岁小男孩儿，瘦小的身材，黑色乱蓬蓬的头发，明亮的绿色眼睛，戴着圆形眼镜，前额上有一道细长、闪电状的伤疤……

　　作为单身母亲，罗琳母女的生活极其艰辛。

　　1994 年，她刚刚和第一任丈夫离婚，独自带着年幼的女儿杰西卡在爱丁堡市一幢狭窄的平房中生活。当时罗琳处于失业状态中，她的失业救济金刚刚能够支付房租，而 600 英镑的租房押金还是一个朋友帮她支付的。

罗琳年轻时就读的埃克塞特大学是英国最古老的大学之一，有 150 年的历史。

在开始写作"哈利·波特"系列小说的第一部《哈利·波特与魔法石》时，罗琳因为自家的屋子又小又冷，时常到住家附近的一家咖啡馆里把哈利·波特的故事写在小纸片上。不过，她的努力很快得到了回报。该书一出版便备受瞩目，好评如潮。

罗琳分别于1998年与1999年创作了《哈利·波特与密室》和《哈利·波特与阿兹卡班的囚徒》，进一步轰动世界。2000年7月，随着第四部《哈利·波特与火焰杯》的问世，世界范围的"哈利·波特"热持续升温，创造了出版史上的神话。

最新公布的销售数字显示，"哈利·波特"系列第一集，已成为2001年英国最畅销的小说。它创下了用46种文字在全世界发行3500万册的惊人纪录。而根据"哈利·波特"系列拍摄的电影自从上映以来，也纷纷在世界不少地方打破当地的票房纪录。其作品已被译成60多种文字，在200多个国家和地区销售。

2001年，罗琳与麻醉医师尼尔·默里在苏格兰的新居举行结婚典礼。有趣的是，罗琳与前夫所生的8岁大的女儿，在母亲的再婚礼上充任三位伴娘中的一位。现在，罗琳与丈夫已经有了一个儿子。

目前，"哈利·波特"系列小说在全球售出至少4亿册，并引带出了一个总值70亿英镑的附带工业。罗琳成了世界上最富有的女性之一，私人财富多达5.45亿英镑。

虽然有了巨大的财富，罗琳却时时克制自己不要花太多钱买礼物给女儿，以免宠坏了她，对自己也是如此。有一回，她看上了一件价值三位数英镑的衣服，迟迟不敢下决心，来来回回跑了那家服装店5次，才发狠买下那件衣服。

罗琳的故事犹如现代版"灰姑娘"的故事，在世界各地流传。

电影中的哈利·波特

村上春树：
直面都市人的孤独与失落

村上春树，1949年出生，日本著名小说家。

他的作品容易阅读，但不易读懂。极简主义与明晰的文风结合，使他成为高度可读的作家，但其文学世界的复杂性，即便对初读者来说，也十分显著。他的小说的主人公通常为反英雄，叙述在一个并行的疏离世界里其生活故事的荒谬，这令他入列以同一精髓写作的作家群，包括卡夫卡、加缪以及1971年的耶路撒冷奖得主博尔赫斯。

村上春树出生于日本京都市伏见区，是家中独子，性格内向。父母对村上春树的管教开明而严谨，鼓励他阅读，因此村上春树很小就可以看自己爱看的书。

高中毕业后，村上春树考法律系落榜，当了一年的重考生。后来村上春树考取早稻田大学文学戏剧系。20世纪60年代末，身处日本激进学运时代的村上春树几乎不去上课，他说："高中时，我不读书；大学时，我是真的没读书。"

1968年4月，村上春树认识了同堂上课的高桥阳子。当时阳子仍有交往对象，不

久之后日本学运风潮兴起，两人才开始出双入对。

1971年10月，村上春树不顾家里的反对，与阳子结婚，随后与阳子父亲同住，为此他花了7年时间才修完大学学分。

夫妻两人白天到唱片公司工作，晚上在咖啡馆打工。3年后，村上春树贷款250万元日币，在东京西郊国分寺车站南口的地下一楼，开设了一家以"村上宠物"为名的爵士咖啡馆。

1978年，村上春树29岁那年看了一场棒球赛，突然萌生了写小说的念头。球赛结束后，村上春树就到文具店买了钢笔和纸，开始创作他的第一部小说《且听风吟》。

由于写作时间有限，第一部小说的句子和章节都很短。这部小说大约花了村上春树6个月的时间。他拿着《且听风吟》参加文学杂志《群像》组织的新作家文学竞赛，结果一举赢得1979年的《群像》新人文学奖。之后村上春树应出版社之邀，先交出了一些短篇小说、翻译作品和散文，1980年完成第二部长篇小说《1973年的弹球游戏机》，接续《且听风吟》，描述主角们后来的遭遇。

1985年，村上春树费时8个月完成的长篇小说《世界末日与冷酷的仙境》出版，一举拿下日本文坛大奖"谷崎润一郎奖"，村上春树成为日本二战后首位青年得奖者。

1986年起，村上春树与妻子在欧洲旅居3年，1987年完成了日本近代文学史上销量排名第一的长篇小说《挪威的森林》。《挪威的森林》上、下册同销出700余万册（1996年统计）。日本人口为我国的十分之一，就是说此书几乎每15人便拥有一册。

村上春树获得2009年度的耶路撒冷文学奖

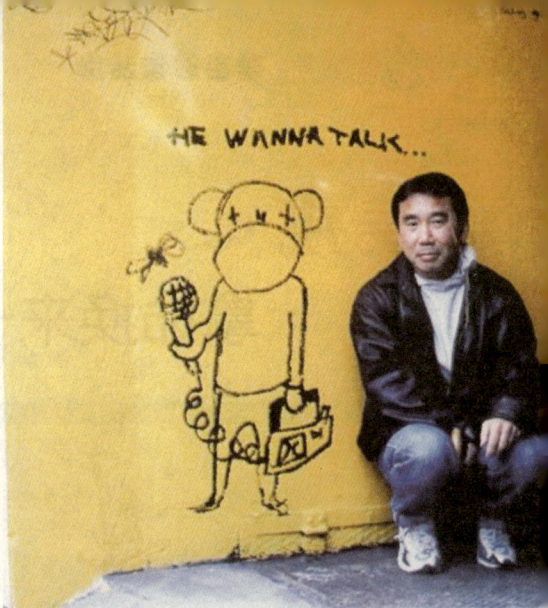

《挪威的森林》是中国读者最熟悉的村上春树的代表作。《挪威的森林》本是20世纪60年代甲壳虫爵士乐队创作的一支"静谧、忧伤，而又令人莫名地沉醉"的乐曲，小说主人公的旧日恋人直子曾百听不厌。中国人为什么选择村上春树？是他和他的作品带给我们思想的特异空间，而轻描淡写的日常生活片断唤起的生活气氛令我们有所共鸣。更重要的是他以20世纪60年代的背景道出90年代甚至世世代代年轻人的迷惑与无奈。

《挪威的森林》所带来的高度关注与成功并未让村上春树感到惬意与喜悦，却促使他打消了3年欧洲旅行回国后久居日本的念头。追求良好写作环境的村上春树于1991年应美国友人的邀请，旅居美国普林斯顿大学，担任访问学者兼驻校作家，并在1992年担任该校东方语文学系日本文学课程的客座讲师。旅居美国期间，他开始撰写长篇小说《发条鸟年代记》三部曲，1995年初回到日本居住。

村上春树生活规律，并以每日慢跑训练、参与各地马拉松长跑以及喜爱爵士乐、摇滚乐和美国当代著名作家费兹杰罗而闻名。他的旅游足迹遍及欧洲大陆与南美的墨西哥、中国的内蒙古，他还有开车横跨美国大陆的纪录。遍访世界后，他写了旅途纪事与旅居随笔、散文《边境、近境》、《终于悲哀的外国语》、《远方的鼓声》、《雨天、炎天》等。

从20世纪90年代起，村上春树作品的英译版本陆续问世。2005年，长篇小说《海边的卡夫卡》英译本名列《纽约时报》年度十大好书小说类首位。

村上春树获得了2009年度的耶路撒冷文学奖。耶路撒冷文学奖创设于1963年，每两年颁发一次。

姜戎：
拿命换来一个故事

【偶像速写】

姜戎，原名吕嘉民，1946年4月出生；中国劳动关系学院教师，畅销书《狼图腾》的作者。

一个北京人58岁时写了一部50万字的名为《狼图腾》的小说，描写自己21岁时到内蒙古当"知青"的草原生活。小说首次印刷了2万册，但是很快成为畅销书，4年里卖了240万册。4年里，《狼图腾》没有登入主流文学界的界面，却在网络上被争吵不休。2008年初，《狼图腾》入围茅盾文学奖的评选，但是作者紧急取消了自己的获奖资格。

【偶像经历】

1946年，姜戎出生于苏北，父亲是抗战时期参加新四军的老革命，建国后任江苏省卫生厅厅长，母亲是知识分子，因参加革命在战场上受伤致残。和那个年代所有干部子弟一样，姜戎从小接受的是共产主义接班人的教育。

1967年11月16日，"上山下乡"运动的前一年，21岁的姜戎和120名北京知青离开北京，奔赴内蒙古锡林郭勒大草原。十几天以后，他们到达东乌珠穆沁旗。当时的满都宝力格牧场领导希望这

些北京来的学生能留在场部领导牧民们搞革命，姜戎和陈继群却执意来到离边境不远的牧场，直接住到山脚下牧民的蒙古包里。

当时呈现在他们眼前的草原，还带着千百年没有变过的面貌。无边的草原，除了他们和羊群、牛、马外，还有狼群。

刚去草原不久，姜戎经历了惊心动魄的一幕：有一天，姜戎和一位当地牧民去80多里外的场部办事。牧民留下开会，姜戎骑马带着文件回大队。因为急着赶路，他没有按照牧民的叮嘱走大路，而是从草原上抄近路回家。

在姜戎的驱策下，大青马哆哆嗦嗦地走进了一个山谷。姜戎突然发现，不到40米远的山坡上有一群狼。最危险的关头，姜戎想起牧民教给他的经验，把脚踩的钢镫举到胸前对砸起来，并且发出当地牧民围猎狼时的独特声音，总算吓走了狼群。

草原上狼多。夜晚，姜戎打开手电筒，几十米以外，点点回闪的光亮都是狼的眼睛。回到帐篷里，他和牧民聊天，话题都是狼和羊。

有了这样的生活经历，姜戎慢慢对狼产生了兴趣，并把从牧民那里听来的狼故事记在日记本里。

在草原的11年，大多数日子都是这样度过的：白天，在远离北京的草原上，姜戎骑着马在蓝天白云下，自由地放牧羊群。姜戎从北京带去的浪漫革命理想与青春生命的热血，在荒芜人烟的大草原面前，渐渐地被阵阵北风吹凉。

1978年，在知识青年返城浪潮中，姜戎离开草原回到北京。1979年4月，以较好的考试成绩（他的常识课考了第一）以及一篇关于国家体制改革的论文，考上了中国社会科学院马列所于光远、苏绍智、张显扬的硕士研究生。

从社科院毕业一年后，姜戎进入北京一所高校执教，从此潜心研究学术。

搞了那么多年的学术理论研究，姜戎却一直心存写小说的愿望。《狼图腾》动笔于1998年，整个写作过程被他称为"核裂变"。在自己插队的经历和草原生活的基础上，姜戎把自己的人生哲学、游牧民族和农耕文化民族差异及融合的一己之见写进《狼图腾》中。

姜戎书中所描述的"狼性"，从根本上颠覆了千百年来传统文化中对于"狼性"的偏见和歪曲。可以说，绝大多数汉族人连一条野狼都没见过，信奉眼见为实的中国人，有什么资格妄言狼性呢？草原上真实的"狼性"，虽然富于攻击性、杀戮性，但同时更具有自由独立、强悍进取、顽强竞争、聪明机警、善于团队合作、富于亲情、富于家庭责任感等种种美德。姜戎所发现的"狼性"，早已脱离并超越了那种传统的陈腐理念、幼儿读物的认识水准，还原给"狼性"一个公道的评价。

定稿时，姜戎在小说前加了两句话："献给卓绝的草原狼和草原人，献给曾经美丽的内蒙古大草原。"

虽然没有作大的宣传推广，但是不到两个月，《狼图腾》就开始脱销，接连加印，成了畅销书。书市上还出现了《狼道》、《狼性》、《酷狼》、《狼图腾启示录》、《从狼群争斗中学的经营管理》、《狼性规则》等近60本跟风书。目前，《狼图腾》已经签下20多种外文翻译合约，在海外出版了意大利文、日文、法文等7种外文版本。

对于《狼图腾》的畅销，63岁的姜戎并不感到意外。他说："我的小说不是写出来的，也不是编出来的。它是我拿命换来的一个故事。"

中学生崇拜的 128个偶像

（中）

ZHONG XUE SHENG CHONG BAI DE
128 GE OU XIANG

曾微隐/编著

吉林人民出版社

英雄楷模

崇拜理由：

在英雄日益稀缺、道德开始滑坡、人心逐渐隔膜的今天，他们以坚定的信仰、高尚的人格、惊天地的壮举、感人的事迹、敬业的精神，为人们送来了一缕阳光，将人类之顽强意志以及真善美与责任感演绎得淋漓尽致，感动了已经成人化的中学生。

江竹筠：
共产党员的意志是钢的

　　江竹筠，人称"江姐"。1920年8月20日出生于四川省自贡市大山铺江家湾的一个农民家庭，曾是四川大学农学院的大学生。1949年11月14日，在重庆解放的前夕，被国民党军统特务杀害于渣滓洞监狱，献出年仅29岁的生命。

　　在国人心中，她是革命意志坚强的代表。她的一句名言曾感动、激励了无数人的心："严刑拷打算不了什么，竹签子是竹子做的，而共产党员的意志是钢的。"当新中国的五星红旗在天安门升起时，她和渣滓洞里的难友们虽然不知国旗的图案，但是以憧憬的心情绣制了这面代表解放的旗帜。1944年她参加中苏友协招待会时，看到了苏联故事影片《丹娘》——英勇不屈的卓娅成为她心目中的楷模。在狱中受尽酷刑后，难友们把她称为中国的"丹娘"。

【偶像经历】

　　1928年，江竹筠随母亲到重庆投靠亲戚，进入基督教会办的孤儿院小学校读书。1939年春，江竹筠考上中国公学附中读高中。同年夏，江竹筠加入中国共产党。1940年秋，江竹筠考入中华职校会计训练班，同时任该校和附近地下党组织的负责人。

　　1941年秋，江竹筠从职校毕业，

到曾家岩重庆妇女慰劳总会工作，担任新市区区委委员。1943 年 5 月，江竹筠接受党组织的任务，给地下党重庆市委委员彭咏梧当助手，并和他假扮夫妻。

这个"家庭"成为重庆市委的秘密机关，设在国民党陪都的红色据点，地下党组织整风学习的指导中心。1944 年 5 月，为避特务跟踪，转移到成都。两个月后，江竹筠考入四川大学农学院植物病虫害系。

1945 年，经组织批准，彭咏梧和江竹筠结为夫妇。一年后，儿子彭云出世。夫妇二人把孩子寄养在别人家里。江竹筠为了在地下斗争中轻装上阵，做了绝育手术。1946 年暑假，经党组织决定回到重庆做彭咏梧的助手。

1947 年初，受中共重庆市委指派，江竹筠负责联系重庆育才学校、国立女子师范学院和西南学院。江竹筠在反内战、反饥饿、反压迫和声援南京"五二○"血案学运高潮期间，同这些学校的教工、学生一起，与国民党反动派进行了英勇的斗争。江竹筠在领导学运期间，发展党员十多人，"六一社"社员四五十人。同时，江竹筠为市委办的地下刊物《挺进报》递送稿件和组织发行。1947 年

重庆渣滓洞监狱刑讯室

秋，江竹筠任川东临时工作委员会委员、川东地委联络员，与丈夫彭咏梧一起赴云阳、奉节、巫山地区，组织武装暴动。

1947年秋，彭咏梧、江竹筠夫妇奉中共南方局的指示赴川东打游击。第二年春节前夕，彭咏梧牺牲，头颅被敌人割下挂在城门上示众。江竹筠路过城门时突然看到这一情景，心如刀绞，为防止旁边的敌人发现，却要表现出镇定的样子。

1948年6月14日，因叛徒出卖，江竹筠遭敌人逮捕，被押往重庆渣滓洞监狱。在狱中，面对敌人的种种酷刑，江竹筠坚贞不屈。她的手指被敌人用筷子夹烂，又被钉上竹签，任敌人施用酷刑，仍严守机密。

江竹筠受酷刑拷问之后，难友诗人蔡梦慰用竹签蘸红药水在草纸上写下了《黑牢诗篇》，表达了对她的敬佩："可以使皮肉烧焦，可以使筋骨折断，铁的棍子，木的杠子，撬不开紧咬着的嘴唇！那是千百个战士的安全线啊，用刺刀来剖腹吧，挖得出来的，也只有又红又热的心肝！"

在江竹筠受刑最惨烈的日子里，渣滓洞牢房里的难友们有的替她包扎伤口，有的写慰问信，她们用竹签当笔，蘸红药水把赠言写在草纸上。其中何雪松代表全体难友献给江竹筠的诗这样赞颂道："你是丹娘的化身，你是苏菲娅的精灵，不，你就是你，你是中华儿女革命的典型。"

江竹筠组织狱中同志有计划地学习，几次带头参加全狱性的集体斗争。1949年春节，她和女牢的难友用被面做衣裙，在监狱的小院坝上表演秧歌舞，高唱革命歌曲，鼓舞难友的斗志。江竹筠还做看守的工作，并通过他与狱外地下党建立了初步联系。

江竹筠等烈士在狱中绣的红旗

1949年11月14日，江竹筠被特务秘密枪杀。

解放后，中国青年出版社出版发行了28万册的《在烈火中永生》。此后，罗广斌、杨益言以3年的艰苦创作写出长篇小说《红岩》，此书仅在国内就先后发行800多万册，影响了一代人。

江竹筠的事迹不仅作为长篇小说的素材，而且搬上了舞台、银幕和屏幕。例如，歌剧《江姐》是1964年由解放军空军政治部文工团首度排练和演出的，公演后很快在全国引起轰动。在风风雨雨的35年里，《江姐》经三代演员四度复排，前后共演出460余场，被赞誉为中国歌剧史上里程碑式的作品。其中的唱段如《绣红旗》、《红梅赞》等脍炙人口，被广为传唱。

丹娘

《丹娘——一个游击队女英雄的故事》系前苏联著名电影，详细记述了年仅18岁的"苏联英雄"卓娅献身的壮烈经过。卓娅·科斯莫捷米扬斯卡娅战前是莫斯科的一名中学生，卫国战争爆发后她毫不犹豫地报名参加了游击队，深入德寇占领区顽强地打击敌人。不幸的是，卓娅在一次行动中被希特勒匪帮俘获。面对敌人的审讯，卓娅自称"丹娘"。卓娅以丹娘为名，源自生前她曾读过的《丹娘·索罗玛哈》中丹娘的故事。这篇特写描述了一位英雄的姑娘丹娘·索罗玛哈的形象。国内战争年代，丹娘为了苏维埃的革命事业同白匪进行了坚决的斗争，被白匪俘获后忍受了一切酷刑，在1918年一个严寒的冬日被白匪杀害。

董存瑞:
舍身为国的爆破英雄

【偶像速写】

董存瑞，1929年出生于河北省怀来县。

在1948年5月25日我军攻打隆化城的战役中，他所在的连队担负攻击国民党守军防御重点隆化中学的任务。部队受阻于开阔地带，他毅然抱起炸药包，冲向暗堡，前进中左腿负伤，他顽强坚持，冲至桥下。由于暗堡距地面超过身高，两头桥台又无法放置炸药包。危急关头，他毫不犹豫地用左手托起炸药包，右手拉燃导火索，高喊："为了新中国，冲啊！"碉堡被炸毁。他以自己的生命为部队开辟了前进的道路，年仅19岁。

【偶像经历】

董存瑞出身于贫苦农民家庭。当过儿童团长，13岁时曾机智地掩护区委书记躲过侵华日军的追捕，被誉为"抗日小英雄"。1945年7月参加八路军，后任某部六班班长。1947年3月加入中国共产党。董存瑞军事技术过硬，作战机智勇敢，在一次战斗中只身俘敌十余人。

1945年春，董存瑞参加当地的抗日自卫队，同年7月参加八路军。1946年4月初，在察北重镇独石口遭遇战中，他机智地夺下敌人的一挺机枪而被记大功一次，被部队授予勇敢奖章。

1947年初的长安岭狙击战，董存瑞在班长牺牲、副班长重伤的情况下，挺身而出自任班长，如期完成狙击任务，又立大功一次。

1947 年 3 月，在平北整训期间，

董存瑞纪念馆位于延吉市董存瑞生前所在部队营区

董存瑞加入中国共产党。毛泽东提出"打倒蒋介石，解放全中国"的号召后，各战略区的部队纷纷练习城市攻坚战。当年解放军没有飞机，也缺少坦克，攻坚主要靠有限的炮兵和步兵实施爆破。董存瑞带领的班被师、团领导誉为"董存瑞练兵模范班"，他本人被授予"模范爆破手"称号。

1948年5月初，董存瑞所在部队参加冀热察战役。隆化县城是热河省会承德的拱卫，敌人事先在这里修筑了大量碉堡，有些特殊构筑的暗堡还被称为"模范工事"。

1948年5月25日，进攻隆化县城的战斗打响。董存瑞所在的6连负责拔除敌人的核心阵地——隆化中学。临出发前，身为爆破组组长的董存瑞，代表大家表决心："我就是死后化成泥土，也要填到隆化中学的外壕里去，让大家踩着我们把隆化拿下来！"

董存瑞带领战友接连炸毁了敌人3个炮楼、5个地堡。打开隆化中学东北角的外围工事之后，敌人隐藏在围墙外干河道上暗堡的机枪突然开火，部队遭受严重伤亡，突击受阻，而派去爆破的战友又一个个在中途倒下。

面对敌人碉堡的凶猛火力，董存瑞再次请战，在战友的掩护下冲到桥底。此时，他的左腿被敌人的机枪打断，暗堡的底部离干涸的河床还有一段高度，河道两侧护堤陡滑，他两次安放的炸药因没有木托都滑了下来。此时，冲锋号已经吹响，拖延一分钟就会有更

多的战友牺牲。董存瑞用身体做支架，左手托起炸药包，右手拉燃了导火索。随着天崩地裂的一声巨响，敌人的暗堡被炸毁，红旗插进了隆化中学。董存瑞用自己年轻的生命为部队的胜利开辟了道路。

为铭记董存瑞的牺牲精神，1948年7月10日，冀热察行署决定，并经中央军委批准，隆化中学更名为存瑞中学。

董存瑞成为人民解放军的6位经典英烈之一。1950年，全国战斗英雄、劳动模范代表会议决定，追认董存瑞为全国战斗英雄，毛泽东在会上亲切接见了董存瑞的父亲；1957年5月29日，朱德为董存瑞烈士纪念碑写了"舍身为国，永垂不朽"的题词；1998年，为纪念董存瑞牺牲40周年，聂荣臻题词"舍己为国，人之楷模"，张爱萍题词"为国勇捐躯，万代颂英雄"。

董存瑞的父亲董全忠生于1900年。新中国成立后，董全忠作为英雄的父亲受到了尊敬和爱戴，1991年，92岁的董全忠老人与世长辞；董存瑞的母亲孙珍，是一位本分的农村妇女，一直操持家务，她在1977年80岁时病逝；董存瑞的妻子卢长岭，比董存瑞大3岁，董存瑞牺牲后卢长岭为夫守孝3年，在董家老人再三劝说下改嫁，改嫁后生有一个女儿，没多久就生病去世。

董存瑞有3个姐姐，大姐董存娥、二姐董存英、三姐董存珍。董存珍死得早，董存娥、董存英前几年相继故去。董存瑞的妹妹董存梅生于1941年，1996年退休后，和老伴儿在北京生活。几十年来，董存梅无愧于英雄妹妹的身份，传播董存瑞精神，支持"希望工程"，留下不少佳话。

黄继光：
上甘岭精神的代表

【偶像速写】

黄继光，1930年11月20日出生。

在他参战的上甘岭阵地上，草木荡然无存，岩石构成的山头被打成半米多深的粉末堆。在这种常人难以想象的火海弹雨中，他和无数英勇的志愿军战士，以血肉之躯，打退了拥有世界上最强大火力的侵略者。

【偶像经历】

黄继光于1930年11月20日出生于四川省中江县一个山村，家境极为贫寒，在他六七岁时，父亲因受地主欺压，病恨交加而死。黄继光从小就给地主扛长工、割草放牛。

1949年冬，家乡解放，村里组织起农会，黄继光不但成为农会第一批会员，积极斗争地主，而且当上村里的民兵。

1950年抗美援朝战争开始，国内停止复员并大量征兵。1951年3月，中江县征集志愿军新兵时，黄继光在村里第一个报名。体检时，他因身材较矮开始未被选中。后来，来征兵的营长被黄继光参军的热情所感动，同意破格录取。

到朝鲜前线后，黄继光被分配到第十五军第一三五团二营六连任通信员。1952年4

121

月，部队到五圣山前沿阵地接防，本想杀敌立功的黄继光却被分配到了连队后勤。经过副指导员细致的思想工作，黄继光明白了后勤工作的重要性，样样工作都干得很出色。1952年7月黄继光加入中国新民主主义青年团。经上级批准，他荣立三等功一次。

1952年10月14日，上甘岭战役开始打响。10月19日夜，黄继光所在的二营奉命反击占领597.9高地表面阵地之敌。部队接连攻占3个阵地后，受阻于零号阵地，连续组织3次爆破均未成功。时近拂晓，如不能迅速消灭敌中心火力点，夺取零号阵地，将贻误整个战机。关键时刻，时任某部六连通信员的黄继光挺身而出，请求担负爆破任务。他在决心书上写道："坚决完成上级交给的一切任务，争取立功当英雄，争取入党。"黄继光当即被任命为第六班班长。

黄继光带领两名战士勇敢机智地连续摧毁敌人几个火力点，一位战友不幸牺牲，另一位战友身负重伤，黄继光的左臂也被打穿。面对敌人的猛烈扫射，黄继光忍着伤痛，迅速抵近敌中心火力点，连投几枚手雷，敌机枪顿时停止了射击。当部队趁势发起冲击时，残存在堡内的机枪又突然疯狂扫射，攻击部队再次受阻。这时黄继光多处负伤，弹药用尽。

为了战斗的胜利，黄继光顽强地向火力点爬去，靠近地堡射孔时，他突然奋力扑了上去，用自己的胸膛，死死地堵住敌人正在喷

黄继光纪念馆1962年建在黄继光故乡四川省中江县城文庙内，1989年迁至魁山脚下的御马河畔。

射火舌的枪眼，壮烈捐躯。在黄继光英雄壮举的激励下，部队迅速攻占零号阵地，全歼守敌两个营。

战友们冲上零号阵地时发现，黄继光敦实的身躯仍然压在敌人的射击孔上，他的手牢牢地抓着周围的麻袋，宽阔的胸膛紧紧地堵着敌人的枪口……

人们看到，黄继光的腿已被打断，身上有7处重伤，黄继光的身后有一道长长的血印。牺牲后的黄继光全身伤口都没有流血，地堡前也没有血，因为血都在路上流光了。

在战友负伤牺牲、自己所携弹药用光的情况下，黄继光毅然用自己的身躯堵住了敌人的枪眼，为冲锋部队的胜利开辟了通路，牺牲时年仅22岁。

志愿军总部追授黄继光"特级英雄"称号——至今仅有杨根思和黄继光获得过这一级别的荣誉。部队党委追认黄继光为中国共产党党员，追授"模范团员"称号。朝鲜民主主义人民共和国最高人民会议常任委员会追授他"朝鲜民主主义人民共和国英雄"称号和金星奖章、一级国旗勋章。黄继光最后长眠于沈阳北陵烈士陵园。

黄继光参加的空前惨烈的上甘岭战役，在当时创造了世界战争史上火力密度的最高纪录。在仅4平方公里的阵地上，"联合国军"先后投入6万人的兵力，190万发炮弹和5000枚航弹，最多一天达30万发。志愿军也陆续投入兵力4万余人，发射炮弹40万发。当时，阵地上草木荡然无存，岩石构成的山头被打成半米多深的粉末堆。在这种常人难以想象的火海弹雨中，志愿军能够打退拥有世界上最强大火力的以美国为首的侵略者，主要原因在于有无数黄继光这样的英雄。

雷锋:
全心全意为人民服务

【偶像速写】

雷锋,湖南省望城县人,1940年12月18日出生于穷苦农民家庭。他7岁沦为孤儿,对中国共产党怀有深厚的感情。1960年11月他加入中国共产党,1961年6月被选为抚顺市人民代表,1962年8月15日因公殉职,年仅22岁。生前他任沈阳军区工兵第十团运输连四班班长。1963年1月7日,雷锋生前所在班被国防部命名为"雷锋班",同年3月5日,毛泽东发出"向雷锋同志学习"的号召。

【偶像经历】

雷锋,原名雷正兴,1940年出生于湖南省长沙望城县简家塘一个贫苦农民家庭。

雷锋出生的时候,正是抗日战争时期,人民生活于水深火热之中。雷锋曾在一篇日记中写道:"我家里很穷,父、母、哥、弟都死在民族敌人和阶级敌人的手里,这血海深仇,我永远铭记在心。"

雷锋在不满7岁时就成了孤儿,邻居家的六叔奶奶收养了他。他为了帮助六叔奶奶家,常常上山砍柴,可是,当地的柴山全都被地主婆霸占了,不许穷人去砍柴。有一天,雷锋到蛇形山砍柴,被徐家地主婆看见,这个地主婆指着雷锋破口大骂,要雷锋把柴运到她家,并抢走了柴

刀，雷锋哭喊着要夺回砍柴刀，可地主婆竟举起柴刀在雷锋的左手背上连砍三刀，鲜血顺着手指滴落在山路上。

1949年8月，湖南解放时，雷锋找到路过的一位解放军连长要求当兵。连长没同意，但把一支钢笔送给他。1950年，雷锋当了儿童团团长，积极参加土改。同年夏，乡政府的党支书供他免费读书，后来雷锋加入少先队。

1956年夏，雷锋小学毕业后在乡政府当了通信员，不久调到望城县委当公务员，并于1957年加入共青团。1958年春，雷锋到团山湖农场，只用一周的时间就学会了开拖拉机。

1958年10月下旬，鞍钢来望城招工，雷锋决定报名，早有心意的他觉得这是个改名的机会。他觉得"锋"字既有先锋的意思，又与钢铁结缘，并把想法告诉两位同事以征求意见，在招工表上他第一次写下了这个名字。

雷锋离开家乡到鞍钢后就没再用雷正兴这个名字，但是把雷峰（他在望城当公务员时县委书记张兴玉取的）和雷锋两个名字混用。直到参军后他觉得用雷锋（冲锋的锋）更适合军人身份，所以"雷峰"也不再用了。1959年8月，他来到条件艰苦的弓长岭焦化厂参加基础建设，曾带领伙伴们冒雨奋战保住了7200袋水泥免受损失，

雷锋精神

雷锋精神是以雷锋为典范的全心全意为人民服务的共产主义精神，主要特点是：忠于共产主义事业，毫不利己，专门利人，在不同岗位上干一行爱一行，甘当一颗永不生锈的螺丝钉，把有限的生命投入到无限地为人民服务之中去，忘我劳动，助人为乐，做一个平凡而伟大的共产主义战士。

当时的《辽阳日报》报道了这一事迹。在鞍钢和焦化厂工作期间，雷锋曾3次被评为先进工作者，5次被评为标兵，18次被评为红旗手，并荣获"青年社会主义建设积极分子"光荣称号。

1959年12月征兵开始，雷锋迫切要求参军，焦化厂领导舍不得放他走。雷锋跑了几十里路来到辽阳市兵役局表明参军的决心。雷锋身高只有1.54米，体重不足110斤，均不符合征兵条件，但因政治素质过硬和有技术，最后被破例批准入伍。参加人民解放军后，雷锋被编入工程兵某部运输连四班，任班长。他全心全意为人民服务，只要是对人民有利的事，他都心甘情愿地去做。他曾多次立功，被评为节约标兵和模范共青团员。1960年11月雷锋入党，并被选为抚顺市人民代表。

1962年8月，雷锋因公殉职。

雷锋牺牲后，他的日记陆续被一些新闻媒体报道出来。中国青年杂志社觉得这是和平时期青年的一个楷模，打算在1963年3月2日出一本合刊介绍雷锋事迹。2月17日，他们给毛泽东写信希望能为雷锋题词，毛泽东看信后为了全面概括雷锋同志一切从人民利益出发、全心全意为人民服务的精神，写下了"向雷锋同志学习"这一著名题词。3月2日，题词在《中国青年》上刊出；4日，新华社发通稿；5日，全国各大报纸纷纷刊载毛泽东"向雷锋同志学习"的题词。后来，中央决定，把3月5日定为雷锋纪念日。

《雷锋日记》

1963年4月，《雷锋日记》由解放军文艺出版社出版。日记共有121篇，约4.5万字，曾风行神州大地。雷锋虽然只有初中文化程度，但他留下的几百篇日记，充满着理性的思考，其中，平实朴素而简练生动的语言，信手拈来却恰到好处的修辞，也值得中学生学习。

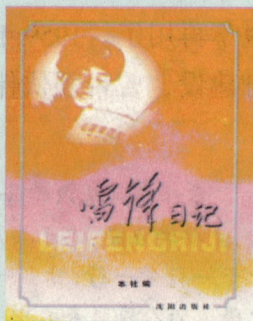

焦裕禄：
好公仆，一身死，万民哭

【偶像速写】

　　焦裕禄，1922年出生于博山县崮山乡北崮山村（今属山东省淄博市博山区北崮山村）。

　　在中国的《新三字经》里，流传着"焦裕禄，好公仆，一身死，万民哭"这样的句子。他享乐在后，心里装着群众，唯独没有自己；他实事求是，脚踏实地，艰苦奋斗，不向困难低头，不断开拓进取；他清正廉洁，无私奉献，为人民利益鞠躬尽瘁，死而后已。他的精神的影响，已远远跨过兰考，跨过河南，催生一批又一批焦裕禄式的好干部。

【偶像经历】

　　1922年8月16日，焦裕禄出生于一个贫农家庭。因生活所迫，只在幼年时代读了几年书，后在家乡参加劳动。

　　抗日战争初期，日寇、汉奸和国民党反动派对劳动人民的剥削和压迫越来越残酷，焦裕禄家中的生活越来越困难。在抗日战争最艰苦的年代里，他的父亲焦方田走投无路，被逼上吊自杀。日伪统治时期，焦裕禄曾多次被日寇抓去毒打、坐牢，后又被押送到抚顺煤矿当苦工。

电影《焦裕禄》海报

焦裕禄忍受不了日寇的残害，于1943秋天逃出虎口，回到家中，因无法生活下去，又逃到江苏省宿迁县，给一家姓胡的地主扛了两年长工。

1945年抗日战争胜利后，焦裕禄从宿迁县回到自己的家乡。当时他的家乡虽然还没有解放，但是共产党已经在这里领导群众进行革命活动，焦裕禄主动要求当了民兵。当民兵后，他参加过解放博山县城的战斗。

1946年1月，焦裕禄在本村加入中国共产党。1946年3月，焦裕禄正式参加了本县区武装部的工作，在当地领导民兵，坚持游击战争。解放战争时期，他带领民兵参加过不少战斗，以后又调到山东渤海地区参加过土地改革复查工作，担任过组长。

解放战争后期，焦裕禄随军离开山东，到了河南，被分配到尉氏县工作，一直到1951年。焦裕禄先后担任过副区长、区长、中共区委副书记、青年团县委副书记等职。而后又被先后调到青年团陈留地委和青年团郑州地委工作，担任过团地委宣传部长、第二副书记等职。

1953年6月，焦裕禄响应党的号召，被调到洛阳矿山机器制造厂参加工业建设，直到1962年。他在这个工厂担任过车间主任、科长。在此期间，焦裕禄还到大连起重机厂实习了一年多。1962年6月，为了加强农村工作，焦裕禄又被调回尉氏县，任县委书记处书记。

1962年12月，焦裕禄被调到兰考县，任县委第二书记、书记。

在兰考县，焦裕禄始终保持艰苦朴素的作风，他长期有病，家里人口又多，生活比较困难，可是他坚决拒绝救济。

焦裕禄的衣、帽、鞋、袜都拆洗过很多次，补了又补，缝了又缝的，虽然破旧得很厉害，但是焦裕禄总是舍不得换。焦裕禄的爱人徐俊雅最后生气了，不给他补，他就自己动手补。

1964年春天，正当兰考人民同涝、沙、碱斗争取得较大进展的时候，焦裕禄的肝病越来越重。他开会、作报告，经常用右膝顶住肝部，不断用左手按住疼处。有时，用一个硬东西一头顶着椅子，一头顶住肝部。天长日久，他坐的藤椅，被顶出一个大窟窿。

焦裕禄从不把自己的病放在心里。他说："病是个欺软怕硬的东西。你压住它，它就不欺侮你了。"

组织上劝他住院治疗，焦裕禄总是说："工作忙，离不开。"给他请来一位有名的中医，开了药方，他嫌药贵，不肯买。他说："灾区群众生活很困难，花这么多钱买药，我能吃得下吗?"

县委的同志背着他去买来三剂，强让他服下了，但他执意不再服第四剂。

1964年5月14日，焦裕禄的心脏停止了跳动。一位普通的领导干部，一个优秀的共产党员，县委书记的榜样，人民群众的贴心人——焦裕禄走完了他那完全、彻底为人民服务的光辉灿烂的一生，与世长辞。年仅42岁。

焦裕禄烈士陵园位于兰考县城北黄河故堤上

张海迪：
把光留给人间

张海迪，1955年秋天出生于济南。

她写小说，画油画，跳芭蕾，拍电视，唱歌，读硕士……甚至很喜欢香水，她活得有滋有味儿。一次采访中，主持人朱军问她，这样坐着是不是很难受？她说是的，非常难受，可已经这样坐着40年了。快乐是很难的，她看上去很快乐，哪怕是在最痛的时候也能做出一副灿烂的笑脸。她现在的身份是作家，但写作是痛苦的，她得了大面积的褥疮，骨头都露出来了。她又做过几次手术，手术是痛苦的，她的鼻癌是在没有麻醉的情况下实施手术的。第一次听说自己得了癌症，她甚至感到欣喜，因为终于可以解脱了，但是她却活了下来。

【偶像经历】

张海迪5岁患脊髓病，胸以下全部瘫痪。从那时起，张海迪开始了她独特而有意义的人生。

在残酷的命运挑战面前，张海迪没有沮丧和沉沦，她以顽强的毅力和恒心与疾病作斗争，经受了严峻的考验，对人生充满了信心。她虽然没有机会走进校门，但是发愤学习，学完了小学、中学全部课程，自学了大学英语、日语、德语和世界语，并攻读了大学和硕士研究生的课程。

1970年，张海迪15岁的时候，跟着父母到农村生活。在农村，她处处为别人着想，为人民做事。她发现小学校没有音乐教师，就主动到学校教唱歌。课余还帮助学生组织自学小组，给学生理发、钉扣子、补衣服。她发现村里缺医少药，就决心学习医疗常识和技术，用零花钱买医学书、体温表、听诊器和常用药物。

在农村，张海迪先后自学了《针灸学》、《人体解剖学》、《内科学》、《实用儿科学》等十几种医学专著，同时向有经验的医生请教，学会了针灸等医术，为群众无偿治疗达1万多人次。张海迪学针灸时，为了体验针感，在自己身上反复练习扎针。短短的几年，她居然成了当地一个年轻的"名医"，只要有人求医，她就热情接待。重病号不能行动，她就坐着轮椅，登门给病人扎针、送药。有一位姓耿的老大爷，因患脑血栓后遗症，6年不能说话，并瘫痪了3年，一直没治好。张海迪一面在精神上鼓励耿大爷增强战胜疾病的信心，一面翻阅大量书籍，精心为耿大爷治疗。后来，耿大爷终于能说话了，也能走路了。

张海迪说："我像颗流星，要把光留给人间。"她怀着这样的理想，以非凡的毅力学习和工作，唱出了一首生命的赞歌。

1983年，张海迪开始从事文学创作，至今翻译和创作的作品超过100万字。她先后翻译了《海边诊所》、《小米勒旅行记》和《丽贝卡在新学校》等数十万字的英语小说，编著了《向天空敞开的窗口》、《生命的追问》、《轮椅上的梦》等书籍。其中《轮椅上的梦》在日本和韩国出版，《生命的追问》出版不到半年，已重印3

次，获得全国"五个一工程"图书奖。在《生命的追问》之前，这个奖项还从没颁发给散文作品。

1983 年，《中国青年报》发表《是颗流星，就要把光留给人间》，张海迪名满中华，获得两个美誉，一个是"八十年代新雷锋"，一个是"当代保尔"。同年 5 月，中共中央发出《向张海迪同志学习的决定》。

1991 年，张海迪在做过癌症手术后，继续以不屈的精神与命运抗争，她开始学习哲学专业研究生课程。经过不懈的努力，她写出了论文《文化哲学视野里的残疾人问题》。

1993 年，张海迪在吉林大学哲学系通过了研究生课程考试，并通过了论文答辩，被授予硕士学位。张海迪以自身的勇气证实着生命的力量，正像她所说的："像所有矢志不渝的人一样，我把艰苦的探询本身当做真正的幸福。"她以克服自身障碍的精神为残疾人进入知识的海洋开拓了一条道路。

张海迪多年来做了大量的社会工作，她以自己的演讲和歌声鼓舞着无数青少年奋发向上。她经常去福利院、特教学校、残疾人家庭，看望孤寡老人和残疾儿童，给他们送去礼物和温暖。近年来，她为曾经下乡的村子建了一所小学，帮助贫困和残疾儿童治病、读书，还为灾区和孩子们捐款，捐献自己的稿酬 6 万余元。

张海迪曾 3 次应邀出访过日本、韩国，她的自强不息的奋斗历程鼓舞着不同民族的人民。1995 年，张海迪作为中国政府代表团成员参加了第四次世界妇女大会。1997 年，张海迪被日本 NHK 电视台评为世界五大杰出残疾人。从 1998 年起，担任中国肢残人协会主席。2000 年，张海迪获得全国劳动模范称号。

杨利伟：
中华飞天第一人

【偶像速写】

　　　　杨利伟，1965年6月21日出生；星座：双子座；籍贯：辽宁省葫芦岛市绥中县。

　　　　他承载着中华民族飞天的梦想，他象征着中国走向太空的成功。作为中华飞天第一人，作为中国航天人的杰出代表，他的名字注定要被历史铭记。成就这光彩人生的，是他训练中的坚韧、执著，飞天时的从容、镇定，成功后的理智、平和。

【偶像经历】

　　杨利伟出生于辽宁省绥中县。绥中靠近渤海湾，大海养育了杨利伟，也塑造了他刚毅、质朴、沉静、温雅的性格。

　　1983年，杨利伟考入空军第八飞行学院。经过4年的刻苦学习和训练，他终于成为空军一名优秀的歼击机飞行员。

　　1996年的初夏，杨利伟接到通知，参加航天员初选体检。初检通过了，杨利伟又被安排到北京空军总医院参加临床体检。"我当时心里特别高兴，提前三天就去了。护士还和我开玩笑说：'你也太积极了吧！'"

　　然而，加入这个队伍并不是容易的。航天员的选拔近乎"苛刻"，要"过五关斩六将"。医学临床检查，要对人体的几十个大大小小的器官逐一检查。航天生理功能检查，被人们形象地称为"特检"：在离心机上飞速旋转，测试受试者胸背向、头盆向的各种超重耐力；在低压试验舱测试受试者上升到5000米、1万米高空时的耐低氧能力；在旋转座椅和秋千上检查受试者的前庭功能；进行下体负压等各种耐力测试。几个月下来，886名初选入围者已所剩无几。

　　杨利伟的临床医学和航天生理功能各项检查的指标都达到优秀。1998年1月，他和其他13位空军优秀飞行员一起，成为中国第一代航天员。2003年7月，杨利伟经载人航天工程航天员选评委员会评定，具备独立执行航天飞行的能力，被授予三级航天员资格。

　　2003年10月15日5时28分。酒泉卫星发射中心航天员公寓问天阁广场。15日晨，杨利伟进入飞船，按照规定程序有条不紊地进行着发射前的各项检查。

　　8时59分，0号指挥员下达了"1分钟准备"的口令。

　　杨利伟在飞船内安稳地目视着前方，静静地等待着那辉煌一刻的到来。医学监视仪器显示，杨利伟的心率：76次／分。据国外有关资料显示，发射前航天员因为激动或紧张，心跳一般都要加快，有的达到140次／分。

　　指挥大厅里传出了清晰的口令：10、9、8、7、6……这时，屏幕上出现杨利伟向大家敬了一个标准军礼的画面，全场顿时掌声雷动。一位老专家满眼泪花，不住地说："杨利伟，好样的！"

　　飞船进入了太空轨道。这时，杨利伟突然感觉到身体似

杨利伟在太空中所拍照片

乎要飘起来，他清醒地意识到，飞船已经脱离地球引力，来到太空。在他还来不及体验失重的奇妙感受时，就觉得好像头朝下脚朝上，十分难受。他意识到这是在太空失重状态下出现的一种错觉，如果不及时克服，就很可能诱发"空间运动病"，影响任务的完成。他用平时训练的方法，凭着顽强的意志，强迫自己在意识上去对抗和战胜这种错觉，很快就调整过来，恢复了正常。

飞船在飞行。舷窗外，阳光把飞船太阳能帆板照得格外明亮，下边就是人类的美丽家园。蔚蓝色的地球披着淡淡的云层，长长的海岸线在大陆和海洋间清晰可辨。

飞船绕着地球90分钟一圈高速飞行。一会儿白天，一会儿黑夜。黑白交替之间，地球边缘仿佛镶了一道漂亮的金边，景色十分迷人。杨利伟拿起摄像机，赶紧把这壮观的景色拍摄下来。他郑重地在飞行手册上写下："为了人类的和平与进步，中国人来到太空了！"

飞船飞行到第七圈时，他又在太空展示了中国国旗和联合国旗，表达了中国人民和平利用太空，造福全人类的美好愿望。

国外媒体和航天员同行一致认为：这是一次完美的飞行。

洪战辉：
用普通人的道德力量感动中国

【偶像速写】

洪战辉，1982年6月出生，现为中南大学学生。

当他还是一个孩子的时候，就对另一个更弱小的孩子担起了责任，就要撑起困境中的家庭，就要学会友善、勇敢和坚强。他由此从一个男孩儿变成苦难打不倒的男子汉，在贫困中求学，在艰辛中自强。今天他看起来依然文弱，但是在精神上，他从来都是强者。

【偶像经历】

1982年，洪战辉（小名洪全会）出生在河南省周口市西华县东夏镇洪庄村。12岁之前，洪战辉有着一个天真烂漫的童年。1994年8月底的一天，他的人生之路从此逆转。

那天中午，洪家发生了一件震惊全村的事情——父亲洪心清突然发疯，不但把家里的东西都砸坏了，而且殴打妻子。洪战辉的母亲看到这种情况，赶紧去叫人帮忙把洪心清送到医院。但是慌忙之中，却把只有1岁的小女儿留在了屋内。等大家赶到时，1岁的妹妹已经被父亲摔在了地上，送到医院时已经没气了。洪心清得了间歇性精神病。

此时的洪战辉，正上小学五年级，还不满12岁。这年的腊月二

十三，疯疯癫癫的洪心清临近中午还没回家吃饭，洪战辉就和母亲一起去找，在离村5里地的一棵树下，父亲不知从哪儿捡回一个被遗弃的女婴，眼光里透出一种父爱。天快黑的时候，一家人把孩子抱回家。洪战辉给女婴起名叫洪趁趁。

洪战辉与妹妹

1995年8月20日，吃过午饭后，母亲不停地忙着蒸馒头，直到馒头足以让一家人吃一周之后，她才停了下来。第二天，母亲不见了。她不堪家庭重担和疯丈夫的毒打，选择了逃离。

这时，13岁的洪战辉已到西华县东夏镇中学读初中，学校离家有两三公里。每天上学的时候，怕患病的父亲伤害小妹妹，他就把小趁趁交给自己的大娘照看，放学回到家里，再忙着准备全家人的饭。

在读初中的3年中，洪战辉无论是在早上、中午还是下午、晚上，都要步行在学校和家之间，及时照顾全家人吃饭。

1997年7月，洪战辉初中毕业，成为东夏镇中学考上河南省重点高中西华一中的3个学生之一。

洪战辉的执著精神引起了一个中年人的同情。在洪战辉软磨硬泡了三天后，那位中年人在自己承建的装雨棚的工地上，给了洪战辉一份传递钉枪的工作。他拼命地干，一个暑假挣了700多元。

1997年9月1日，洪战辉终于按时到西华一中报到了。而且，通过竞选，他当上了293班的班长。

在学校逐渐安定下来后，洪战辉就在学校附近租了一间房子，从家里把小趁趁接到了身边。这种日子持续了一年多，在洪战辉上高二的时候，父亲的精神病突然又犯了。

高二时，洪战辉挥泪告别校园。回到农村老家后，他收拾农田，照顾父亲，闲暇的时候教妹妹识字，并在农闲的时候做小生意，挣钱补贴家用，一年挣了六七千元。

2000年，小趁趁6岁，父亲的病情也控制下来。洪战辉渴望再次回到校园读书。刚好，洪战辉在西华一中的老师李永贵和秦鸿礼调到西华二中。两位老师让人给洪战辉捎信儿：希望洪战辉能重回高中学习。二中的高中部是新建的，洪战辉成了西华二中的一名高一新生。洪战辉又把小趁趁带在身边，她也到了上学年龄了，秦老师帮助在附近找了一所小学，小趁趁也开始上学了。

读高二时，洪战辉在学校附近的一家包子店干活儿，每月老板支付30元，早上可以免费吃包子，他就多吃，午饭和晚饭就可以省下。

2002年10月，父亲的精神病第三次发作。洪战辉把父亲送到一家精神病医院，可是交不起住院费。不久，正上初一且成绩全班第一的弟弟洪锦辉不辞而别，外出打工了。

2003年6月，断断续续读了5年高中的洪战辉，终于迈进了高考考场。

高考成绩公布后，洪战辉以490分的成绩被湖南怀化学院录取，可5200元的学费和要照顾妹妹让他很是为难。利用暑假，他打工挣到2000元，决定先到湖南看看，把妹妹托付给大娘。

大学新生报到当天，他交了1500元学费后，就干起了老本行，做了"小商贩"。他找到一位电话卡销售商那里，把身上仅有的500元全部购买了电话卡，当天晚上就卖了100多张，两三天就赚了六七百元。洪战辉逐渐代

理了步步高复读机、电子词典和丁家宜化妆品在湖南怀化学院的总经销，他还垄断过学校19栋学生宿舍楼的纯净水供应、电话机的安装。

2004年春节，洪战辉回到河南老家，开始为小趁趁联系学校。终于有一天，当他到鹤城区石门小学找校长提出妹妹插读的请求时，校长同意了。

怀化学院经济管理系学生李红娥最先知道了洪战辉想带着妹妹上大学的事情。李红娥对洪战辉说："我们宿舍还有一张空床，你把小妹带来吧，我帮你照顾她。"

2004年6月底，洪战辉打电话给正在河南工业大学上学的高中同学张永光等人，让他们帮忙把妹妹带到怀化，他要利用暑假挣钱。

2004年暑假，洪战辉的一位女同学从河南来看望他时，一见小趁趁就非常喜欢，亲切地叫她"小不点儿"，从此大家纷纷叫她"小不点儿"。

当社会各界知道洪战辉的情况后，不少人提供财力、物力的帮助，但被洪战辉谢绝了。在大学期间，洪战辉曾屡次拒绝别人的捐款和资助。

2006年夏天，洪战辉顺利通过专升本招生考试，以插班生身份进入中南大学商学院04级工商管理专业继续读书。

2006年以来，已成为公众人物的洪战辉，在学校和政府的帮助下建立了教育助学责任基金。为推动青少年思想教育，他应邀在全国各地作了150多场励志报告，并出任"中国宋庆龄基金会青少年生命教育爱心大使"。在不到两年时间里，关于洪战辉的书籍出版了6本，其中《中国男孩洪战辉》发行250多万册。

洪战辉先后获得感动中国2005年度人物、中国十大杰出青年等荣誉称号。

谭千秋：
千秋师表，浩气长存

【偶像速写】

　　谭千秋，1957年8月出生，生前是四川省德阳市汉旺镇东汽中学教师。

　　他以师者的本色展示了人民教师的职业操守，以自己的宝贵生命诠释了爱与责任的师德灵魂。他那张开的双臂，是一双恪尽职守、充满无私大爱的双臂。当大灾到来时，那双手臂不是急于寻求自身的安全，而是勇敢地担负起保护学生的职责。

【偶像经历】

　　2008年5月13日22时12分，当搜救人员从四川省德阳市汉旺镇东汽中学教学楼坍塌的废墟中搬走压在他身上最后一块水泥板时，所有抢险人员都被震撼了。

　　他们看到的是一个永恒的定格场面：51岁的谭千秋老师咬着牙，拼命地撑住课桌，如同一只护卫小鸡的母鸡，他的身下蜷伏着4个幸存的学生。

　　1957年，谭千秋出生于湖南省祁东县步云桥镇岩前村。他的父母老实、善良，有5个儿女，他排行老大，由于家境贫寒，每顿饭都是以红薯、豆子等杂粮为

主，只有一点点米饭，他总是将米饭让给弟弟妹妹吃，自己和父母吃红薯。

谭千秋深信，只有知识才能改变命运，他学习非常刻苦，村民都将他作为"勤学楷模"教育孩子。为学好英语，他将英语单词写好贴在墙上，睡觉时就记，记不上就点亮灯看一下再记。1975年夏，他高中毕业回家务农，但没有放松学习，白天跟大家一起出集体工，晚上学习到次日凌晨，困了就用冷水敷在脸上。两年后，他成了一名代课教师。

村里许多村民不识字，谭千秋便向村干部建议，办起了扫盲夜校。他主动当起了教师，白天出工，晚上义务为村民上课，手把手地教村民写字，学文化，他让不少一字不识的村民能看懂报纸，懂得如何科学种田。

1978年夏，谭千秋考入湖南大学。1982年6月大学毕业后，学校准备让他留校任教，他却主动请缨："我要到祖国最需要的地方去！"当他得知四川东方汽轮厂职工大学急需教师时，便立即申请到那里去，一个月后，他如愿以偿被分配到该校工作，在那里一干就

是27年。

谭千秋成家立业后，考虑到3个弟弟都在农村，他一人承担起赡养父母的义务，还花钱为家里装了电话，并竭尽全力帮助弟弟、妹妹。

大弟弟谭继秋在家种地，收入甚微，便借了几千元买了一台三轮车跑运输。1993年夏季的一天，不慎车翻人伤，花去了几千元医药费。谭千秋闻讯后，立即给弟弟寄来2000元钱，还写信安慰弟弟，只要人没事就好。车祸对谭继秋身体影响很大，但为了生计，不得不到云南打工，谭继秋便写信鼓励弟弟，还在信中夹寄了40元钱。谭继秋和二弟都没有房住，两兄弟建了房，谭千秋给每位弟弟资助3000元。

2006年6月，父亲不幸患上骨髓癌。谭千秋立即回老家召开家庭会，他体谅弟弟都在农村，家境不好，便主动要求负担父亲的医疗费。他怕弟弟和弟媳不同意，便找了个借口："我在家时间少，平时你们照顾父母很辛苦，就给我一个尽孝的机会吧！"父亲住院花去医疗费2万多元，他一人承担。

2008年5月17日，谭千秋的妻子张关蓉怀抱1岁半的小女儿，带着丈夫的遗物回到湖南，三湘大地对英雄的家属给予了最尊贵、最崇高的礼遇。省委书记张春贤深情地称赞谭千秋是个伟大的英雄，伟大的人民教师，大义无畏，精神千秋；谭千秋的母校湖南大学约两万名学生手捧烛光，夹道相迎，湖南大学向其亲属捐赠慰问金12万元；在黄花机场，100多辆出租车自发为他送行；祁东县的家乡父老跑了几十公里路，到县城迎接……

谭东：
风雪中的"守护神"

【偶像速写】

　　谭东，1963 年 4 月 14 日出生，1986 年 7 月入党，大专文化，三级警督。2009 年 1 月 5 日 23 时 45 分，牺牲在自己战斗了 4 年多的执勤点上。

　　从警 10 年来，他视群众为亲人，以平常心诠释从警生涯，爱岗敬业、勤勤恳恳、任劳任怨、默默无闻地在天寒地冻、冰雪纷飞的雪山深处忠实地履行着人民警察的神圣职责，践行着人民公安为人民的庄严承诺。

【偶像经历】

　　1963 年，谭东出生于四川省遂宁市安居区白马镇黄桶坡村，这是省级扶贫村。谭东在兄弟姐妹中排行老二，是全家唯一的非农人员，不少开销包括照顾他的父母都得靠谭东。谭东在部队时，只要能攒一点儿钱都要往家里寄，工作后更是每月都往家里寄钱。谭东不仅对自己的父母很孝顺，对其爱人的父母也很孝顺，曾经在老人住院期间，对其百般照顾。

　　1999 年 9 月，戍守边关的谭东脱下

143

谭东工作的地方

军装，穿上警服，到成都市大邑县公安局交警大队当了一名普通民警，长年战斗在海拔3000米以上、条件异常艰苦的高寒地区。

2004年7月，谭东轮岗到条件最艰苦的西岭执勤组，辖区包括50多公里的主干道和100多公里的乡村道路，花水湾、西岭雪山及滑雪场等重要景点都在其中，每年游客量在30万人次左右，尤其在元旦、春节等冬季旅游旺季，这时车多、人多，山区气候复杂，地势险要，加之游客路况不熟，保障车辆安全、预防事故就成为执勤组最重要的任务之一。

2008年初雪灾发生的时候，大雪封山，游客较多，道路交通安全尤为重要，每当大雪来临，便是谭东和他的同事忙碌的时候。谭东站在雪里指挥交通，浑身上下全是雪。

2008年1月25日，西岭雪山遭遇了特大暴风雪，近千辆汽车受阻在西岭镇到风景区前山、后山结冰的路段，近4000名游客滞留山上。谭东所在的西岭执勤组与县交警大队民警一起，在零下10度的恶劣环境里，饥肠辘辘，积极做好游客安抚和交通疏导工作，一站就是七八个小时，成为风雪中的"路标"。到29日，共在风雪中连续战斗了5天。

从2004年7月至2009年1月5日，谭东从没回家过大年三十，都是在执勤点与家人吃的年夜饭。

2008年12月29日晚上9点，有群众报警称一辆轿车冲下了西岭镇双河桥头。谭东和同事立即赶赴事发现场，发现一辆白色夏利轿车翻倒在离路面四五米深的河道边，旁边就是一条水流湍急的暗渠，车内没有驾驶员。谭东带领群众沿着水渠进行搜索，当谭东发现落水者的大致位置时，在其随时有被冲走的危急时刻，他对一道来的同事大声说："不能让这个人就这么死了。"

谭东迅速脱下外套，将绳索一端往腰间一捆，毫不犹豫地跳入渠中，艰难地靠拢落水者，将绳索绑在其腰间，拼命向上托举，经过数分钟的努力，终于将落水者营救上岸。

就在谭东救助落水者当晚，中队便接到交通事故报案，当时谭东二话没说，和同事杨杰一同出警，同事看他已经劳累过度，况且刚下过冰冷河水，让他先休息，自己去就可以了，而谭东却坚持要与杨杰一道去处理事故。第二天，谭东到镇卫生院又看望了前一天入院的祝林，而自己此时出现了感冒、发烧等症状，但由于当时正逢景区元旦旅游高峰期，工作任务繁重，在简单治疗后，他又带病投入到工作中。

2009年1月5日晚，因感冒和劳累过度突发病毒性心肌炎，谭东倒在工作岗位上，于当日23时45分牺牲。年仅45岁。

谭东生前经常执勤的路段

崇拜理由：

　　他们的成就让世界瞩目，他们的经历让世人感叹，他们成功解读了"成功＝勤奋＋天才＋机遇"这一颠扑不灭又耐人寻味的哲理。

爱因斯坦：
现代物理学的开创者和奠基人

【偶像速写】

爱因斯坦，1879年3月14日出生，全名阿尔伯特·爱因斯坦（Albert Einstein）。

他是举世闻名的犹太裔美国科学家，现代物理学的开创者和奠基人；他是20世纪最伟大的科学家，以其相对论而最为世人所知。1999年12月26日，他被美国《时代》周刊评选为"世纪伟人"。

【偶像经历】

爱因斯坦于1879年3月14日出生于德国北部的乌尔姆城，父亲是电气工程师。在家庭的熏陶下，他爱上了科学。15岁时，爱因斯坦全家离开德国来到意大利。

爱因斯坦1900年毕业于苏黎世工业大学，并入瑞士籍。1905年获苏黎世大学哲学博士学位。曾在伯尔尼专利局任职，还担任过苏黎世工业大学、布拉格德意志大学教授。1913年返回德国，任柏林威廉皇帝物理研究所所长和柏林大学教授，并当选为普鲁士科学院院士。

1915年11月，爱因斯坦先后向普鲁士科学院提交了4篇论文，在这4篇论文中，他提出了新的看法，证明了水星近日点的进动，并给出了正确的引力

爱因斯坦像

场方程。至此，广义相对论的基本问题都解决了，广义相对论诞生。

1916年，爱因斯坦完成了长篇论文《广义相对论的基础》，首先将以前适用于惯性系的相对论称为狭义相对论，将只对于惯性系物理规律同样成立的原理称为狭义相对性原理，并进一步表述了广义相对性原理：物理学的定律必须对于无论哪种方式运动着的参照系都成立。爱因斯坦的广义相对论认为，由于有物质的存在，空间和时间会发生弯曲，而引力场实际上是一个弯曲的时空。爱因斯坦用太阳引力使空间弯曲的理论，很好地解释了水星近日点进动中一直无法解释的43秒。广义相对论的第二大预言是引力红移，即在强引力场中光谱向红端移动，20世纪20年代，天文学家在天文观测中证实了这一点。广义相对论的第三大预言是引力场使光线偏转，最靠近地球的大引力场是太阳引力场，爱因斯坦预言，遥远的星光如果掠过太阳表面，将会发生1.7秒的偏转。

1919年，在英国天文学家爱丁顿的鼓动下，英国派出两支远征队分赴两地观察日全食，经过认真的研究，得出最后的结论是：星光在太阳附近的确发生了1.7秒的偏转。英国皇家学会和皇家天文学会确认广义相对论的结论是正确的。

爱因斯坦成了新闻人物，他在1916年写了一本通俗介绍相对论的书《狭义相对论与广义相对论浅说》，到1922年已经再版了40次，还被译成十几种文字，广为流传。

1933年，因受纳粹政权迫害，爱因斯坦迁居美国，任普林斯顿高级研究所教授，从事理论物理研究，1940年入美国国籍。

爱因斯坦尽管每天工作紧张，仍抽出一定时间散步，节假日还要外出旅游或划船。爱因斯坦根据自己的亲身体会，总结出一个公式，即 $X = A + B + C$。X代表成就，A代表劳动，B代表休息和活动，C代表少说废话。他把这个公式的内容，概括成两句话：工作和休息是走向成功之路的阶梯，珍惜时间是有所建树的重要条件。

爱因斯坦晚年时，还坚持劳动，坚持锻炼，他经常从事一些家务劳动，如栽花、浇水、剪枝，还经常邀请朋友去爬山，有意识地磨炼意志，锻炼身体。

1955年4月18日，人类历史上最伟大的科学家爱因斯坦因主动脉瘤破裂，在普林斯顿逝世。

爱因斯坦生前立有遗嘱，要求把他的骨灰撒在不为人知的地方，不发讣告，不建坟墓，不立纪念碑。火化时免除所有公共集会，免除所有宗教仪式，免除所有花卉布置及所有音乐典礼。根据他的遗嘱，火化时在场的只有12个人。

没有奏乐，没有花卉，小教堂里一片寂静。只有遗嘱执行者在结束仪式时念了歌德悼念席勒的诗，表达哀思："我们全都获益不浅，全世界都感谢他的教诲；那专属他个人的东西，早已传遍广大人群。他像行将陨灭的彗星，光华四射，把无限的光芒同他的光芒永相结合。"

上海2.80米高的爱因斯坦雕像

居里夫人：
没有被盛名宠坏的科学家

【偶像速写】

居里夫人，全名玛丽·居里（Marie Curie），1867年11月7日出生，1934年7月4日去世；著名科学家，研究放射现象，发现镭和钋两种天然放射性元素。

她一生创造、发展了放射科学，长期无畏地研究强烈放射性物质，直至最后把生命贡献给了这门科学。她一生中共得过包括诺贝尔奖等在内的10次著名奖金，得到国际高级学术机构颁发的奖章16枚，世界各国政府和科研机构授予她的各种头衔达107个，但是她一如既往地谦虚谨慎。爱因斯坦为此评价："在所有著名人物里面，玛丽·居里是唯一没有被盛名宠坏的人！"

【偶像经历】

1867年，玛丽出生于波兰的华沙。高中毕业后，曾患一年的精神疾病。在姐姐的资助下移居巴黎，并在巴黎大学学习数学和物理学。经过4年的努力，玛丽在巴黎大学取得物理及数学两个硕士学位。在那里，她成为该校第一名女性讲师。

在大学里，玛丽结识了另一名讲师，即皮埃尔·居里，也就是她后来的丈夫。两人经常在一起进行放射性物质的研究，以沥青铀矿石为主，因为这种矿石的总放射

性比其所含有铀的放射性还要强。

1898年，居里夫妇对这种现象提出了一个逻辑的推断：沥青铀矿石中必定含有某种未知的放射成分，其放射性远远大于铀的放射性。当年12月26日，居里夫人公布了这种新物质存在的设想。

在此之后的几年中，居里夫妇不断地提炼沥青铀矿石中的放射成分。经过不懈的努力，他们终于成功地分离出了氯化镭并发现了两种新的化学元素：钋和镭。因为他们在放射性上的发现和研究，居里夫妇和另一位科学家共同获得1903年的诺贝尔物理学奖，居里夫人因此成为历史上第一个获得诺贝尔奖的女性。1911年，居里夫人又因为成功分离镭元素而获得诺贝尔化学奖。出乎意料的是，在居里夫人获得诺贝尔奖之后，并没有为提炼纯净镭的方法申请专利，而是公之于众，这种做法有效地推动了放射化学的发展。

居里夫人是历史上第一个获得两项诺贝尔奖的人，而且是仅有的两个在不同领域获得诺贝尔奖的人之一。第一次世界大战期间，居里夫人倡导用放射学救护伤员，推动了放射学在医学领域的运用。

居里夫人极端藐视名利，最厌烦那些无聊的应酬。她和丈夫把自己的一切都献给了科学事业，而不捞取任何个人私利。

在镭提炼成功以后，有人劝他们向政府申请专利权，垄断镭的制造以此发大财。对此，居里夫人说："那是违背科学精神的，科学家的研究成果应该公开发表，别人要研制，不应受到任何限制……

何况镭是对病人有好处的，我们不应当借此来牟利。"

居里夫妇把得到的诺贝尔奖金，大量赠送别人。

1906年，居里先生因车祸去世，居里夫人承受着巨大的痛苦，决心加倍努力，完成两个人共同的科学志愿。巴黎大学决定由居里夫人接替居里先生讲授物理课，于是居里夫人成为巴黎大学有史以来第一位女教授。

1914年，巴黎建成镭学研究院，居里夫人担任学院的研究指导。以后她继续在大学里授课，并从事放射性元素的研究工作。

居里夫人从16岁开始，成年累月地学习、工作，整整50年。居里夫人的一生，从未改变严格、俭朴的生活方式。她从小就有高度的自我牺牲精神，早年她为了供姐姐上学，甘愿去别人家里做佣人；在巴黎求学期间，为了节约灯油和取暖开支，她每天晚上都在图书馆读书，一直到图书馆关门才走；提取纯镭所需要的沥青铀矿，在当时是很昂贵的，居里夫妇从生活费中一点一滴地节省，先后买了八九吨；居里先生去世后，居里夫人把千辛万苦提炼出来的价值高达100万金法郎的镭，无偿地赠给研究治癌的实验室。

由于居里夫人长期从事放射性物质的研究工作，加上恶劣的实验环境和对身体保护的不够严格，时常受到放射性元素的侵袭，她的血液渐渐遭到破坏，患上白血病。居里夫人还患有肺病、眼病、胆病、肾病，甚至患过神经错乱症。直到生命的最后一息，虽然恶性贫血、高烧不退，不得不躺在床上，但居里夫人仍然要求女儿向她报告实验室里的工作情况。

1934年7月4日，居里夫人因恶性贫血症去世。

Marie Curie
1867 - 1934

爱迪生：
发明之王

【偶像速写】

爱迪生，1847年出生，1931年去世；全名托马斯·阿尔瓦·爱迪生（Thomas Alva Edison）。

尽管他一生只在学校里读过3个月的书，但勤奋好学，勤于思考，发明了电灯、电报、留声机、电影等1000多种成果，成为著名的发明家，为人类的文明和进步作出了巨大贡献。

【偶像经历】

1847年2月11日，爱迪生出生于美国中西部俄亥俄州的米兰小镇。父亲是荷兰人的后裔，母亲曾当过小学教师，是苏格兰人的后裔。爱迪生7岁时，父亲经营屋瓦生意亏本，将全家搬到密歇根州休伦北郊的格拉蒂奥特堡定居。搬到这里不久，爱迪生得了很长时间的猩红热。

爱迪生8岁上学，但仅仅读了3个月的书，就被老师斥为"低能儿"而撵出校门。从此，他的母亲成为他的"家庭教师"，决定自己教儿子读书识字。母亲良好的教育方法，使得爱迪生对读书产生了浓厚的兴趣。他不仅博览群书，而且过目成诵。8岁时，爱迪生读了英国文艺复兴时期最重要的剧作家莎士比亚、狄更斯的著作和许多重要的历史书籍，9岁时能迅速读懂难度较大的书，如帕克的《自然与实验哲学》。

爱迪生对于自然科学的最早兴趣是在化学方面，10岁时就酷爱化学。爱迪生收集了200多个瓶子，并节省每个小钱儿去购买化学药品。11岁那年，爱迪生实验了他的第一份电报。为了赚钱购买化学药品和设备，爱迪生开始工作。

12岁时，爱迪生获得列车上售报的工作。他一边卖报，一边兼做水果、蔬菜生意，只要有空就到图书馆看书。1861年美国爆发了南北战争，刚满14周岁的爱迪生买了一架旧印刷机，利用火车的便利条件，办了一份小报——《先驱报》，来传递战况和沿途消息，第一期报纸就是在列车上印刷的。他一人兼任记者、编辑、排字、校对、印刷、发行的工作。小报受到欢迎，他也从紧张的工作中增长了才干、知识和经验，还挣了不少钱。

爱迪生用所挣得的钱在行李车上建立了一个化学实验室。但不

爱迪生发明的留声机

幸的是，一次他在火车上做实验时，列车突然颠簸，使一块磷落在木板上，引起燃烧。列车员赶来扑灭了火焰，也狠狠地给了他一个耳光，打聋了他的双耳。他被赶下了火车，那时爱迪生才15岁。

爱迪生并没有灰心，又迷上了电报，经过反复钻研，在1868年发明了一台自动电力记录器，这是他的第一个发明。后来他又发明了两种新型的电报机。1877年他发明了碳精电话送话器，使原有的电话声音更为清晰。此外，他还发明了留声机。

1878年9月，31岁的爱迪生开始研究电灯。他在研究了弧光灯后宣布能发明一种使人满意的光，但需要钱。那时爱迪生已是一个有170项发明专利权的人，他的发明给资本家带来很大利润，因此一个财团愿意向他提供资助。经过几千次失败，1879年4月爱迪生改进了前人的棒状、管状灯，做出了一个玻璃球状物。1879年10月21日，爱迪生把一个经过碳处理的棉线固定在玻璃泡内，抽出了空气，封上口，通上电流，它发光了，一种新的照明物出现了。

1880年至1882年，爱迪生设计了电灯插座、电钮、保险丝、电流切断器、电表、挂灯，还设计了主线和支线系统，制成了当时世界上容量最大的发电机，并在纽约建立第一座发电厂，开辟了第一个民用照明系统。后来他又同乔治·伊斯曼一起发明了电影摄影机。爱迪生发明的留声机、电灯和电力系统、电影摄影机，丰富和改善了人类的文明生活。

爱迪生制作的灯泡

爱迪生还是一位伟大的企业家。1879年，创办了爱迪生电力照明公司；1880年，白炽灯上市销售。1891年，爱迪生的细灯丝、高真空白炽灯泡获得专利。1892年，汤姆·休斯顿公司与爱迪生电力照明公司合并成立了通用电气公司，开始了通用电气在电气领域长达一个世纪的统治地位。

爱迪生发明的自动电报记录机

1931年8月1日，爱迪生身感不适，经医生诊断，他同时患有多种病症：慢性肾炎、尿毒症和糖尿病。1931年10月18日，爱迪生逝世，终年84岁。

爱迪生一生勤奋好学，善于思考，努力工作，75岁时还每天准时到实验室签到上班。他在几十年间几乎每天工作十几个小时，晚间在书房读3小时到5小时书，若用平常人一生的活动时间来计算，他的生命已经成倍地延长了。因此，爱迪生在79岁生日的那天，他骄傲地对人们说："我已经是135岁的人了。"

爱迪生活到84岁，一生中的发明有1100项之多，其中最大的贡献是发明留声机和自动电报机，实验并改进了白炽灯和电话。爱迪生20岁开始就研究电灯，历时十余年，他先后选用了竹棉、石墨、钽等上千种不同物质做灯丝材料进行试验，时常通宵达旦，有一次他和助手们竟连续工作五昼夜。1879年，爱迪生用碳丝作为白炽灯丝，并点燃40小时。由于碳丝表面多孔，性脆，强度很低，不久被钨丝代替。

迄今为止，还没有人能打破爱迪生持有1100个发明专利权的纪录，人们因此称他为"发明之王"。

诺贝尔：
"科学疯子"+"最富有流浪汉"

【偶像速写】

阿尔弗雷德·贝恩哈德·诺贝尔，1833 年 10 月 21 日出生，瑞典著名化学家，硝化甘油炸药的发明人。

他是一个破产者的儿子，却成了百万富翁；他是一个科学家，却酷爱文学；他是一个实业家，又是一个理想家；他发了财，却过着简朴的生活；他和客人在一起兴致勃勃，私下里却经常郁郁寡欢；他是一个热爱人类的人，却从未有过妻子和儿女来热爱他；他是一个热爱祖国的赤子，却孑然一身，死在异国；他发明了一种新的炸药——硝化甘油炸药，目的是改进采矿和道路修筑等和平时期的工业，却看到炸药被用做战争武器以杀伤人类；在他有用的一生中，他经常感到自己无用；他的成就驰名全世界，自己却始终默默无闻，因为他在一生中总是避免抛头露面，死后却给别人带来了荣誉。

【偶像经历】

1833 年，诺贝尔出生于瑞典首都斯德哥尔摩。诺贝尔的父亲倾心于化学研究，尤其喜欢研究炸药。受父亲的影响，诺贝尔从小就表现出顽强、勇敢的性格。他经常和父亲一起去实验炸药，几乎是在轰隆轰隆的爆炸声中度过了童年。

诺贝尔一家于 1842 年离开斯德

哥尔摩，同当时正在圣彼得堡的父亲团聚。

诺贝尔奖章

诺贝尔从小主要受家庭教师的教育，到了8岁才上学，但只读了一年书，这也是他所受过的唯一的正规学校教育。为了使他学到更多的东西，1850年，父亲让他出国考察学习。先是离开俄国赴巴黎学习化学，一年后又赴美国工作了4年。几年中，他先后去过德国、法国、意大利和美国。由于诺贝尔善于观察、认真学习，很快成为一名流利地说英、法、德、俄、瑞典等国家语言的科学家。返回圣彼得堡后，诺贝尔在他父亲的工厂里工作。

重返瑞典以后，诺贝尔开始制造硝化甘油炸药。在这种炸药投产后不久的1864年，工厂发生爆炸，诺贝尔最小的弟弟和另外4人被炸死。由于危险太大，瑞典政府禁止重建这座工厂，被认为是"科学疯子"的诺贝尔，只好在湖面的一只船上进行实验，寻求减小搬动硝化甘油时发生危险的方法。一次偶然的机会，诺贝尔发现硝化甘油可以被干燥的硅藻土所吸附，这种混合物可以安全运输，这使他得以改进黄色炸药和必要的雷管。

黄色炸药在英国和美国取得专利之后，诺贝尔继续实验并研制成一种威力更大的同一类型的炸药——爆炸胶，于1876年取得专利。大约10年后，又研制出最早的硝化甘油无烟火药弹道炸药。

诺贝尔曾要求弹道炸药的专利权包括柯达炸药，但遭到法庭否决。诺贝尔本质上是一位和平主义者，希望他发明的破坏性炸药有助于消灭战争，但他对人类和国家的看法是悲观主义的。

诺贝尔奖颁奖证书

诺贝尔一生的发明极多，获得的专利就有255种，其中仅炸药就达129种，就在他生命垂危之际，他仍念念不忘对新型炸药的研究。

诺贝尔不喜欢经商，但是他却成了一位富有的商人，他生前在各国创建的诺贝尔分公司，可以说是现代跨国公司的先驱。

1863年10月14日，诺贝尔在瑞典获得硝化甘油引爆物的专利后，想立即建厂投产。由于市政当局的禁令，他在市区任何地方都找不到厂址，只好在"船上化工厂"着手投产。此后，诺贝尔在瑞典开办了4家工厂。到了19世纪70年代，诺贝尔已成工业巨富，他委托大哥在芬兰和俄国开办了化工厂，还投资诺贝尔兄弟石油公司，后者曾是诺贝尔巨额资产的重要财源之一。后来各国的公司和工厂被改组为两个国际托拉斯：英德托拉斯和拉丁托拉斯。从1886年到1896年的10年间，诺贝尔跨国公司遍及21个国家，拥有90余座工厂，雇工多达万余人。

在诺贝尔生前与身后，人们对他常有欧洲"最富有的流浪汉"之说。他一生没有妻室儿女，也没有固定住所，一生的大部分时间都在忍受着疾病的折磨。

诺贝尔在他生命的最后几年，先后立下4份内容非常相似的遗嘱。第一份立于1889年，第二份立于1893年，第三份立于1895年，最后一份存放在斯德哥尔摩一家银行，也就是要以它为准的最后遗嘱。这份遗嘱取消了分赠亲友的部分，将自己的全部财产用于设立奖励基金，于1897年初在瑞典公布于众。

1896年12月10日，诺贝尔在意大利的桑利玛由于心脏病突然发作而逝世，终年63岁。

霍金：
以身残之躯创造宇宙的"几何之舞"

【偶像速写】

　　霍金，1942年1月8日出生于英国伦敦（这一天正好是伽利略的300年 日）；全名史蒂芬·威廉·霍金（Stephen William Hawking）；毕业于牛津大学，并获自然科学一等荣誉学位。

　　他的一生极富传奇性，在科学成就上，他是有史以来最杰出的科学家之一。他担任的职务是剑桥大学有史以来最为崇高的教授职务，那是牛顿和狄拉克担任过的卢卡逊数学教授。他拥有几个荣誉学位，是皇家学会会员。他因患卢伽雷氏症（肌萎缩性侧索硬化症），禁锢在轮椅上达20年之久，却身残志不残，克服了残废之患，成为国际物理学界的超级新星。他不能写，甚至口齿不清，但他超越了相对论、量子力学、大爆炸等理论而迈入创造宇宙的"几何之舞"。

【偶像经历】

　　霍金是20世纪享有国际盛誉的伟人之一，他是剑桥大学应用数学及理论物理学系教授，是当代最重要的广义相对论和宇宙论的专家。20世纪70年代，霍金与彭罗斯一道证明了著名的奇性定理，为此他们共同获得了1988年的沃尔夫物理奖。霍金因此被誉为继爱因斯坦之后世界上最著名的科学思想家和最杰出的理论物理学家。他还证明了黑洞的面积定理。

　　霍金和他的妹妹在伦敦附近的

几个小镇度过了自己的童年。多年以后，他们的邻居回忆说，当霍金躺在摇篮车中时非常引人注目，他的头显得很大，异于常人——这多半是因为霍金现在的名声与成就远远异于常人，邻

霍金证明了黑洞的面积定理

居不由自主地要在记忆里重新刻画一下天才儿童的形象。

霍金热衷于搞清楚一切事情的来龙去脉，因此当他看到一件新奇的东西时总喜欢把它拆开，把每个零件的结构都弄个明白——不过他往往很难再把它装回原样，因为他的手脚远不如头脑那样灵活，甚至写出来的字在班上也是有名的潦草。

霍金在17岁时进入牛津大学学习物理。他不是一个用功的学生，而这种态度与当时其他同学是一致的，这是战后出现的青年人迷惘时期——他们对一切厌倦，觉得没有任何值得努力追求的东西。霍金在学校里与同学们一同游荡、喝酒、参加赛船俱乐部，如果事情这样发展下去，那么他很可能成为一个庸庸碌碌的职员或教师。然而，病魔出现了。

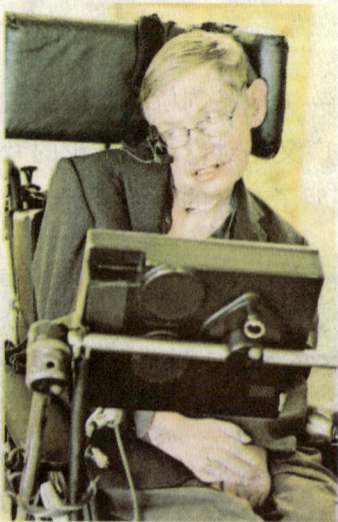

从童年时代起，运动从来就不是霍金的长项，几乎所有的球类活动他都不行。

到牛津的第三年，霍金注意到自己变得更笨拙了，有两回没有任何原因就跌倒在地。一次，他不知何故从楼梯上突然跌下来，当即昏迷，差一

点儿死去。

直到1962年，霍金在剑桥读研究生后，他的母亲才注意到儿子的异常状况。刚过完21岁生日的霍金在医院里住了两个星期，经过各种各样的检查，他被确诊患上了卢伽雷氏症。

大夫对霍金说，他的身体会越来越不听使唤，只有心脏、肺和大脑还能运转，到最后，心和肺也会失效。霍金被"宣判"只剩下两年的生命。那是在1963年。

60岁的霍金与夫人在一起(2002年)

起初，这种病恶化得相当迅速。这对霍金的打击是可想而知的，他几乎放弃了一切学习和研究，因为他认为自己不可能活到完成硕士论文的那一天。霍金的病情渐渐加重。1970年，在学术上声誉日隆的霍金已无法自己走动，他开始使用轮椅。直到今天，他再也没离开它。

1991年3月的一天，霍金坐轮椅回柏林公寓，过马路时被小汽车撞倒，左臂骨折，头被划破，缝了13针，但48小时后，他又回到办公室投入工作。又有一次，他和友人去乡间别墅，上坡时拐弯过急，轮椅向后倾倒，这位引力大师却被地球引力翻倒在灌木丛中。虽然身体的残疾日益严重，霍金却力图像普通人一样生活，完成自己所能做的任何事情。

1985年，霍金动了一次穿气管手术，从此完全失去了说话的能力。就是在这种情况下，他极其艰难地写出了著名的《时间简史》，探索着宇宙的起源。霍金的研究对象是宇宙，但他对观测天文从不感兴趣，只有几次用望远镜观测过。与传统的实验、观测等科学方法相比，霍金的方法是靠直觉。

"黑洞不黑"这一伟大成就来源于一个闪念。在1970年11月的

一个夜晚，霍金在慢慢爬上床时开始思考黑洞的问题。他突然意识到，黑洞应该是有温度的，这样它就会释放辐射。也就是说，黑洞其实并不那么黑。

这一闪念在经过3年的思考后形成了完整的理论。1973年11月，霍金正式向世界宣布，黑洞不断地辐射出X光、伽马射线等，这就是有名的"霍金辐射"。而在此之前，人们认为黑洞只吞不吐。

从宇宙大爆炸的奇点到黑洞辐射机制，霍金对量子宇宙论的发展作出了杰出的贡献。

霍金是现代科普小说家，他的代表作是1988年撰写的《时间简史》，这是一部优秀的天文科普小说。这本书至今累计发行量已达2500万册，被译成近40种文字，1992年，耗资350万英镑的同名电影问世。

霍金坚信关于宇宙的起源和生命的基本理念可以不用数学来表达，世人应当可以通过电影——这一视听媒介来了解他那深奥莫测的学说。《时间简史》是关于探索时间本质和宇宙最前沿的通俗读物，是一本当代有关宇宙科学思想最重要的经典著作，它改变了人类对宇宙的观念。

【个性语录】

⊙是先有鸡，还是先有蛋？

⊙宇宙有开端吗？如果有的话，在此之前发生过什么？

⊙宇宙从何处来，又往何处去？

⊙时间有没有尽头？

⊙一个人如果身体有了残疾，绝不能让心灵也有残疾。

⊙当你面临着夭折的可能性，你就会意识到，生命是宝贵的，你有大量的事情要做。

⊙生活是不公平的，不管你的境遇如何，你只能全力以赴。

⊙活着就有希望。

邓稼先：
中国"原子弹之父"

【偶像速写】

邓稼先，1924年6月25日出生，1986年7月29日去世；安徽怀宁人，著名核物理学家，中国科学院院士。

他是一位伟大而备受尊敬的物理学大师，他在艰苦的环境下成功地为中国造出第一枚原子弹和第一枚氢弹，被称为"中国原子弹之父"。

【偶像经历】

邓稼先出生于安徽省怀宁县一个书香门第，祖父是清代著名书法家和篆刻家，父亲邓以蛰是著名的美学家和美术史家，曾担任清华大学、北京大学哲学教授。

1925年，母亲带邓稼先来到北平，与父亲生活在一起。邓稼先5岁入小学，在父亲指点下打下了很好的中西文化基础。1935年，邓稼先考入崇德中学，与比他高两班且是清华大学院内邻居的杨振宁结为最好的朋友。

邓稼先在校园中深受爱国救亡运动的影响，"七七事变"后全家滞留北平。在父亲的安排下，16岁的邓稼先随大姐去了大后方，在四川江津读完高中，并于1941年考入西南联合大学物

理系。抗日战争胜利时，邓稼先拿到了毕业证书。第二年，他回到北平，受聘担任了北京大学物理系助教，并在学生运动中担任了北京大学教职工联合会主席。

抱着学更多的本领以建设新中国之志，邓稼先于1947年通过赴美研究生考试，第二年秋进入美国印第安那州的普渡大学研究生院。由于他学习成绩突出，不足两年便读满学分，并通过博士论文答辩。此时他只有26岁，人称"娃娃博士"。

两弹一星功勋奖章

1950年8月，这位取得学位刚9天的"娃娃博士"毅然放弃在美国优越的生活和工作条件，回到一穷二白的祖国。同年10月，邓稼先来到中国科学院近代物理研究所任研究员。

1958年秋，二机部副部长钱三强找到邓稼先，说"国家要放一个'大炮仗'"，征询他是否愿意参加这项必须严格保密的工作。邓稼先义无反顾地同意，回家对妻子只说自己"要调动工作"，不能再照顾家和孩子，通信也困难。从此，邓稼先的名字便在刊物和对外联络中消失，他的身影只出现在严格警卫的深院和大漠戈壁。

邓稼先就任二机部第九研究所理论部主任后，先挑选了一批大学生，准备有关俄文资料和原子弹模型。1959年6月，苏联政府终止原有协议，中共中央下决心自己动手，搞出原子弹和人造卫星。邓稼先担任了原子弹的理论设计负责人后，又部署同事们分头研究计算，自己也带头攻关。在遇到一个苏联专家留下的核爆大气压的数字时，邓稼先在周光召的帮助下以严谨的计算推翻了原有结论，从而解决了关系中国原子弹试验成败的关键性难题。数学家华罗庚后来称，这是"集世界数学难题之大成"的成果。

中国成功爆炸的第一颗原子弹

中国研制原子弹正值三年困难时期，尖端领域的科研人员虽有较高的粮食定量，却因缺乏油水，经常饥肠响如鼓。就是在这种艰苦的条件下，他们日夜加班。"粗估"参数的时候，要有物理直觉；昼夜不断地筹划计算时，要有数学见地；决定方案时，要有勇进的胆识和稳健的判断。

邓稼先不仅在秘密科研院所里费尽心血，而且经常到飞沙走石的戈壁试验场。他冒着酷暑严寒，在试验场度过了整整8年的单身汉生活，有15次在现场领导核试验，从而掌握了大量的第一手材料。

1964年10月16日，中国成功爆炸的第一颗原子弹，就是由邓稼先最后签字确定了设计方案。他还率领研究人员在试验后迅速进入爆炸现场采样，以证实效果。他又同于敏等人投入对氢弹的研究。按照"邓—于方案"，最后终于制成氢弹，并于原子弹爆炸后的两年零八个月试验成功。这同法国用8年、美国用7年、苏联用10年的时间相比，创造了世界上最快的速度。1986年7月16日，国务院授予邓稼先全国"五一"劳动奖章。同年7月29日，邓稼先去世。他临终前留下的话仍是如何在尖端武器方面努力，并叮咛："不要让人家把我们落得太远……"

邓稼先去世13年后，1999年国庆50周年前夕，被追授金质的"两弹一星功勋奖章"。

袁隆平：
中国"杂交水稻之父"

【偶像速写】

　　袁隆平，1930年9月1日出生，湖南杂交水稻研究中心研究员，中国工程院院士，中国"杂交水稻之父"，被列为名誉首富。

　　他研究培育的杂交水稻被称为继指南针、火药、造纸术和活字印刷术之后的第五大发明；他时刻关心人民，解决了世界五分之一人口的温饱问题；他淡薄名利，如果他申请专利，现在已是中国最富有的人，可是他却把专利无私地贡献给国家；他热爱艺术，擅长小提琴，平时喜欢博览群书；他崇尚简朴，即使已经成为百万富翁，他的生活依旧简单。

【偶像经历】

　　20世纪60年代，在中国"绿色革命"的大潮中，出现了一位攻下"杂交水稻"难题的科技新星，这就是被外国人誉为"杂交水稻之父"的袁隆平。

　　1930年，袁隆平出生于北平，幼年正值"九一八"事变，日本侵略中国。袁隆平一家曾易地湖北、湖南、四川三省的几十个地方。袁隆平在当时的大后方重庆上了高小和初中，后随父迁到南京，并在南京中大附中读完高中全部课程。高中毕业以后，袁隆平考入重庆一所学院的农学系。

1953年夏，袁隆平结束了大学生活，到湖南省偏僻的安江农校任教。

1960年7月，袁隆平在早稻常规品种试验田里，发现了一株与众不同的水稻植株，是地地道道的"天然杂交稻"，他立即把精力转到

袁隆平当选美国科学院外籍院士

培育人工杂交水稻这一崭新课题上来。

在1964年到1965年的水稻开花季节里，袁隆平和助手们每天头顶烈日，脚踩烂泥，低头弯腰，终于在稻田里找到了6株天然雄性不育的植株。经过两个春秋的观察试验，对水稻雄性不育材料有了较丰富的认识，他根据所积累的科学数据，撰写成论文《水稻的雄性不孕性》，发表在《科学通报》上。这是国内第一次论述水稻雄性不育性的论文。

从1964年发现"天然雄性不育株"算起，袁隆平和助手们整整花了6年时间，先后用1000多个品种，做了3000多个杂交组合，仍然没有培育出不育株率和不育度都达到100%的不育系来。

袁隆平总结了6年来的经验教训，并根据自己观察到的不育现象，认识到必须跳出栽培稻的小圈子，重新选用亲本材料，提出利用"远缘的野生稻与栽培稻杂交"的新设想。在这一思想指导下，袁隆平带领助手在海南岛的普通野生稻群落中，发现一株雄花败育株，并用广场矮、京引66等品种测交，发现其对野败不育株有保持能力，这就为培育水稻不育系和随后的"三系"配套打开了突破口，给杂交稻研究带来了新的转机。

袁隆平毫无保留地及时向全国育种专家和技术人员通报了他们的最新发现，并慷慨地把历尽艰辛才发现的"野败"奉献出来，分送给有关单位进行研究，协作攻克"三系"配套关。

1972年，农业部把杂交稻列为全国重点科研项目，组成全国范

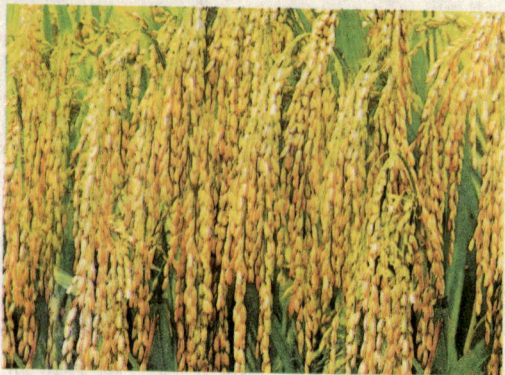

围的攻关协作网。1973年，广大科技人员在突破"不育系"和"保持系"的基础上，选用1000多个品种进行测交筛选，找到了1000多个具有恢复能力的品种。张先程、袁隆平等率先找到了一批以IR24为代表的优势强、花粉量大、恢复度在90%以上的"恢复系"。

1973年10月，袁隆平发表了题为《利用野败选育三系的进展》的论文，正式宣告我国籼型杂交水稻"三系"配套成功。这是我国水稻育种的一个重大突破。紧接着，他和同事们又相继攻克了杂种"优势关"和"制种关"，为水稻杂种优势利用铺平了道路。

20世纪90年代后期，美国学者布朗抛出"中国威胁论"，撰文说到21世纪30年代，中国人口将达到16亿，到时谁来养活中国？谁来拯救由此引发的全球性粮食短缺和动荡危机？这时，袁隆平向世界宣布："中国完全能解决自己的吃饭问题，中国还能帮助世界人民解决吃饭问题。"

1995年8月，袁隆平郑重宣布："我国历经9年的两系法杂交水稻研究已取得突破性进展，可以在生产上大面积推广。"

1998年8月，在海南三亚农场基地，袁隆平率领一支由全国十多个省、区成员单位参加的协作攻关大军，攻克了两系法杂交水稻难关。一年后超级杂交稻在小面积试种获得成功。有关专家对48亩实验田的超级杂交水稻晚稻的实测结果表明：水稻稻谷结实率达95%以上，每亩高产847公斤。现在我国杂交水稻的优良品种已占全国水稻种植面积的50%，平均增产20%。从推广种植杂交水稻以来，已累计增产稻谷3500亿公斤。

2001年，国家科学技术奖励大会召开，袁隆平被授予2000年度国家最高科学技术奖。

崇拜理由：

他们并非世界政坛完美无缺的政治领袖，有时甚至被世界长久地误读。他们的魅力在于鞠躬尽瘁，矢志不渝，坚忍不拔，以自己独特的个性、不同寻常的经历打动了中学生的心灵。

诸葛亮：
鞠躬尽瘁，智慧化身

【偶像速写】

诸葛亮，生于公元181年，卒于公元234年，字孔明。

他是三国时期杰出的政治家、军事家、战略家、散文家、外交家。史书记载其身高八尺，约为1.84米。后人特别推崇他的运筹帷幄，神机妙算，将其视为智慧化身。小说《三国演义》更是将其神化，其情节广为流传。其"鞠躬尽瘁，死而后已"的精神，已成为中华民族的宝贵财富。

【偶像经历】

公元181年，诸葛亮出生于琅邪郡阳都县（今山东省沂南县）的一个官吏之家。诸葛氏是琅邪的望族，先祖诸葛丰曾在西汉元帝时做过司隶校尉（卫戍京师的长官）。

诸葛亮的父亲诸葛珪，字君贡，东汉末年做过泰山郡丞。诸葛亮3岁丧母，8岁丧父，与弟弟诸葛均一起跟随由袁术任命为豫章太守的叔父诸葛玄到豫章赴任。后来，东汉朝廷派朱皓取代了诸葛玄的职务，诸葛玄就去投奔老朋友荆州牧刘表。

公元197年，诸葛玄病逝。诸葛亮失去了生活依靠，便移居南阳。

19岁的诸葛亮与友人徐庶等从师于水镜先生司马徽。诸葛亮看到刘表昏庸无能，不是命世之主，于是结庐襄阳城西20里的隆中山中，隐居待时。

诸葛亮在隆中隐居了10年。10年中，他广交江南名士，"每自比于管仲、乐毅"，爱唱《梁父吟》，结交庞德公、庞统、司马徽、黄承彦、石广元、崔州平、徐庶等名士。其智谋为大家所公认，有匡扶天下之志。诸葛亮密切注意时局的发展，所以对天下形势了如指掌。在隆中隐居期间，诸葛亮被称为"卧龙"，娶黄承彦之女黄月英为妻。

公元207年，诸葛亮27岁时，刘备三顾茅庐，会见诸葛亮，问以统一天下之大计。诸葛亮精辟地分析了当时的形势，提出了首先夺取荆州、益州作为根据地，对内改革政治，对外联合孙权，南抚夷越，西和诸戎，等待时机，两路出兵北伐，从而统一全国的战略思想。这次谈话即是著名的《隆中对》。

刘备听了诸葛亮这一番精辟透彻的分析，思想豁然开朗。他觉

五丈原诸葛亮庙位于陕西省岐山县五丈原镇五丈原北端

金城武版诸葛亮

得诸葛亮人才难得，于是恳切地请诸葛亮出山，帮助他完成兴复汉室的大业。诸葛亮遂出山辅佐刘备，联孙抗曹，赤壁之战大败曹军，形成三国鼎足之势，夺占荆州，攻取益州，击败曹军，夺得汉中。后来，刘备在成都建立蜀汉政权，诸葛亮被任命为丞相，主持朝政。

公元223年春，刘备在永安病危，召诸葛亮嘱托后事，他说："君才十倍于曹丕，必能安国，终定大事。若嗣子可辅助，便给以辅助；若其不才，您可取而代之。"

诸葛亮忙哭道："臣必竭心尽力相辅，效忠贞之节，死而后已！"

蜀国后主刘禅继位，诸葛亮被封为武乡侯，领益州牧。他建立丞相府以处理日常事务。当时，全国的军、政、财，事无大小都由诸葛亮决定，他赏罚极为严明。诸葛亮对外与东吴联盟，对内改善和西南各族的关系，实行屯田，加强战备。

公元227年，诸葛亮上疏（即著名的《出师表》）于刘禅，率军出驻汉中，前后6次北伐中原，无功而返。公元234年，诸葛亮终因积劳成疾，病逝于五丈原军中。

诸葛亮娴熟韬略，多谋善断，长于巧思。他曾革新"连弩"，可连续发射10支箭；制作"木牛流马"，便于山地军事运输；推演兵法，作"八阵图"。

诸葛亮是一个维护封建纲常和崇尚儒家忠义道德的正统思想家。但是，诸葛亮并不墨守儒家教条，他尊王而不攘夷，进兵南中，和抚夷越，在三国中执行了最好的民族政策。

诸葛亮以"鞠躬尽瘁，死而后已"的精神成为后世的楷模。

曹操：

非常之人，超世之杰

【偶像速写】

　　曹操，公元155年出生，公元220年去世；字孟德，一名吉利，小字阿瞒，沛国谯郡（今安徽省亳州市）人。

　　他是三国时期著名的政治家、军事家、诗人，统一了北方，挟天子以令诸侯，戎马一生。他在北方屯田，兴修水利，解决了军粮缺乏的问题，对农业生产的恢复有一定作用；他唯才是举，网罗地主阶级中有才干的下层人物，抑制豪强，加强集权，所统治地区的社会经济得到恢复和发展；他精通兵法，著有《孙子略解》、《兵书接要》等书；他擅长诗歌创作，著有《蒿里行》、《观沧海》等诗篇，气魄雄伟，慷慨悲凉，他的散文极为清峻，著作有《魏武帝集》。

【偶像经历】

　　汉灵帝死后，大将军何进以外戚身份把持朝政。但在诛杀宦官时，反被伏击。而此时有"西凉之狼"之称的董卓带领大军接管京城。董卓入城不久，便改立汉少帝之弟刘协，即汉献帝。这时，大部分大臣纷纷逃出洛阳。曹操刺杀董卓失败后，逃至陈留，集结义兵，声讨董卓。

　　公元190年，各路大将推举家世显赫的袁绍为盟主，西讨董卓，但因各地将领心怀鬼胎，遂使义军失败。曹操在这场战役中，初次见到日后的死敌——刘备。

鲍国安版曹操

公元193年，董卓被王允、吕布所杀，二人又被董卓部下李傕、郭汜所杀。汉献帝乘乱与一众大臣逃出长安，但被李、郭二人所追捕。曹操接受荀彧、程昱的建议，迎接汉献帝到许昌。从此，曹操开始挟天子以令诸侯。其后，曹操以汉献帝的名义东征西讨，先后平定关东、关中一带，刘备也曾成为其部下。接下来，曹操便要面对他的"老朋友"——袁绍。

当时袁绍盘踞幽州、冀州、并州、青州，兵力雄厚，猛将如云。虽然曹操已成为中原霸主，但就兵力而言始终与其有一定距离。

公元200年，袁绍大军南下，与曹兵会战于官渡。最后曹操采纳降将许攸之计，亲率五千骑兵偷袭袁军粮仓。袁兵见军粮被烧而大乱，曹军乘势出击，袁绍败走。官渡之役奠定了曹操在北方的霸主地位。

官渡之战胜利后，曹操用数年时间稳定北方，并追击袁氏余党，袁绍兵败后不久病死。

公元208年，曹操亲率大军南征刘表。同年，刘表死，其次子刘琮继立。面对曹操如狼似虎的大军，刘琮决定出降，曹操轻易地接管荆州。可能因为荆州得来太过容易，曹操决定乘势东伐孙权，但孙权并非刘琮之流可比。

孙氏家族自孙策时已盘踞江东，至今已人心归顺。加上长江天险，孙氏政权已有一个稳定的基础。当孙权收到曹操东来的消息后，曾多次召开军事会议，会中主战派和主降派展开了激烈的争辩。最后孙权听从了周瑜和鲁肃的分析、建议，决定出战。

公元208年12月，孙权的大军在赤壁迎战曹军。周瑜用计火烧曹操军舰，曹军大败，从此曹操无力大举南征。如果说官渡会战决定了曹操在北方的霸主地位，那么赤壁兵败便是决定了曹操只可称雄北方的一战。

此后，曹操虽曾多次在东吴边境挑起战火，但双方均互有胜负。同时，刘备西定益州，自封汉中王。三足鼎立之势已成，盖世雄主曹操再无力改变这个事实。

公元216年，汉献帝册封曹操为魏王。

公元220年，曹操病逝，终年66岁。第二年，曹操长子曹丕称帝，建国号魏。他追尊曹操为武皇帝，庙号太祖。

曹操是中国历史上被误读较严重的政坛人物。作为我国四大文学名著之一《三国演义》的作者罗贯中，创作时在"拥刘反曹"的指导思想下，以蜀汉与曹魏的斗争为主线，吸收了史官叙事资料和民间的叙事话语。《三国演义》尊刘抑曹的倾向误导了好几代中国人，使许多史学家愤愤不平。曹操过去曾受不少历史学家的唾骂，野史中的许子将他称为"治世之能臣，乱世之奸雄"。孙盛著的《杂记》又说曹操自称"能我负人，毋人负我"。曹操颁发了世称"魏武三诏令"的求贤令，其中称有品行的人不一定有才能，有才干的人不一定有品德。他需要的是能臣，而不是循规蹈矩之士，这样更招致后人攻击。

最早对曹操作了比较全面而客观评价的是《三国志》的作者陈寿。他在《魏书·武帝纪》结尾的评语中对曹操给予了很高的评价，说曹操能够运用谋略，以武力征服天下，在斗争中采用了以申不害、商鞅为代表的法家思想，吸取了以韩信、白起为代表的战略战术思想，在用人方面能够量才录用，不计前嫌，因此终于将袁绍打败，完成了统一北方的大业。陈寿认为，实践证明，曹操的智慧、谋略是最为卓越的，为此最后给曹操下了一个"非常之人，超世之杰"的断语。

曹操出生于沛国谯郡（今安徽省亳州市）

李世民：
"济世安民"好皇帝

【偶像速写】

李世民，公元599年出生，卒于公元649年。唐朝第二位皇帝，其名字之意是"济世安民"，太宗是他死后的庙号。

他的前半生是立下赫赫武功的军事家，成为皇帝后积极听取群臣的意见，努力学习文治天下，成功转型为中国史上最出名的政治家与明君之一。他开创了历史上的"贞观之治"，消灭各地割据势力，虚心纳谏，厉行节约，休养生息，使得社会出现了国泰民安的局面，为后来的"开元盛世"奠定了重要的基础，将中国传统农业社会推向鼎盛时期。

李世民出生于陕西武功

【偶像经历】

李世民出生于武功（今陕西武功西北），4岁时有相面先生预言："此子将来必能济世安民。"

公元615年，隋炀帝被突厥始毕可汗率兵围困在雁门（今山西代县），年仅16岁的李世民应募勤王，崭露头角。

李世民的前半生是在

战马上度过的。他帮助父亲李渊平定各路农民起义军，表现出极为出众的军事才能和政治眼光。在战争过程中，李世民也得到一批能征善战、谋略过人的部下，如尉迟敬德、李靖、房玄龄等，大大加强了与

唐国强版李世民

太子李建成争夺帝位的能力，最后两人的帝位之争进入白热化阶段。

公元626年，李世民率秦府幕僚长孙无忌、尉迟敬德等，在宫城北面的玄武门内，杀死太子李建成和四弟齐王李元吉，这就是"玄武门之变"。没多久，李世民登上帝位，是为唐太宗。第二年初，唐太宗改元"贞观"。

"玄武门之变"后，突厥颉利可汗乘唐朝内乱，大举入侵。李世民派尉迟敬德出战，大败突厥。没多久，颉利可汗再次入侵，到达渭水便桥，并遣使臣到长安示威。李世民亲率六骑到渭水，与颉利可汗隔河相会，指控颉利可汗背弃盟约，这时唐朝大军也陆续到达。颉利可汗见对方军容整齐，无隙可乘，于是与李世民议和，这就是"便桥会盟"。公元630年，唐朝大将李靖、李绩大败突厥，俘获颉利可汗，东突厥灭亡，唐朝的版图扩大至今天的贝加尔湖以北。

平定突厥之后，李世民继续苦心经营西域，先后多次出兵。公元634年，吐谷浑伏允可汗犯边，李世民派李靖、侯君集、王道宗等出击。公元635年，吐谷浑伏允可汗逃入沙漠，后被杀，李世民另立吐谷浑国王。公元639年，李世民因为高昌王曲文泰向西域朝贡，命大将侯君集、薛万彻等率兵伐高昌。公元640年，高昌王病死，其子智盛继位，投降唐朝。李世民在高昌首府交河城置安西都护府，西域各国都到长安朝贡。

公元641年，李世民在吐蕃赞普（即君长）松赞干布的多次请

李世民手迹

求下，答应将宗女文成公主嫁给他。松赞干布闻讯大喜，亲自从首都逻些（今西藏拉萨）来到河源（今青海鄂陵湖西），以子婿之礼接见唐朝使臣。

公元643年，太子李承干以谋反之罪被废，李世民将第九子晋王李治立为太子，并对太子严加教管。在其吃饭之时，李世民指着饭食对李治说："耕种田地，春种秋获，都要经过辛勤劳动。只有爱惜民力，不夺农时，才能常有饭吃。"见其乘马，便说："马能代人步行，节省体力，如果使用得当，不尽其力，才可以常有马骑。"见其乘舟，便说："舟可以比人君，水可以比百姓，水能载舟，也能覆舟。你将来就会成为君主，想想水与舟的关系，能不畏惧吗？"

李世民鉴于士族仍然垄断高官之途，为了平抑门第，为国家提供更多人才，一方面命高士遴选《士族志》，以"立功、立德、立言"为标准，重新评估士族，无功德者一律除名；另一方面承袭隋朝的科举制度，以延揽人才。

为了提供优良教育的环境，李世民建立了以国子监为首的京师学，包括国子学、太学、四门学。李世民还建立了律学和书学，增建校舍，能容纳2000名学生。李世民又设弘文馆，专门供皇族及高级官员子弟入读。

李世民统治时期与世界各国交流频繁

180

努尔哈赤：
十三副铠甲定乾坤

【偶像速写】

努尔哈赤，1559年出生，卒于1626年；全名爱新觉罗·努尔哈赤，女真族，后金政权创立者。1616年1月，在赫图阿拉称"覆育列国英明汗"，年号天命。

他最擅长的事是谋略，一生最得意之笔是取得萨尔浒之战的胜利，最失意的事是兵败宁远，最不幸的事是父亲、祖父被杀害，最痛心的事是杀死长子褚英。他在位11年，顺应历史发展趋势，完成了统一女真各部的大业，对后来满族共同体的形成，对加强各民族间经济文化的交流，促进辽东经济的发展，起了积极作用。

【偶像经历】

1583年，努尔哈赤被大明王朝任命为建州左卫（今辽宁新宾）都指挥使。同年，以祖父、父亲遗留下来的十三副铠甲起兵，对建州女真各部展开了兼并战争。努尔哈赤采取"恩威并行"、"顺者以德服，逆者以兵临"的方针，历时10年，统一了建州各部。

1589年，努尔哈赤受封为都督金事、龙虎将军。其后，经过20余年征伐，统一了松花江流域和长白

山以北的诸部女真。在统一战争中，将女真各部迁至浑河流域。

为适应当时政治、经济的需要，努尔哈赤建立了军政合一的八旗制度。八旗制度是清朝的一种社会组织形式。平时耕猎为民，战时应征为兵。这种制度源于满族的牛录制。努尔哈赤将原来牛录这一临时性的生产和军事组织，根据战争的需要，改编成长期的正式组织。规定三百人一牛录，每牛录设一牛录额真（值领），五牛录设一甲喇额真（参领），每五甲喇构成一个固山，即旗，首领为固山额真（都统）。

1601年，努尔哈赤建立黄、白、红、蓝四旗，1615年又增设镶黄、镶白、镶红、镶蓝四旗，合称满洲八旗。努尔哈赤指定其子侄为代表，分统八旗，称为"固山贝勒"。1635年，增加蒙古八旗，1642年，增加汉军八旗，合为二十四旗，但仍习惯称为八旗。八旗制度具有军事、政治和生产职能。清朝灭亡后，八旗制度随之消亡。

努尔哈赤还设议政王大臣，与八旗旗主共议朝政，形成政治、军事的中枢决策机构。

1616年，努尔哈赤在赫图阿拉（今辽宁新宾西南）建立"大金"国（后金），自立为汗，建元天命，设官建署。

1618年，努尔哈赤起兵反明。在萨尔浒之战中，采取集中兵力、各个击破的作战原则，大败明军，势力进入辽河流域。在相继攻克沈阳、辽阳和辽河以东七十余城后，于1621年迁都辽阳。

努尔哈赤精通汉语，喜读《三国演义》。他特别注意收罗和起用明朝的罪臣、废官及中下武将和官吏，多次宣布：对尽忠效劳的汉官，要破格提升，要"嘉赏赐财"，要"赏以功，给与为官"，要使他们"终身享受"，而且功臣的子孙可以世代承袭祖、父的官职。原明朝抚顺游击李永芳，初升三等副将，从征辽阳后晋三等总兵官。明朝商人佟养性初授三等副将，破辽阳后晋二等总兵官。开原人刘兴祚，降后初任备御，下辽阳后，进至副将，其侄亦为海州参将。

这些措施产生了很大的影响，金军进入辽东初期，不少明朝的官员、将领、生员降顺新君，献计献策，告密送信，催征赋税，迁民分地，查点丁口，追捕逃人，对巩固金国的统治起了相当大的作用。

1625年，努尔哈赤迁都沈阳，占领了辽东大部地区。第二年，努尔哈赤挥军进攻宁远（今辽宁兴城）。当时宁远明朝的守军仅有一万余人。守将袁崇焕激励将士，誓守孤城。努尔哈赤劝降不成，下令奋力攻城。激战中，努尔哈赤被明军炮火击伤。在撤围败退沈阳途中，患病而死。

对清王朝而言，努尔哈赤有十大功绩：一是统一女真各部，二是统一东北地区，三是制定满族文字，四是创建八旗制度，五是促进满族形成，六是建立后金政权，七是丰富军事经验，八是制定抚蒙政策，九是推进社会改革，十是决策迁都沈阳。

清朝源于中国东北部的少数民族部落，这个王朝延续了296年，占秦始皇统一中国后七分之一的时间，而这个王朝的始创者就是努尔哈赤。

玄烨：
七大贡献奠定中华盛世

【偶像速写】

　　玄烨，全名爱新觉罗·玄烨，1654年出生，卒于1722年。

　　他是大清入关后第一位皇帝——顺治皇帝的第三子，后被封为皇太子，继而即位为大清之君。他8岁登基，10岁丧母，在其祖母孝庄太后的教导下长大成人。他少年老成，16岁便铲除鳌拜，继而平定三藩，稳定西南边陲；他进兵台湾，开府设县；他讨伐准噶尔部的葛尔丹，更加稳定了大清的西北疆土。他在位61年，凭借其聪明才智以及爱民之心，为中国的百姓创造了一个和平盛世。

【偶像经历】

　　玄烨1654年生于沈阳，为清世祖顺治帝第三子。1661年即位，时年8岁，由索尼等四位大臣共同辅政，年号康熙。

　　1667年，玄烨亲政。没多久，年仅16岁的玄烨暗结大臣索额图等人智捕鳌拜，夺回大权。

　　亲政后，玄烨宣布永停圈地，准许壮丁"出旗为民"，奖励垦荒，益钱免粮，规定"额外添丁，永不加赋"；平定平西王吴三桂、平南王尚可喜之子尚之信、靖南王耿继茂之子耿精忠长达8年的三藩之乱，并派兵攻入台湾；平定准噶尔部的葛尔丹叛乱，巩固国家统一；巡行东北，两次发起雅克萨反击战，沉重打击沙俄势力侵略；派索额图、佟国纲赴尼布楚与沙俄谈判边境问题，行前确定黑龙江流域的广大领土"皆我所属之地，不可弃之于俄罗斯"的原则，签订《尼布楚条约》，划定中俄东段边界，使多民族国家的统一得到巩固发展。

玄烨一生苦研儒学，倡扬程朱理学，开博学鸿儒科，设馆纂修《明史》，编纂《古今图书集成》、《全唐诗》、《佩文韵府》、《康熙字典》等。

玄烨一生好学敏求，勤于政事，崇尚节约。在位的61年间，由于他的文治武功，中国多民族统一的局面得到巩固发展。

玄烨一生对中国历史和世界文明的发展作出了七大贡献：

贡献一：削平三藩，巩固统一。

贡献二：进兵台湾，开府设县。1624年，荷兰人侵占台湾。1661年，郑成功从荷兰人手中收复台湾。郑成功死后，其子郑经承认南明的正统地位。1683年，玄烨抓住郑经死后台湾政局不稳的时机，进兵台湾。设台湾府，隶属于福建，从而加强了中央对台湾的管辖，促进了台湾经济文化的发展。

贡献三：抵御外侵，缔结和约。黑龙江地域在皇太极时已经归属清朝。玄烨收复台湾后，调派军队进行两次雅克萨自卫反击

清军在雅克萨反击战中使用的火炮

战，取得胜利。1689年，同俄国在尼布楚签订《中俄尼布楚条约》，规定了中俄两国的东段边界，从法律上划定了以额尔古纳河、格尔毕齐河和外兴安岭为界，整个外兴安岭以南、黑龙江和乌苏里江流域（包括库页岛）都是中国的领土。这是中国历史上同外国签订的第一个平等条约，表明玄烨独立自主外交的胜利。

贡献四：重农治河，兴修水利。清军入关后，最大的弊政莫过于圈占土地，跑马占田，任意圈夺。玄烨颁令，停止圈地，招徕垦

玄烨主持修建的承德避暑山庄

荒，恢复生产。为促进农业生产，玄烨6次南巡，治理黄河、淮河、运河、永定河，并兴修水利，取得很大成绩。

贡献五：移天缩地，兴建园林。玄烨先后兴建畅春园、避暑山庄、木兰围场等，后来乾隆又大兴"三山五园"——香山静宜园、玉泉山静明园、万寿山清漪园（后改名颐和园）和圆明园等，将中国古典园林艺术推向高峰。

贡献六：兴文重教，编纂典籍。玄烨重视文化教育，主持纂修了《康熙字典》、《古今图书集成》、《律历渊源》、《全唐诗》、《清文鉴》、《皇舆全览图》等，总计60余种，2万余卷。

贡献七：开拓疆土，增强国力。经过艰苦卓绝的努力，玄烨统治的大清帝国，成为当时世界上幅员最辽阔、人口最多、经济最富庶、文化最繁荣、国力最强盛的国家。那时清朝的疆域，总面积约1300万平方公里。玄烨打下了清朝兴盛的根基，与后来的乾隆皇帝共创了"康乾盛世"。

玄烨6次南巡，治理黄河等河流

林则徐：
开眼看世界的第一人

【偶像速写】

林则徐，1785年8月30日出生，1850年11月22日去世；福建省侯官人（今福州市闽侯县）；字元抚，又字少穆、石麟，晚号侯村老人、侯村退叟、七十二峰退叟、瓶泉居士、栎社散人等。

他是清朝后期的政治家、思想家和诗人；官至一品，曾任湖广总督、陕甘总督和云贵总督，两次受命为钦差大臣；他从英国人手里收缴全部鸦片近2万箱，约237万斤，并于1839年6月3日在虎门海滩上当众销毁。因其主张严禁鸦片、抵抗西方的侵略、坚持维护中国主权和民族利益，深受中国人的敬仰。

【偶像经历】

林则徐出生于清贫的塾师家庭。13岁应府试获第一名，14岁考取秀才，20岁中举人，27岁成进士，授翰林院编修。

从1820年起，林则徐历任监察御史、按察使、布政使、河督以至巡抚、总督等职，所任官职遍布浙江、河南、江苏、湖南、湖北、两广、陕西、云南等14个省。

林则徐胸怀强国富民之志，致力于发展社会生产，整顿和革新吏治。他积极兴修水利，推广先进生产技术，重视发展农业生产。他主张自铸银币，以促进商业经济和对外贸易。他在漕政、河工、盐政等方面进行过多项有利于国计民生的改革。他曾为江苏灾民冒死请命，力争减免田赋。他断案公正，为平民伸张正义，毕生清廉，在民间有"林青天"之誉。

在林则徐所处的19世纪，以英国为首的西方殖民者利用鸦片走私侵略中国，致使中国白银大量外流，社会经济遭到严重破坏，尤其是人民健康遭到严重摧残，面临亡国灭种的危险。

林则徐雕塑(澳门)

林则徐深悉鸦片之危害，在任江苏巡抚、湖广总督时，就严禁百姓吸食鸦片，取得显著成效，并一再上疏力主禁毒，促成道光帝的禁毒决心。

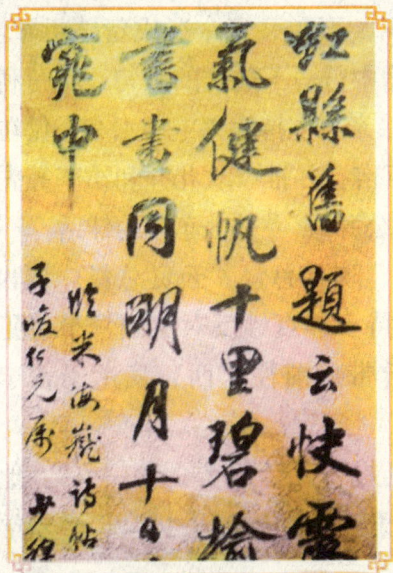

1838年，林则徐被任命为钦差大臣，赴广东查禁鸦片。由于他态度坚决，措施严厉，斗争有理有节，迫使西方鸦片商缴出鸦片237万斤。1839年6月3日，林则徐亲自在广东虎门主持了震惊中外的销烟行动。

虎门销烟揭开了中国人民反抗外国侵略斗争史的第一页，并在国际禁毒史上竖起了第一块丰碑。

林则徐反对闭关锁国，主张对外开放。他严格区分西方鸦片走私

与国际正常贸易，对从事正常贸易的外国商人给予保护和奖励，对坚持鸦片走私的外商则予以坚决打击和驱逐。

林则徐预见到英国殖民者不会甘心鸦片走私的失败，必将武装来犯。他积极备战，增建炮台，督造战船，招募水勇，严阵以待。

1840年，英国悍然派兵入侵中国，在广东海面，遭到林则徐统领下的广东水师的痛击。英军在广州不能得逞，遂移师北上，攻占定海，直抵天津大沽口，威胁北京。

道光帝惮于英国武力，又受投降派蛊惑，竟把英国的武装入侵归罪于林则徐"办理不善"，将他革职，不久又责令遣戍新疆伊犁。1842年，林则徐被贬谪到新疆伊犁，途中曾写下这样的诗句："苟利国家生死以，岂因祸福避趋之。"林则徐亲自主持大兴屯田水利，仅在南疆就行程2万余里，勘察垦地60余万亩，并推广坎儿井和纺车等先进生产技术，至今新疆民间仍流传"林公井"、"林公车"的佳话。

1846年，林则徐先后任陕西巡抚、陕甘总督、云贵总督。1849年，林则徐告病还乡，在福州积极支持乡绅百姓反对英国领事侵犯我主权的斗争。1850年，林则徐奉旨带病前往广西，病逝于普宁县，归葬于福州北郊马鞍山。

林则徐被史学界称为中国近代史上"开眼看世界的第一人"。他主张：为抵抗西方，必须了解西方；为改革中国落后状况，必须学习西方的长处。

恺撒:
罗马帝国的无冕之皇

【偶像速写】

恺撒,全名盖乌斯·尤利乌斯·恺撒,公元前 102 年 7 月 12 日出生,公元前 44 年 3 月 15 日去世。他在历史上被称为恺撒大帝,是罗马共和国末期杰出的军事统帅、政治家。

他出身贵族,历任财务官、祭司长、大法官、执政官、监察官、独裁官等职。公元前 60 年与庞培、克拉苏秘密结成"三人同盟",随后出任高卢总督,花了 8 年时间征服了高卢全境(大约是现在的法国),还袭击了日耳曼和不列颠。公元前 49 年,他率军占领罗马,打败庞培,集大权于一身,实行独裁统治。他留下两部有历史价值的著作:《高卢战记》、《内战札记》。公元前 44 年,他被布鲁图所领导的元老院成员暗杀。遇刺后,其养子屋大维击败安东尼,开创罗马帝国并成为第一位帝国皇帝。

【偶像经历】

恺撒出生于公元前 102 年,正是罗马共和国发生严重政治危机的时代。这时,罗马经历了经济基础的巨大变化,已经变成西方古典时代奴隶制度最发达的国家,原来的小农业已完全被大规模使用奴隶劳动的大庄园取代,直接的军事掠夺和以贡赋等方式向被征服地区进行的压榨,使地中

海沿岸各地的财富大量涌入意大利，加速了罗马的社会分化。

　　经济上的巨大变化，影响到罗马的政治生活，被征服土地在日益扩大，由雇佣军组成的常备军在不断扩充，奴隶人口在急剧增加，由失业小农民和释放奴隶构成的游民阶层也在大量涌向首都，这就需要大大加强国家机器才能应付。从公元前2世纪30年代起，就不断有人提出种种民主改革的方案，但都因为触犯豪门贵族的利益，受到元老院一小撮所谓贵族共和派的反对，遭到失败。此后，主张民主改革的人前仆后继、奋斗不息，民主运动从合法要求改良逐渐发展到采取阴谋暴动甚至内战的方式。

　　公元前82年，豪门贵族的保护者苏拉用血腥的大屠杀镇压了反对派，民主运动才一时沉寂下去。但是，苏拉死后不久，民主运动就卷土重来。到公元前1世纪70年代，局势终于发展到极为可虑的地步，最为严重的是地中海上的海盗横行和斯巴达克斯领导的奴隶起义。

　　恺撒和老一辈的民主派领袖马略和钦奈有亲谊，青年时代就受到贵族共和派的排挤，迫使他只能从一开始就站在民主派一边，逐渐成为反对派的领袖，按部就班地从财务官升到司法官。但是，他除了在街头的游民阶层中拥有巨大的号召力以外，没有别的政治资本，为此他设法跟当时在军队中有极大势力的克耐犹斯·庞培和代表富豪们即所谓骑士阶层的罗马首富马古斯·克拉苏斯结成"三人同盟"。恺撒在这两个人的共同支持下，于公元前59年当选执政官，但由于元老院的掣肘，并没有什么大的建树。

经过半个多世纪的政局动荡，罗马统治集团中无论哪一派的领袖人物，都从实际经验中体会到，要掌握政权，必须先有一支武装力量。因此，恺撒在执政官任期届满之后，竭力设法争取到高卢行省去担任行省长官，目的是趁在高卢的机会训练起一支自己的军队，作为政治上的后盾。同时，在高卢大事开拓疆土，掳掠奴隶。

恺撒在公元前58年前往高卢，到公元前49年初方回意大利。他在意大利公民中的声望，渐渐超出"三人同盟"中的其他两人，特别是他借高

恺撒养子屋大维

卢作为练兵场所，训练了一支只知有恺撒不知有国家的部队。恺撒的成功刺激了克拉苏斯，他在公元前63年赶到东方去发动对安息的战争，希望在那边取得跟恺撒同样的成功，不料全军覆没，死在那里。只剩下恺撒和庞培两雄并立，彼此日益猜忌，加上元老院中一些人的从中挑拨拉拢，庞培终于和恺撒决裂，正式站到元老院一边去，成为贵族共和派借以对抗恺撒的首领。公元前49年，恺撒带着军队，以迅雷不及掩耳之势进入意大利。庞培带着全部政府人员和元老院仓皇逃出罗马，渡海进入希腊。第二年冬天，恺撒赶到希腊，在法萨勒斯一战中击败庞培主力。庞培逃往埃及，被埃及人就地杀死。恺撒在肃清了其他各地庞培余党后，统一全国。

恺撒是罗马帝国的奠基者，被视为罗马帝国的无冕之皇。有的历史学家将其视为罗马帝国第一位皇帝，以其就任终身独裁官的日子为罗马帝国诞生日，有罗马君主以其名字"恺撒"作为皇帝称号，其后之德意志帝国及俄罗斯帝国君主亦以"恺撒"作为皇帝称号。

拿破仑：
征服欧洲的 "荒野雄狮"

【偶像速写】

　　拿破仑，1769年8月15日出生，1821年5月5日去世；全名拿破仑·波拿巴，法兰西第一帝国及百日王朝的皇帝。

　　他是一名出色的军事家，一生亲自参加的战役达六十多个，指挥的多场战役直到今天在军事史上依然有重要意义；他颁布了《拿破仑法典》，这部法典是很多现代民主国家法律体系的原型，被视做德国、法国及欧亚大陆 "大陆法" 条文法典之代表，有别于英国、美国重视判例、轻法条之 "海洋法"；他是最早提出欧罗巴合众国构想并试图通过武力合并来实现的人，虽然他本人并未成功地实现这个梦想，但今天的欧洲正朝向一体化目标前进。

【偶像经历】

　　1769年，拿破仑出生在科西嘉岛的阿雅克肖城，父亲给他取名 "拿破仑"，意大利语的意思是 "荒野雄狮"。科西嘉岛被卖给法国后，法王便承认拿破仑的父亲为法国贵族。在父亲的安排下，拿破仑9岁时就到法国布里埃纳军校接受教育。1784年以优异成绩毕业，后被选送到巴黎军官学校。

拿破仑16岁时父亲去世，他中途辍学并被授予炮兵少尉军衔。1793年12月，24岁的拿破仑带着"革命政府"的士兵防卫土伦岸炮台，成功击败进攻法国以援助波旁王朝的英国舰队。1796年3月2日，26岁的拿破仑被任命为法国意大利方面军总司令。他率领法军，大胆翻越阿尔卑斯山脉，突袭意大利，令对方措手不及而投降。拿破仑统帅的军队还多次击退奥地利与萨丁尼亚组成的第一次反法同盟联军，最后迫使对方签署了有利于法国的停战条约。

取得意大利之役的胜利后，拿破仑成为法国人的新英雄。他的崛起令督政府受到威胁，因此任命他为法国埃及方面军的司令，派往东方以抑制英国在该地区势力的扩张。1798年的远征埃及是一大失败。拿破仑的舰队被英国海军上将纳尔逊完全摧毁，部队被困在埃及。1799年回国时，400艘军舰只剩下2艘，原本侵略印度的计划受阻，人员损失惨重。

此时欧洲反法联盟逐渐形成，法国国内保皇派势力渐渐上升。1799年10月，回到法国的拿破仑被当做"救星"，受到欢迎。11月9日，拿破仑发动雾月政变并获得成功，成为法国第一执政，实际是独裁者。

拿破仑实行了多项政治、教育、司法、行政、立法、经济方面的重大改革，其中最著名并且直到今天依然有重要影响的是颁布《拿破仑法典》。法典在1804年正式实施，即使在一个多世纪后，依然是法国的现行法律。

1802年8月，拿破仑修改共和八年《宪法》，改为终身执政。1804年11月6日，公民投票通过共和十二年《宪法》，法兰西共和国改为法兰西帝国，拿破仑成为法兰西人的皇帝，称拿破仑一世。

1805年8月，奥地利、英国、俄国组成第三次反法同盟，拿破仑在9月24日离开巴黎，亲自挥军东征，到10月12日法军占领了慕尼黑。10月17日法国和奥地利在乌尔姆激战后，反法同盟投降。之后法国取得奥斯特里茨战役的胜利，反法同盟再度瓦解，并且迫使奥地利取消了神圣罗马帝国的称号。拿破仑随后联合了德国境内各邦城国组成"莱茵联邦"，把它置于自己的保护之下。

1806年秋，英国、俄国、普鲁士组成第四次反法同盟，但是10月14日法军同时在耶拿和奥尔斯塔特击溃敌军，普鲁士的军队几乎全军覆没，拿破仑因此取得了德国大部分地区。

1807年6月，法国在欧洲大陆的霸主地位得到确立。拿破仑一世兼任意大利国王、莱茵联邦的保护者、瑞士联邦的仲裁者，并分别封他的兄弟为那不勒斯、荷兰、威斯特伐利亚国王。

1809年初，第五次反法同盟组成。奥地利在背后偷袭法国在德国的领土，拿破仑被迫退出西班牙，率军东征。奥地利军队虽然一开始取得优势，但是拿破仑很快就转败为胜，迫使奥地利签订《维也纳和约》，再次割让土地。

1811年末，法俄关系开始恶化，最后战争爆发。拿破仑率领由

滑铁卢战役

说12种不同语言士兵组成的50万大军攻入俄罗斯。俄军采取撤退不抵抗的战略，直到1812年9月12日，法军历经焦土政策（法军有44万人阵亡和重伤）后，进入莫斯科。拿破仑本以为亚历山大一世将会妥协，未料到迎接他的却是莫斯科全城的大火。最后，他率领区区2万人回到法国。

滑铁卢战役纪念雕像

1813年，英、俄、普、奥组成第六次反法同盟，双方在现今的德国境内多次激战。1814年3月31日，巴黎被占领，同盟军要求法国无条件投降，同时拿破仑必须退位。4月11日拿破仑宣布无条件投降，4月13日在巴黎枫丹白露宫签署退位诏书。拿破仑本人在退位后被流放到地中海上的一个小岛厄尔巴岛，他在前往厄尔巴岛的路上几乎被暗杀。1815年2月26日，拿破仑从厄尔巴岛潜返法国，再次夺得政权。欧洲各国迅速组成第七次反法同盟。6月18日，拿破仑的军队在比利时的滑铁卢被英国威灵顿公爵带领的反法盟军击败，史称"滑铁卢战役"，7月15日他正式投降。1821年5月5日，拿破仑在圣赫勒拿岛去世，5月8日，这位征服者在礼炮声中被葬在圣赫勒拿岛上的托贝特山泉旁。

拿破仑去世后9年，新的奥尔良王朝在人民的压力之下将拿破仑的塑像重新竖立在旺多姆圆柱上。1840年，法国奥尔良王朝的路易·菲利普派其儿子将拿破仑的遗体接回。12月15日，拿破仑的灵柩被运回巴黎，在经过凯旋门后被安葬到塞纳河畔的荣誉军人院。

拿破仑为法国带来了荣耀，法国人民始终爱戴这位法兰西战士，1840年12月他的遗体运抵巴黎后，90万名巴黎市民冒着严寒迎接他。1855年，英国维多利亚女王携王储（即后来的爱德华七世）来到荣誉军人院，女王让王子"在伟大的拿破仑墓前下跪"。

林肯：
美国历史上最伟大的总统

【偶像速写】

　　林肯，1809 年 2 月 12 日出生，1865 年 4 月 15 日去世；全名亚伯拉罕·林肯（Abraham Lincoln）。

　　他是美国第十六任总统，也是美国首位共和党籍总统。他是世界历史上最伟大的人物之一，领导了拯救联邦和结束奴隶制度的伟大斗争。他的个性正直、仁慈、坚强，他一直是美国历史上最受人景仰的总统之一。尽管他只受过 18 个月的非正规教育，担任公职的经验也很少，但是他那敏锐的洞察力和深厚的人道主义意识，使他成为美国历史上最伟大的总统。

【偶像经历】

　　1809 年，林肯出生在肯塔基州哈丁县一个清贫的农民家庭，他的童年是"一部贫穷的简明编年史"。小时候，林肯帮助家里搬柴、提水、做农活。林肯的父母是英国移民的后裔，他们以种田和打猎为生。1816 年，林肯全家迁至印第安纳州西南部，开荒种地为生。9 岁时，林肯的母亲去世。

　　林肯的母亲去世一年后，父亲与一位贤惠的女人结婚。继母慈祥而勤劳，对待前妻的子女如同己出。林肯也敬爱后母，一家人

生活得和睦幸福。

由于家境贫寒，林肯受教育的程度不高。为了维持生计，少年时的林肯当过俄亥俄河上的摆

美国南北战争

渡工、种植园的工人、店员和木工。18 岁那年，1.94 米的林肯为一个船主所雇用，与人同乘一条平底驳船顺俄亥俄河而下，航行千里，到达奥尔良。这是他第一次来到一个有 4 万人口的城市。

25 岁以前，林肯没有固定的职业，四处谋生，他曾经 11 次被雇主辞退，两次生意失败，又曾遭逢丧儿之痛。成年后，他成为一名土地测绘员，因精通测量和计算，常被人们请去解决地界纠纷。

在艰苦的劳作之余，林肯始终是一个热爱读书的青年，他夜读的灯火总要闪烁到很晚。

青年时代，林肯通读了莎士比亚的全部著作，还读了许多历史和文学书籍。通过自学，林肯成为一个博学而充满智慧的人。林肯仅受过 18 个月的非正规教育，通过自学他成为一名律师，不久又成为州议会辉格党领袖。

1834 年 8 月，25 岁的林肯当选为州议员，开始自己的政治生涯。积累了州议员的经验之后，林肯于 1846 年当选为美国众议员。1847 年，林肯作为辉格党的代表，参加了国会议员的竞选，获得成功，第一次来到首都华盛顿。在此前后，关于奴隶制度的争论，成为美国政治生活中的大事。在这场争论中，林肯逐渐成为反对蓄奴主义者。他认为奴隶制度最终应消灭，首先应该在首都华盛顿取消奴隶制。代表南方种植园主利益的蓄奴主义者疯狂地反对林肯。1850 年，美国的奴隶主势力大增，林肯退出国会，继续当律师。

1860年，林肯成为共和党的总统候选人，11月选举揭晓，林肯以200万张选票击败民主党候选人斯蒂芬·道格拉斯，当选为美国第十六任总统，他的胜利成为压垮南方的最后一根稻草。但在奴隶主控制的南方各州，他没有得到选票。大选揭晓后，南方种植园主制造分裂，发动了叛变。南方各州先后退出联邦，宣布成立"美利坚诸州同盟"，并制定了新的《宪法》，选举了总统。

1861年4月，南方叛乱武装首先挑起战争，林肯号召民众为维护联邦统一而战。内战爆发初期，由于南方种植园主蓄谋叛乱已久，而林肯政府试图妥协，在战争中节节失利，首都华盛顿受到威胁。为扭转战局，林肯政府于1862年5月颁布了《宅地法》，其中规定，美国公民交付10美元即可在西部得到160英亩的土地，连续耕种5年就可成为其主人。9月，又颁布《解放黑奴宣言》，废除了黑奴制，规定叛乱各州的黑奴是自由人。这两项法令的颁布，扭转了战局。1863年夏，北方军队转入反攻。1865年，南方叛军向北方军队投降，持续4年之久的内战以北方胜利告终。

1865年4月14日，林肯在华盛顿的福特剧院观剧时，被奴隶制度支持者、演员约翰·魏克斯·布思刺杀，次日凌晨不治身亡。林肯被葬在家乡——伊利诺州的斯普林菲尔德，他的妻儿后来也被安葬于此。至今，伊利诺州的机动车牌照上自称"林肯之州"。

位于华盛顿市区的林肯纪念堂

丘吉尔：
英国精神的化身

【偶像速写】

丘吉尔，1874 年 11 月 30 日出生，1965 年 1 月 24 日去世；全名温斯顿·伦纳德·斯宾塞·丘吉尔。

他是著名的政治家、画家、演说家、作家以及记者，1953 年诺贝尔文学奖得主。他曾于 1940 年至 1945 年及 1951 年至 1955 年期间两度任英国首相，被认为是 20 世纪最重要的政治领袖之一，他带领英国获得第二次世界大战的胜利。他不仅是英国精神的化身，而且是英国人的坚强领袖。

【偶像经历】

丘吉尔出生于牛津郡伍德斯托克镇附近的丘吉尔庄园，是一个早产儿。由于父亲伦道夫·丘吉尔忙于政治，母亲沉湎于交际之中，丘吉尔少年时很少感到父母的关爱。

1881 年，7 岁的丘吉尔被送入一个贵族子弟学校读书。丘吉尔是学校中最顽皮、最贪吃、成绩最差的学生之一，因此经常遭到老师的体罚，后来不得不转学到另一所学校。

1888 年，丘吉尔进入仅次于伊顿公学的哈罗公学就读，但是成绩依然不佳。虽然丘吉尔的学习成绩不好，但是他后来之所以

成功，关键取决于他的综合素质。父亲决定在儿子毕业后将他送到桑赫斯特皇家军事学院。1893年8月，丘吉尔进入该校的骑兵专业学习。两年后，政坛上不得志的父亲早逝，同年2月，丘吉尔从军校毕业，被分配到第四骠骑兵团任中尉。

丘吉尔未上过大学，他的渊博知识和多方面才能是经过刻苦自学得来的。丘吉尔年轻时驻军于印度南部的班加罗尔，在那里有半年多的时间里他每天阅读四五个小时的历史和哲学著作。他从柏拉图、吉本、麦考利、叔本华、马尔萨斯、达尔文、王尔德等著名思想家、哲学家、历史学家和生物学家的著作中吸取了丰富的思想营养，为他以后从政带来巨大作用。

丘吉尔的头上戴有许多流光溢彩的桂冠，他是著作等身的作家、辩才无碍的演说家、经邦治国的政治家、战争中的传奇英雄。丘吉尔被公认为世界上掌握单词词汇量最多的人（五万多个）。他一生中写出了26部共45卷（本）专著，几乎每部著作出版后都在英国和世界上引起轰动，获得如潮好评，被翻译成多国文字在世界各国广为发行。

丘吉尔在一生中多次经历的议员竞选中，在议会的辩论中，尤其是在第二次世界大战中的重要时刻，发表了许多富于技巧而且打动人心的演讲，给人们留下了极深的印象。

1953年，丘吉尔被授予诺贝尔文学奖。瑞典文学院在颁奖词中说："丘吉尔成熟的演说，目的敏捷准确，内容壮观动人，犹如一股铸造历史环节的力。……丘吉尔在自由和人性尊重的关键时刻的滔滔不绝的演说，却另有一番动人心魄的魔力。也许他自己正是以这伟大的演说，建立了永垂不朽的丰碑。"

丘吉尔一生中的大部分时间都当选为议员，曾多次在内阁中担任要职。他经历了许多次政治上的升沉起伏，每次都以不屈不挠的努力、从不畏惧的斗志战胜艰难险阻而达到自己的目的，最终登上了光辉的顶峰，在英国处于历史危机的严峻关头，成为众望所归的政治领袖。连他政治上的对手也说："丘吉尔是大家一致认为永远可能成为首相的人，他同样也是在这危急关头获得大家一致欢迎，认为是唯一可能出任领袖的人。"

丘吉尔在其演讲中多次发出战斗到底的誓言，表达英国人民的心声。他说："我们将永不停止，永不疲倦，永不让步，全国人民已立誓要负起这一任务：在欧洲扫清纳粹的毒害，把世界从新的黑暗时代中拯救出来。……我们想夺取的是希特勒和希特勒主义的生命和灵魂。仅此而已，别无其他，不达目的，誓不罢休。"

在第二次世界大战的关键时刻，在处理对苏关系问题上，丘吉尔从英国人民的根本利益出发，完成了英国政治和他本人政治生涯中的重大历史性转折，毫不犹豫地与苏联结为盟国，从而保证了赢得战争的最后胜利。斯大林称赞丘吉尔是"百年才出现一个的人物"。

戴高乐：
为自由法国而战

【偶像速写】

戴高乐，1890年出生，1970年去世，是世界著名的政治家、军事家，法兰西第五共和国的首任总统。

他参加过两次世界大战，在第一次世界大战的凡尔登战役中曾3次负伤。在第二次世界大战期间，1940年5月他任第四装甲师准将，6月任内阁陆军部副部长。当法国的贝当组阁并准备和德国媾和时，他毅然机智地脱身离开法国，前往英国，组织了反对法西斯侵略和维护法兰西独立的"自由法国"运动。他在执政期间奉行独立自主的外交政策，极力同第三世界国家发展关系，使法国成为当时西方国家中第一个同中国建立大使级外交关系的国家。

【偶像经历】

1890年11月22日，戴高乐出生于法国里尔的一个教师家庭。

1912年，戴高乐毕业于圣西尔军校。戴高乐报考圣西尔军校时，入学成绩平平，处于中等偏下，然而他在军校的表现却如他的大个子一样鹤立鸡群。同学们私下给他取了不少外号，但是无一例外地都在外号前面冠以一个"大"字。除了他个子大、鼻子大之外，还因为他的"思想大"。戴高乐学习刻苦是

出了名的。老师教的那点东西似乎远远满足不了他的胃口，他开始研究战役、战略层次上的问题，研究政治与军事、物质与精神的关系。这使他在学员连多少显得不合群，以至于他的很多同学都被提升

1959年1月8日戴高乐就任法国总统

为中士后，曾经有人问连长为什么不提升戴高乐，这位连长回答说："中士怎么能满足他的胃口呢？他也许只有当上统帅才会合心。"

第一次世界大战时戴高乐曾3次负伤。1916年最后一次受伤后被俘，5次逃跑未遂，1918年停战后获释。1919年应募到波兰军队任职，次年被授予波军少校军衔。其间，提出步兵和坦克在空军配合下协同作战的思想，被聘为波兰朗贝托夫军事学院战术教官。

1921年，戴高乐回国后，任圣西尔军校战争史讲师。1922年考入军事学院，1924年毕业后到美因茨莱茵区法军司令部任职，1925年调任最高军事委员会副主席贝当的参谋，1927年受命指挥第十九轻步兵营，1929年调往驻近东部队。1931年底回国后，戴高乐在最高国防委员会秘书处任职。其间，出版几部军事理论著作，强调机械化部队在现代战争中的作用，主张建立规模小、机动性强的职业军队，在步兵、空军协同下大量集中使用坦克，但是他的建议没有受到法国军事当局重视。

1937年，戴高乐任第507坦克团团长，授上校军衔。

第二次世界大战爆发后，戴高乐受命组建第四装甲师。1940年5月，他率部抗击德军入侵，授准将军衔。6月，出任雷诺内阁负责国防事务的副国务秘书和陆军部副部长，曾建议将法军部分兵力撤往北非继续战斗，但未被采纳。6月17日，法军停止抵抗后戴高乐飞往英国。18日在伦敦通过无线电广播发表公告，号召法国人民继

续抵抗德意法西斯的侵略。从此，他成为法国抵抗运动领袖，积极争取法国殖民地参加抵抗运动，并组建"自由法国"武装力量，配合盟军作战。

1943年6月，戴高乐在阿尔及尔任法兰西民族解放委员会主席。1944年6月出任法兰西共和国临时政府主席。8月25日作为解放者率部进入巴黎。在关系国家存亡的历史关头，他站到斗争最前列，为反法西斯战争的胜利和法国的解放作出重要贡献。

1945年11月，戴高乐当选为政府总理，第二年1月因未能建立凌驾于一切党派之上的总统制而辞职。1947年4月，戴高乐宣布成立"法兰西人民联盟"并担任主席。

1953年5月，戴高乐宣布退出政界后，回到家乡科隆贝双教堂村隐居，着手撰写《战争回忆录》。1958年6月，正值法国各派政治势力在阿尔及利亚问题上产生严重分歧之际，应总统要求，戴高乐出任内阁总理，稳定政局。不久制定新宪法，扩大总统权力。同年12月当选为法兰西第五共和国总统。1965年竞选连任。

在任期间，戴高乐奉行独立自主的外交政策，宣布解散法兰西共同体，结束阿尔及利亚战争，致力于发展本国的核力量，拒绝在禁止核试验条约上签字，并退出北大西洋公约组织军事—体化机构。

1969年4月28日，因改革议案在全民投票中被否决，戴高乐辞职。回到科隆贝双教堂村后，撰写其执政时期的回忆录。著有《敌人内部的倾轧》、《剑刃》、《建立职业军队》、《法国和她的军队》、《战争回忆录》和《希望回忆录》等。

普京:

年轻人心目中的"变形金刚"

【偶像速写】

　　普京，1952年10月7日出生；全名弗拉基米尔·弗拉基米罗维奇·普京，昵称瓦洛佳；身高：1.70米；学历：经济学博士。

　　任总统期间，他使俄罗斯在军事与政治实力上均有相当的提升，虽然他在民主方面遭到很多争议，是一位名副其实的"铁腕总统"，但是他在国内获得了极高的支持率。2007年，他被美国《时代》周刊选为年度风云人物。他在俄罗斯国内几乎成了偶像式人物，成了年轻人心目中的"变形金刚"——符合各种人的口味儿和嗜好。

【偶像经历】

　　1952年，普京出生于列宁格勒（现名圣彼得堡）。他的传记《第一人》描述了他卑微的出身。根据这本传记，普京早年生活在社团公寓中，不断学习，以期拥有像苏联电影中的官员们一样的智慧。

　　普京小时候很顽皮，六年级才当上少先队员。1975年，普京毕业于列宁格勒大学国际法学系，获经济学副博士学位，随后他加入克格勃，并在列宁格勒区工作。这段时间他结识了其后担任俄罗斯国防部长的谢尔盖·伊万诺夫。

普京毕业于列宁格勒大学（现
为国立圣彼得堡大学）国际法学系

1976年，普京完成了克格勃的训练，两年后他进入列宁格勒情报机关机要部门。他在此部门工作到1983年，随后在莫斯科的克格勃学校学习一年。1985年至1990年，克格勃将普京派遣到东德。两德统一后，普京被召回列宁格勒，此后，他在列宁格勒大学国际事务系得到一个职位。1991年8月20日，在克格勃策划推翻戈尔巴乔夫期间，他辞去在情报机构的职位。

普京2000年至2008年任总统期间，使俄罗斯在军事与政治实力上均有相当的提升，但他在民主方面遭到很多争议，可说是一位名副其实的"铁腕总统"。然而，无可否认的是普京在国内获得了极高的支持率。2007年普京被美国《时代》周刊选为年度风云人物。普京在当选总统前曾经短暂担任过俄罗斯总理职务（1999年至2000年），2008年普京卸任总统后马上被继任总统提名，二度出任总理。

普京精通德语，2000年开始学英语，成为俄罗斯第一位学英语的国家领导人。

普京喜爱运动，特别爱好桑勃式摔跤、柔道和山地滑雪，大学时代曾荣获桑勃式摔跤冠军。1974年，成为列宁格勒的柔道冠军，并入选运动健将候选人之列。

普京性格坚韧，有极强的耐力，很少表露感情，处事冷静、果敢。2008年8月31日，普京乘直升机到达俄罗斯远东地区，巡视位于那里的国家公园。随后身着迷彩服、脚踏沙地靴，在野生动物专家的陪同下走进针叶林地带，去观察一只掉入陷阱的西伯利亚虎，一队俄罗斯电视台摄影师站在陷阱旁等待摄影。普京一行人刚走到陷阱附近，这只 5 岁的母老虎突然跳出陷阱，扑向几米外的摄影师们，众人猝不及防。虽然事发突然，但是普京依然保持冷静。他迅速抓过气枪射击，射中老虎肩胛处。该电视台主持人以"普京不仅与虎亲密接触，还救下我们电视台工作人员"作为晚间新闻开场白。西伯利亚虎在我国境内称为东北虎，是现存最大的猫科动物，动作敏捷，力量惊人。这一突发事件显示出普京冷静、果敢，枪法精准。

普京在俄罗斯国内几乎成了偶像式人物，成了年轻人心目中的"变形金刚"——符合各种人的口味儿和嗜好。普京作为"007"式的传奇人物，已经开始被拍摄成惊险的侦探片，神勇无敌，所向披靡。

普京的形象已经被谱写成流行歌曲，广为传唱。俄罗斯有一个著名的三人组合"共唱一首歌"。他们不久前刚刚录制了一首脍炙人口的歌曲——《做人要做普京这样的人》。歌词唱道："要像普京那样精力充沛；要像普京那样不嗜烟酒；要像普京那样不说脏话；要像普京那样毫不退缩。"一句话，普京是姑娘们心中的白马王子，是所有俄罗斯人的希望。

普京出生于列宁格勒（现名圣彼得堡）

崇拜理由：

  他们是一群会"作秀"的商业奇才，他们善于在与大众的沟通中经营自己的事业，他们善于借助大众的力量完成自己的品牌建设。在极为专业化的商途中，他们都极为巧妙地走进了中学生的内心世界。

希尔:
百万富翁的创造者

【偶像速写】

　　希尔，全名拿破仑·希尔，1883 年 10 月 26 日出生，著名成功学大师。

　　在美国，他的名字家喻户晓；在中国，他的名字广为人知。由于他创造性地建立了全新的成功学，他在人际学、创造学、成功学等领域比卡耐基有着更高的地位。他是世界上最伟大的励志成功大师，他创建的成功哲学和 17 项成功原则，以及他永远如火如荼的热情，鼓舞了千百万人，因此他被称为"百万富翁的创造者"。

【偶像经历】

　　1883 年，希尔出生于美国弗吉尼亚的一个贫寒之家。当他还是小孩儿的时候，继母就激励他去追求成为一个大人物，取得伟大的成就。这样的教育使希尔从小就坚信自己会成为一个发展个性、热爱劳动的成功者。

　　希尔在年轻时的第一份工作是在一个小煤矿当挖煤工人。他不仅工作时尽职尽责，而且养成了一个能使他终生致富的习惯，那就是提供额外的超值服务。希尔每天总是提前上班，为 8 小时的工作提前准备好各种工具和设备的检查。由于他的额外付出，很快被提升为小组长，后来又提升为煤矿的经理。

211

希尔离开煤矿后，又做过推销员、报社的文员、杂志社的编辑等多种工作。不论是哪一份工作，他都能在很短的时间之内，工资翻几倍，职务也很快得到提升，他有好几次被提升为经理的经历。

希尔的秘密只有一个，那就是肯于多付出。他领取8小时的工资往往工作9小时、10小时，他领取100美元的报酬，往往付出200美元或300美元价值的服务。由于希尔肯多付出，他鹤立鸡群，像金子一样闪闪发亮，无论走到哪个公司，他都能很快出人头地，很快地工资增加，职位提升。这就是一个平常人一生成功的秘密。不论做什么事，不论在哪个公司工作，都坚持这一点：额外付出。额外付出会使一个人在思想上升华，在行动上出类拔萃。无论在哪个单位工作，都会使这个人很快地得到上司或老板的赏识与重用。

希尔的影响已经远远超出了成功学的范畴。

希尔曾受聘于菲律宾人桂桑尔的政治顾问，将自己的成功心法传授给桂桑尔，使桂桑尔在24年后登上了总统宝座，成为菲律宾历史上第一位总统。

第一次世界大战爆发时，威尔逊总统用希尔的励志秘诀训练和鼓舞士兵，筹募军费。这使希尔的名字与一个国家的历史有了紧密联系。

1929年，经济大崩溃袭击美国，美国人民陷入对恢复昔日繁荣的深深绝望之中。1933年，罗斯福总统把希尔请进白宫，帮助他主持著名的《炉边谈话》节目，唤醒美国人民沉睡已久的信心与活力。希尔把他的思想、他的激情、他的声音注入每个美国人的心灵深处。

希尔为罗斯福总统组建了那个国家有史以来最为庞大的智囊团，为希特勒发动的那场战争提前做好了物质、精神和智慧上的准备。希尔不领一分薪水地无私奉献，赢得了白宫官员和美国人民的一致尊敬。

1937年，希尔完成了《思考致富》一书，这本名著的读者超过一千多万。

1960年，希尔与他事业的接班人斯通合著出版《人人都能成功》。此书激励人们通过纠正意识、性格和生活习惯上的缺点，来获得人生的财富。人们称希尔为"当代基督"，认为他力挽狂澜，像基督一样重新为人们奠定了信仰基础。

在20年里，已经获得博士学位的希尔访问了包括福特、罗斯福、洛克菲勒、爱迪生、贝尔在内的504名当时最成功的人士，并进行深入的研究，完成了划时代意义的八卷本《成功规律》，激励了千百万人去获得财富，成为卓越的成功者。

史玉柱：
最"牛"失败者的财富人生

【偶像速写】

史玉柱，1962年10月5日出生，安徽怀远人。

他是中国企业界最具传奇色彩的人物之一，3000元起家，5年后就列居《福布斯》中国内地富豪第八位，创造了20世纪90年代青年知识分子创业的奇迹。巨人危机爆发后，他骤然从巅峰跌入深渊，背上2.5亿元巨债。几年后，他奇迹般地卷土重来，还清巨债。2007年，他亲自敲钟，巨人网络在美国纽交所挂牌上市，中国"首负"也随着钟声后的身家暴涨而告别历史。

【偶像经历】

1984年，史玉柱毕业于浙江大学数学系，分配至安徽省统计局。

1989年1月，史玉柱毕业于深圳大学研究生院，随即下海创业。

1989年夏，史玉柱认为自己开发的M－6401桌面文字处理系统作为产品已经成熟，便用4000元承包了天津大学深圳电脑部。该部虽名为电脑部，却没有一台电脑，仅有一张营业执照。当时深圳电脑最便宜的一台也要8500元。史玉柱以加价1000元的代价获得推迟付款半个月的

"优惠"，赊得一台电脑。史玉柱又以软件版权作抵押，在《计算机世界》上先做广告后付款，推广预算共计17550元。

1989年8月2日，史玉柱在《计算机世界》上打出半个版的广告：《M-6401，历史性的突破》。到第十三天，史玉柱收到汇款数笔。至当年9月中旬，史玉柱的销售额就已突破10万元。史玉柱付清欠账，将余钱投向广告，4个月后，M-6401销售额突破100万元。这是史玉柱的第一桶金。此后，史玉柱又陆续开发出M-6402，直到M-6405汉卡，4个月后营业收入即超过100万元。

1991年，巨人公司成立，推出M-6403。

1992年，巨人公司总部从深圳迁往珠海。M-6403实现利润3500万元。接着18层的巨人大厦设计方案出台。后来这一方案一改再改，从18层升至70层，为当时中国第一高楼，需资金超过10亿元。史玉柱基本上以集资和卖楼花的方式筹款，集资超过1亿元，未向银行贷款。

1993年，巨人公司推出M-6405、中文笔记本电脑、中文手写电脑等，其中仅中文手写电脑和软件的当年销售额即达到3.6亿元。巨人公司成为中国第二大民营高科技企业，史玉柱成为珠海第二批被政府重奖的知识分子。

1994年初，巨人大厦动工，计划3年完工。史玉柱当选中国十大改革风云人物。1995年，巨人公司推出12种保健品，投放广告1亿元。史玉柱被《福布斯》列为中国内地富豪第八位。

1996年，巨人大厦资金告急。1997年初，巨人大厦未按期完工，国内购楼者天天上门要求退款，媒体地毯式地报道巨人公司的财务危机。不久，只建了地面三层的巨人大厦停工。巨人集团名存实亡，但一直未

215

《征途》网络游戏

申请破产。1997年，从原先的38层变成70层规划的巨人大厦将史玉柱拉下深渊，庞大的巨人集团迅速解体。

自称"著名的失败者"的史玉柱，1998年推出"脑白金"，杀回保健品市场，2000年创下13亿元的销售奇迹，10年来带来超过100亿元的销售额。

1999年，史玉柱注册建立生产保健类产品的生物医药企业——"上海健特生物科技有限公司"。2000年12月21日，史玉柱注册成立"珠海市士安有限公司"，在珠海收购巨人大厦楼花。2000年，史玉柱原班底人马在上海及江浙创业，做的是"脑白金"业务，他表示："老百姓的钱，我一定要还。"2001年1月，史玉柱从跌倒的地方爬了起来，通过珠海士安公司收购巨人大厦楼花还债，同时，新巨人在上海注册成立，当年史玉柱被评为CCTV中国经济年度人物。

2002年，史玉柱在保健品市场再次出手，"黄金搭档"畅销全国。2003年，史玉柱将"黄金搭档"和"脑白金"的知识产权及营销网络75%的股权作价12.4亿元出售给四通电子。有钱后的史玉柱花了3亿元成为华夏银行和民生银行的股东，自称已从中获利40亿元。

2004年11月，史玉柱进入网络游戏产业。《征途》从昔日的贵族游戏再到今天的平民路线，史玉柱赚了个盆满钵满。

2007年11月1日，史玉柱旗下的巨人网络集团有限公司成功登陆美国纽约证券交易所，总市值达到42亿美元，融资额为10.45亿美元，成为在美国发行规模最大的中国民营企业，史玉柱的身价突破500亿元。

2008年，《福布斯》公布当年全球互联网富豪排行榜，中国有6人上榜。巨人网络公司董事长兼CEO史玉柱以28亿美元个人净资产排名第七位。

丁磊：

在思考中成长

【偶像速写】

丁磊，1971年10月10日出生，浙江宁波人。

1993年，他毕业于成都电子科技大学，1993年至1995年在宁波市电信局工作，1995年至1996年就职于Sebyse广州公司，1996年至1997年就职于广州飞捷公司。1997年6月，他创立网易公司，将网易从一个十几个人的私企发展到今天拥有近300名员工、在美国公开上市的知名互联网技术企业。2000年3月他出任网易公司联合首席技术执行官，2001年3月担任首席架构设计师，专注于公司远景战略的设计与规划。目前为网易CEO。

【偶像经历】

丁磊从小就喜欢无线电，很大程度上，他是受了父亲的影响，他认为自己将来最骄傲的职业，就是成为一个电子或者电气工程师。高考时，他填报了成都电子科技大学。

大学4年，丁磊最大的收获就是学会了思考。从第二学期开始，他第一节课一律不去上，因为他很困惑，难道书本上的知识一定要老师教才会吗？

217

同时，他觉得眼睛还没睁开就去听课效率一定不好。因为没有听第一堂课，又不得不做作业，所以他很努力地去看老师上一堂讲的东西，很努力地去想老师想传达什么样的信息。在这个过程中，他很快掌握了一种重要的技巧，那就是思考的技巧。直到后来，他看一门功课，可以不听别人讲的，完全自学。他看书速度很快，一般都从后面往前看，看到后面的关键字，有看不懂的，就到前面去看这个描述，一般来讲在两三个礼拜的时间内就掌握一门课。

后来在接触互联网的时候，丁磊才知道这种技巧对他是多么重要，因为互联网刚进入中国的时候，没有人知道它是什么样子的，也没有一本书很系统地告诉人们互联网的整个结构、里面的软件以及其他一些东西。

大学最后一学期，丁磊开始在计算机公司兼职任工程师，虽然是兼职，却是那家公司最主要的工程师。在那里丁磊这个学通信的学生第一次接触了Modem、WindowsNT等新设备。

毕业后丁磊回到老家宁波，从1993年到1995年在宁波电信局做工程师。电信局旱涝保收，待遇不错，但丁磊感到一种难尽其才的苦恼。两年中，丁磊最大的收获是学会了Unix和电信业务，他几乎天天晚上12点才离开单位，因为单位有Unix电脑。

1995年，丁磊从电信局辞职，虽遭到家人强烈反对，但他去意已定。丁磊选择了广州。后来，有朋友问他为什么去广州，不去北京和上海。丁磊讲了一个笑话：广州人和上海人，其实就是南方人和北方人的比较，如果广州人和上海人的口袋里各有100元钱，然后去做生意，上海人会用50元钱做家用，另外50元钱去开公司，而广东人会再向同学借100元钱去开公司。

在Sebyse广州分公司工作了一年后，丁磊萌发了离开那里和别人一起创立一家与互联网相关的公司的念头。

1996年5月，丁磊成为广州一家ISP的总经理技术助理。在这里，他架设了Chinanet上第一个"火鸟"BBS，结识了很多网友。好景难长，丁磊所在的ISP由于面临激烈竞争和昂贵的电信收费几乎无法生存下去，他只得再一次选择离开。

已经3次跳槽的丁磊在1997年的那个5月对自己的前途整整思考了5天，最后的决定是自立门户，干一番事业。

1997年5月，丁磊决定创办网易公司。网易创业的50万元资金一部分是丁磊几年来一行一行写程序积攒下来的，另一部分是向朋友借的。

一个人想要实现自己的目标，除了勤奋之外，就是要积极进取和创新。从创业到现在，丁磊每天都在关心新的技术，密切跟踪互联网新的发展，每天工作16个小时以上，其中有10个小时是在网上，他的邮箱有数十个，每天都要收到上百封电子邮件。

丁磊认为，虽然每个人的天赋有差别，但是作为一个年轻人首先要有理想和目标。他本人就在技术方面爱动脑筋，但如果没有积极进取，没有在技术方面不停地摸索，也不会有熟能生巧的本领和一些创新。尤其是年轻人，无论工作单位怎么变动，重要的是要怀抱理想，而且决不放弃努力。

2000年7月，网易在美国纳斯达克上市。在2001年中国互联网陷入寒冬之时，网易与新浪、搜狐股价类似，皆徘徊在一两美元之间，网易还一度面临被摘牌。丁磊最苦的日子是2001年9月4日。这一天，网易终因误报2000年收入，违反《美国证券法》而涉嫌财务欺诈，被纳斯达克股市宣布从即时起暂停交易，随后又出现人事震荡。丁磊经历了无数个不眠之夜，但这些并没有把他压倒。

潘石屹：
娱乐化地产商人

【偶像速写】

　　谁是潘石屹？在 Panshiyi.com 网络"老潘其人"这样介绍："人称老潘，甘肃天水人，身不高，体不壮，头发不浓密，但身手头脑均敏捷矫健。年龄未及不惑，吃过文革的苦，享过改革的福，故能上能下，可屈可伸。"而在"2001年中国经济年度人物"候选人介绍里，另有如下描述："北京红石实业有限公司董事长。在中国房地产业，他不是最有钱的，他的红石公司也不是规模最大的，但他无疑是最会吸引人眼球的。……不安分守己的潘石屹，以自己的行为挑战着中国房地产业的秩序与戒律。"

【偶像经历】

　　1963年10月，潘石屹出生于甘肃天水麦积山附近的一个小村子。1979年，考入兰州培黎学校（中专）。1981年，从培黎学校毕业，以600名学生中第二名的成绩被河北石油管道学院（大专）录取。1984年，潘石屹从石油管道学院毕业，被分配到河北廊坊石油部管道局经济改革研究室。

　　1988年初，潘石屹下海到深圳，给别人打工，担

任部门经理。后来去海南，与朋友开公司，自己做老板，开始经商生涯，凭借个人努力，潘石屹迅速完成原始资本的积累。

1993年，潘石屹在京注册北京万通实业股份有限公司，任法人代表兼总经理，开始他在北京房地产界的创新与创业。

1995年初，潘石屹离开万通，创立北京红石实业有限公司，1996年与其他公司合并成立北京中鸿天房地产有限公司，开发位于国贸桥东侧、总建筑面积48万平方米的现代城，有一个月销售300套的骄人记录，有的楼还没有拆迁已被订购了50%。

1999年底，一本出自现代城发展商之手的长篇文字《SOHO现代城.居家办公.酷.com》出现在诸多媒体上，SOHO概念被正式推出。

2001年1月初，以前卫光头形象出现的SOHO现代城的广告大范围出现。同时，一本银灰色封皮、长达100多页的SOHO现代城楼书，以大量的照片、漫画与插图讲解SOHO现代城的三个空间，引起市场的关注，SOHO一词开始被广泛提及。1月8日，SOHO现代城开盘认购，不到一个月的时间就被认购了十之七八，尤其是开盘的前3天，日销售过亿元。此时，SOHO的样板间还未建成。春节过后，样板间正式对外开放。第一天前来参观的人数达3500人。到3月份，购房的客户已经买不到理想的户型，只能侥幸等待其他的客户退房。

1999年8月20日，包括4位销售副总监在内的36名现代城销售人员被中国第一商城挖走，由于现代城项目在北京房地产业界的影响很大，这件事情也就被业界炒得沸沸扬扬。

至今，现代城也是北京最有争议的项目，潘石屹自然也成了北京地产界最有争议的人物。

潘石屹红得一塌糊涂，但有人说："潘石屹，不过就是娶了一个好老婆而已。"

好老婆是张欣。1994年，美国华尔街的投资顾问张欣回到故地北京，在这个她度过童年的地方，遇到一段爱情，半年后张欣和潘石屹结婚。

没有人相信一个在国外生活了15年的女子，能和一个未出过国，一句英语不会说，和人说话要拿笔和本子的人结婚。一段不被人看好的婚姻却奇迹般地发展良好。随着SOHO现代城、建外SOHO、博鳌蓝色海岸、建筑师走廊一个个项目的推出与热销，这对夫妻的婚姻也成为世人眼里最成功的婚姻案例之一。

业界声称，潘石屹靠一个概念玩儿活了一座楼。《精品购物指南》中一篇《有概念的房子吸引你吗?》的文章曾将批判的矛头指向SOHO现代城。有人说概念是个唬人的东西，尤其是对接受能力仍处于幼稚时期者来说。但也有人认为潘石屹作为地产商靠一个概念玩儿活了一座楼，SOHO堪称为地产营销的巅峰。概念房引人注目的原因还在于，能提炼出"概念"来说明发展商不糊涂，起码他因了解自己正在做的项目而了解自己的客户。

媒体还是喜欢潘石屹，甚至连中央电视台这样的最强势媒体也不例外。潘石屹，俨然是一颗风头正健的明星。所以，有人说潘石屹是中国最懂得商业公关的人。换言之，也是最懂得利用媒体的商人。

潘石屹，一个已经基本娱乐化、善玩儿概念、精于反策划的地产商人。